DIGITAL ZEICHNEN

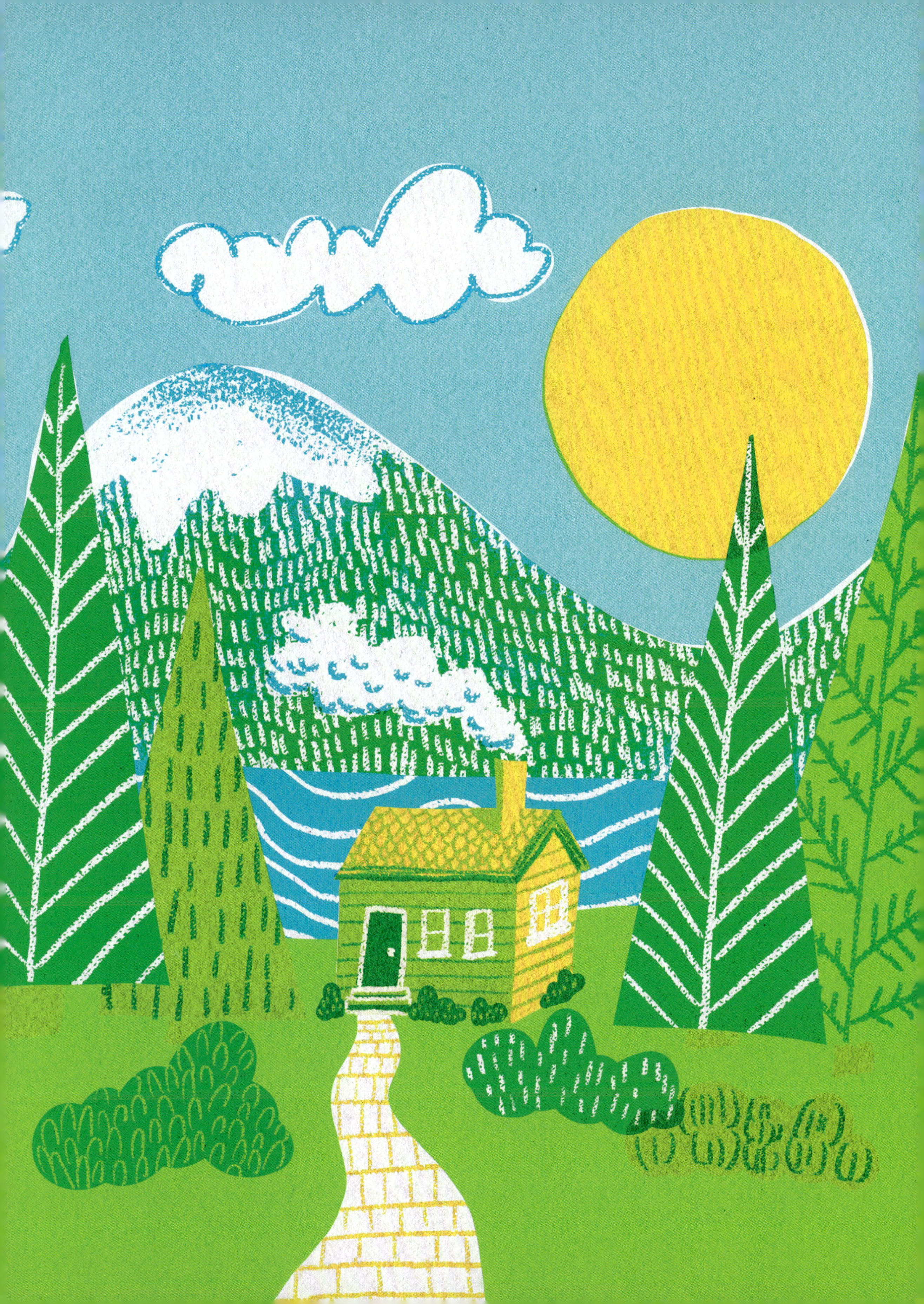

DIGITAL ZEICHNEN

Zeichnen und Malen auf dem iPad

LISA BARDOT

Titel der Originalausgabe
Drawing Digital

First Published in Great Britain in 2023 by Ilex, an imprint of Octopus Publishing Group Ltd
Carmelite House
50 Victoria Embankment
London EC4Y 0DZ

ISBN 978 3 7358 8111 3

Übersetzung der deutschen Ausgabe: Birgit van der Avoort
Lektorat der deutschen Ausgabe: Gabriele Betz, Tübingen
Produktmanagement der deutschen Ausgabe: Lisa Braunert
Cover der deutschen Ausgabe: Lena Schmitt
Herstellung der deutschen Ausgabe: Jessica Siebert
Satz der deutschen Ausgabe: FSM Premedia GmbH & Co. KG, Münster

1. Auflage 2023

ISBN: 978-3-7358-8111-3 • Best.-Nr. 28111

Printed in China

MIX
Papier | Fördert gute Waldnutzung
FSC® C008047

Inhalt

Einleitung

Hallo, ich bin Lisa Bardot!

Sobald ich Stift und Schere halten konnte, bastelte ich Spielzeuge oder habe mit meiner Mutter genäht, Holzarbeiten mit meinem Vater ausgeführt und war auf jede Art kreativ: von Malerei, Fotografie und Druckgrafik über Keramik, Kalligrafie bis Filmemachen. Aber trotzdem hatte die Illustration immer einen besonderen Platz in meinem Herzen und ich träumte davon, Bilder aus meiner Fantasie zu erschaffen. Obwohl ich schon immer zeichnen lernen wollte, hasste ich es, graue Bleistiftskizzen anzufertigen. Mir fehlte die Magie, die ich bei meinen anderen künstlerischen Tätigkeiten verspürte. Also gab ich immer wieder auf ... Bis ich die Procreate-App kennenlernte.

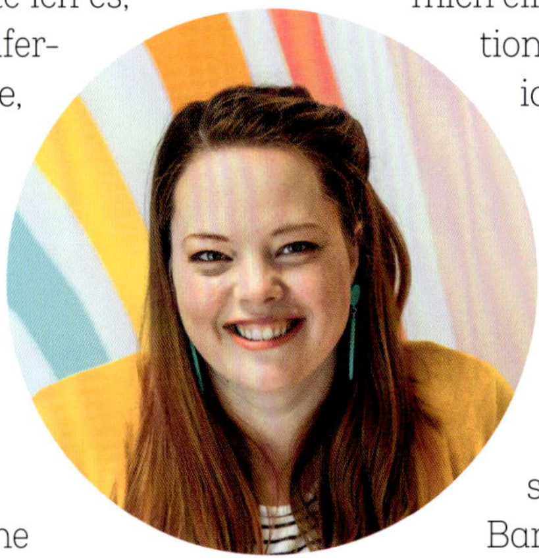

Ich war gerade Mutter geworden und merkte, wie meine kreative Ader durch das Chaos eines Neugeborenen abhandenkam. Ich vermisste es, schöpferisch tätig zu sein. Als mein Mann mir mein erstes iPad schenkte und ich entdeckte, dass ich damit zeichnen konnte, war ich sofort Feuer und Flamme. Bei all dem Stress und der Erschöpfung war es eine Wohltat, mit den Farben und Pinseln zu spielen. Ich zeichnete Tiere für meinen kleinen Sohn, die bis heute eingerahmt in seinem Zimmer hängen. Als ich mich näher mit dieser neuen Kunstform beschäftigte, spürte ich, dass ich meinem Traum, Illustratorin zu werden, näher kam.

Um meine Kenntnisse zu entwickeln und meine eigene künstlerische Identität zu finden, nahm ich mir vor, ein Jahr lang jeden Tag etwas zu zeichnen.
Während dieses Jahres wurde ich erneut schwanger und litt unter schweren Depressionen. Aber ich zeichnete weiter, und ich merkte, wie wichtig das Zeichnen für mein emotionales Wohlbefinden war. In den Tagen nach der Geburt war das Zeichnen für mich ein Weg, mit der neuen Situation zurechtzukommen. Indem ich diese Zeichnungen teilte, konnte ich mich mit anderen verbinden.

Das digitale Zeichnen inspirierte mich, meine eigenen Procreate-Pinsel zu entwickeln, die ich schließlich über meine Firma Bardot Brush vertrieb. Doch die Leute sollten auch lernen, wie man sie benutzt. Also begann ich, Tutorials zu erstellen! Seitdem habe ich unzähligen Menschen auf der Welt beigebracht, wie sie auf dem iPad kreativ sein können. Um zu demonstrieren, wie wichtig das tägliche Zeichnen ist, habe ich das Projekt »Making Art Everyday« ins Leben gerufen: tägliche Anleitungen und Motivation zum Zeichnen, um kreative Ängste zu überwinden und die eigene Kunstfertigkeit zu entwickeln. Einige Jahre später öffnete ich die virtuellen Türen zum Art Maker's Club, einer kreativen Gemeinschaft für digital Kunstschaffende. Es war das größte Vergnügen meiner Karriere, die Magie der Kunst mit anderen zu teilen.

Warum digitales Zeichnen?

Dank der heutigen Technik ist es einfacher denn je, Illustrieren zu lernen und digitale Kunst zu schaffen. Auch digitale Kunst ist Kunst. Ein iPad ist nur ein weiteres Werkzeug in einer langen Reihe von Medien, die sich seit den ersten Höhlenmalereien beständig weiterentwickelt haben. Mit digitalen Medien geschaffene Kunst ist genauso »echt« wie die mit Bleistiften, Filzstiften, Öl- und Acrylfarben. Um zeichnen zu lernen, ist das iPad das perfekte Werkzeug. Man kann es fast überallhin mitnehmen, man braucht nicht viel Material und muss nichts vorbereiten, man verschwendet kein Papier, und man kann es jederzeit ein- und ausschalten. Es bietet dir eine große Auswahl an künstlerischen Medien und Farben sowie die Möglichkeit, mit unbegrenzten künstlerischen Stilen zu experimentieren.

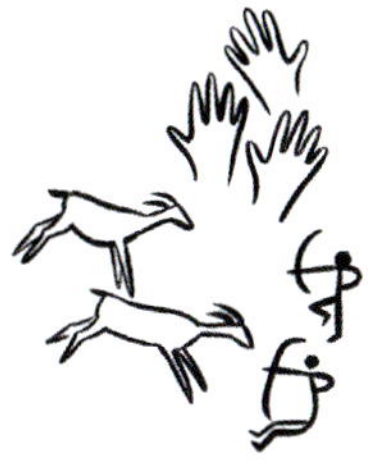
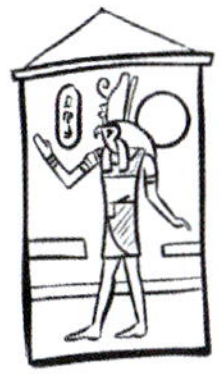
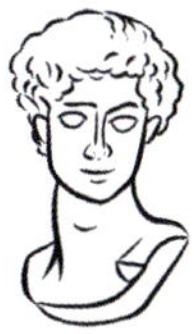
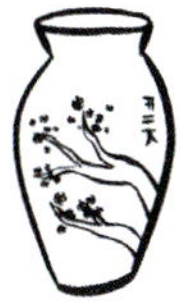
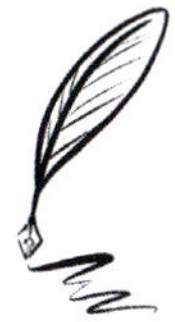
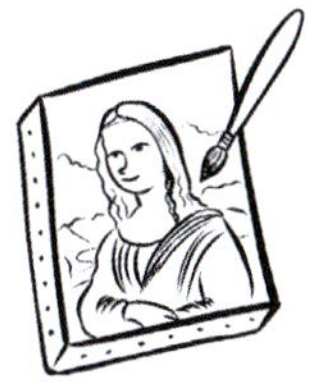
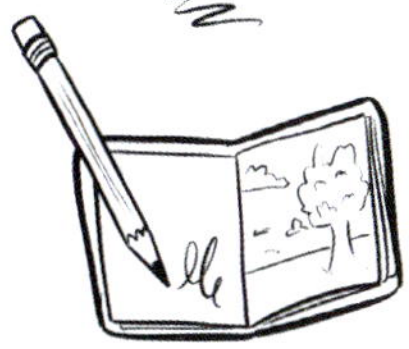

Dieses Buch ist für alle, die kreativ zeichnen oder Emotionen über Bilder ausdrücken wollen. Zeichnen ist eine Fertigkeit, die man durch ständiges Üben verfeinern kann, und ich möchte diesen Prozess mit Spaß und Farbe füllen und die Kreativität fördern. In diesem Buch lernst du die Grundlagen von Linie, Form, Gestalt und Tonwert, aber auch alles über die Grundlagen der digitalen Kunst: Farbenlehre, Schattierung, Proportionen und mehr. Jedes Thema wird schrittweise entwickelt, sodass du deine Kenntnisse langsam erweitern kannst. In den hinteren Kapiteln und Projekten setzt du das Erlernte in die Praxis um und kannst bis zum Ende des Buches komplette Szenen selbst gestalten. Ich möchte dir mit Tipps und Übungen helfen, deinen eigenen künstlerischen Stil zu entwickeln.

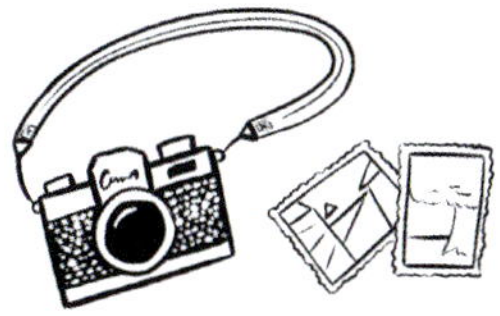
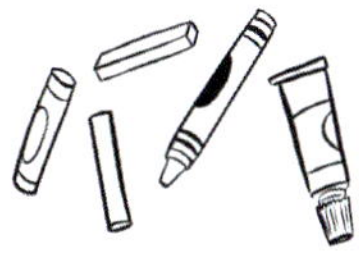
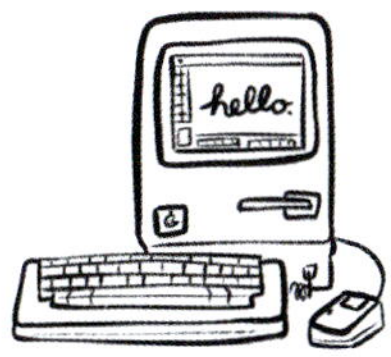

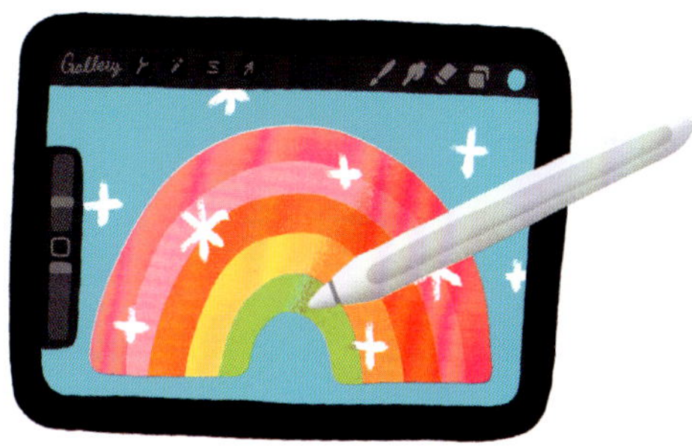

In kürzester Zeit wird sich das Zeichnen auf dem iPad so natürlich anfühlen wie das Zeichnen mit Skizzenbuch und Stift, und du wirst farbenfrohe Illustrationen und einzigartige Kunstwerke schaffen.

1 Erste Schritte

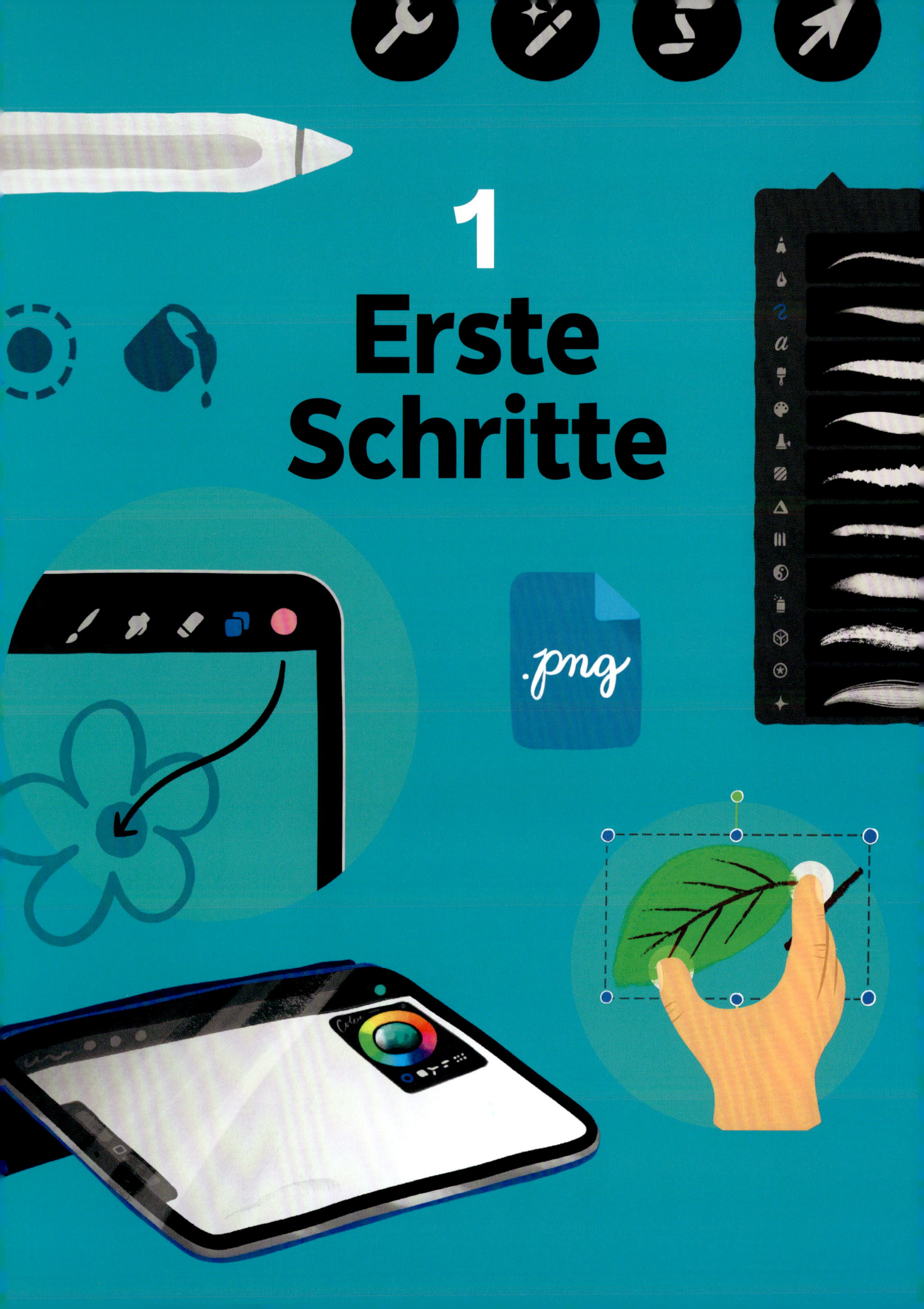

Vor Jahren, noch bevor das iPad auf den Markt kam, wollte ich digitales Illustrieren erlernen, also kaufte ich ein Zeichentablett – ein graues Pad, das an einen Computer angeschlossen wird und auf dem man mit einem Stift zeichnet. Doch der Unterschied zwischen dem, was ich mit meinen Händen ausführte, und dem, was auf dem Bildschirm passierte, war so krass, dass ich schnell aufgab. Erst als ich mein iPad Pro und den Apple Pencil bekam, wurde mir klar, wie sehr Werkzeuge einen künstlerischen Prozess unterstützen oder behindern können.

Die Erfahrung, Kunst zu schaffen, ist genauso wichtig wie das Ergebnis – wenn nicht wichtiger. Ich liebe es, auf meinem iPad zu zeichnen, und alle Fertigkeiten, die ich als Illustratorin gelernt habe, sind darauf zurückführen: Ich zeichne gern und so oft wie möglich, und ich habe die Möglichkeit, zu lernen, zu experimentieren und als Künstlerin zu wachsen.

Dieses Kapitel ist der erste Schritt auf deiner Reise zum digitalen Zeichnen und stellt dir die Werkzeuge und die Software vor, um mit diesem modernen Medium Kunst zu schaffen. Ich hoffe inständig, dass diese Werkzeuge dir Spaß bereiten – so wie mir – und dass du so viel Freude an der digitalen Kunst findest wie ich.

Werkzeuge: Hardware und Software

Digitale Kunst kann auf Computern, Tablets und Smartphones erstellt werden, und es gibt jede Menge Software und Apps. Das macht es schwierig zu entscheiden, wo man anfangen soll. Ich empfehle Werkzeuge und Software, die dir am meisten Freude und – fast ebenso wichtig – die geringste Frustration bereiten. Frustrationen können dazu führen, dass du das Zeichnen schnell aufgibst – ich weiß, wovon ich rede, denn ich habe diese Erfahrung gemacht. Letztendlich geht es darum, dass es dir leichtfällt, künstlerisch zu arbeiten und deine Fertigkeiten zu verbessern.

Hardware

In diesem Buch arbeiten wir mit der Procreate-App. Als ich dieses Buch schrieb, gab es Procreate nur für iOS. Du brauchst also ein iPad. Apple bietet vier iPads: iPad, iPad mini, iPad Air und iPad Pro. Jedes dieser Geräte eignet sich für die Erstellung digitaler Kunst, aber überlege vorher, welches iPad das beste für dich ist.

Die Größe des Arbeitsspeichers in einem iPad ist wichtig für die Leistung von Apps, insbesondere bei Procreate, denn er bestimmt die Zahl der möglichen Ebenen. Ein größerer Arbeitsspeicher bedeutet mehr Ebenen, was ein Vorteil für die kreative Flexibilität ist. iPad Air und iPad Pro haben den größten Arbeitsspeicher und bieten daher die meisten Ebenen.

Eine weitere Überlegung ist die Bildschirmgröße. Ich verwende gern einen großen Bildschirm, aber manche bevorzugen ein kleineres Gerät.

Du solltest auch an die Speicherkapazität denken. Eine größere Festplatte bedeutet mehr Speicherplatz für die Bilddateien. Wenn möglich, solltest du dich für eine größere Festplatte entscheiden.

Prüfe zum Schluss, ob dein Stift für dein iPad geeignet ist. Es gibt keinen besseren Stift zum Zeichnen oder Malen auf dem iPad als den Apple Pencil. Procreate wurde speziell für die Arbeit mit dem Apple Pencil entwickelt. Neue iPad-Modelle sind mit dem Apple Pencil kompatibel, ältere Modelle nicht unbedingt, also frage bei Apple nach, ob dein Modell kompatibel ist.

HINWEIS: Beginne das digitale Zeichnen mit dem, was du hast, und arbeite dich schrittweise auf der technologischen Leiter nach oben vor.

Tablets

Zubehör

Für den Einstieg ins digitale Zeichnen brauchst du nicht viel, aber hier sind drei unverzichtbare Zubehörteile.

Erstens ist, wie bereits erwähnt, der Apple Pencil der beste Stift zum Zeichnen und Malen, und er ist dein wichtigstes Zubehör. Pinselgröße, Deckkraft und eine Vielzahl anderer Procreate-Pinsel-Einstellungen werden von der Druck- und Neigungsempfindlichkeit des Apple Pencil gesteuert. Der Apple Pencil bietet dir das natürlichste Zeichenerlebnis.

Zweitens empfehle ich dringend einen Bildschirmschutz, wenn du auf einem iPad zeichnest. Wenn du den Apple Pencil auf glatten Glasbildschirmen benutzt, fühlt sich das Zeichnen schnell rutschig an. Ich verwende eine matte Schutzfolie, die mir ein glattes, butterweiches Zeichengefühl gibt; außerdem ist der Schutz entspiegelt, sodass störende Spiegelungen vermieden werden.

Und schließlich zeichnet es sich angenehmer, wenn das iPad schräg steht und nicht flach auf einer Oberfläche liegt. Besorge dir eine Hülle mit integrierter faltbarer Stütze. Sie schützt auch Gehäuse und Bildschirm, was ebenfalls sehr wichtig ist.

Software

Es gibt eine große Auswahl an Mal- und Zeichen-Apps, und da die Branche und die Zahl der Nutzer:innen weiter wachsen, kommen regelmäßig neue Apps auf den Markt.

Beliebte Apps für digitale Kunst

- Procreate
- Adobe Photoshop
- Adobe Fresco
- ArtRage
- ibis Paint
- Clip Studio Paint
- Autodesk Sketchbook
- Art Set
- Infinite Painter

Apple Pencil

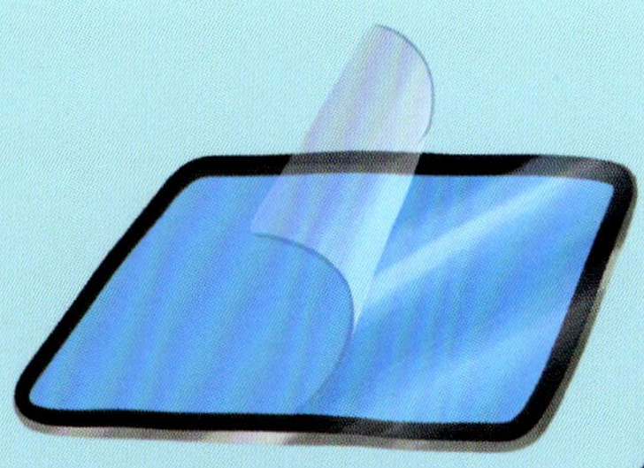

Bildschirmschutz

Schräg stehende Hülle

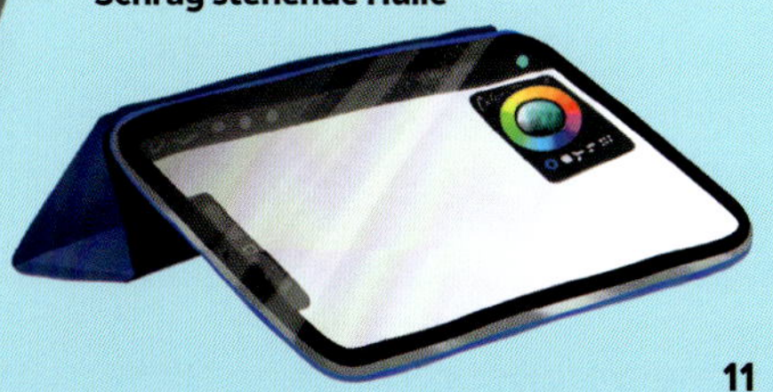

Arbeiten mit Procreate

Dieses Buch konzentriert sich auf das Zeichnen mit der Procreate-App, aber viele der Konzepte, die du kennenlernst, sind grundlegend für das digitale Zeichnen, und du kannst sie auf andere Apps, Programme oder sogar auf das Zeichnen mit Bleistift und Papier anwenden. Procreate ist eine der erschwinglichsten und beliebtesten digitalen Zeichen-Apps. Obwohl die Benutzeroberfläche für Profis geeignet ist, kannst du dich auch als Anfängerin oder Anfänger auf deine Kunst konzentrieren und verzettelst dich nicht in endlosen Menüs.

Grundlagen von Procreate

Procreate ist eine Zeichen- und Mal-App für iOS, die aufgrund ihrer innovativen Benutzerfreundlichkeit bekannt geworden ist. Sie ist die perfekte Software für alle, die digital zeichnen möchten. Bevor du damit beginnst, solltest du dich mit der Procreate-Oberfläche und einigen Werkzeugen und Funktionen vertraut machen, die in diesem Buch verwendet werden. Du kannst immer wieder zu den folgenden Seiten zurückblättern, wenn du eine Auffrischung brauchst.

Galerie-Ansicht

Wenn du Procreate das erste Mal öffnest, kommst du auf die Galerie-Ansicht. Wenn du auf das Pluszeichen oben rechts tippst, das Leinwandvorlagen anzeigt, kannst du dein bestehendes Bild öffnen und bearbeiten oder eine neue Leinwand erstellen.

Neue Leinwand erstellen

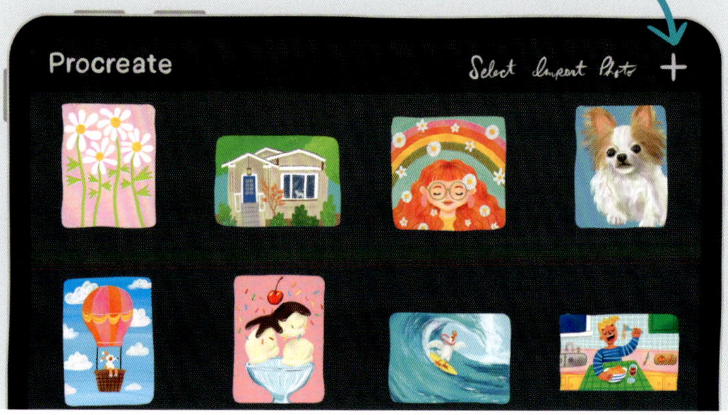

Leinwandvorlage auswählen

»Bildschirmgröße« ist ideal zum Skizzieren und Üben, aber für Bilder empfehle ich, dass du eine eigene Leinwandvorlage erstellst und auf das Symbol tippst. Nach dem Öffnen der Leinwandvorlage erscheint die Procreate-Oberfläche.

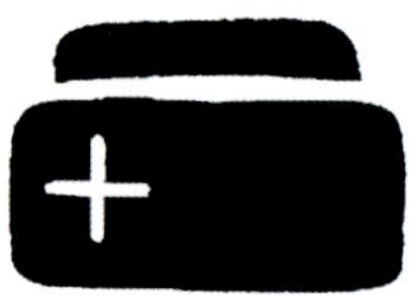

Mehr zu Leinwandgröße und Auflösung auf den Seiten 22–23.

Procreate-Oberfäche

Menüs und Bearbeitungswerkzeuge

1. Aktionen: Medien importieren, Leinwandeinstellungen anpassen, Bilder exportieren, Bilder in Zeitrafferwiederholung ansehen und eigene Einstellungen anpassen.

2. Anpassungen: Bilder mit Filtern und Anpassungen wie Farbveränderungen, Weichzeichnen, Verflüssigen verfeinern und optimieren.

3. Auswählen Teile des Bildes auswählen, um beim Arbeiten größere Kontrolle zu behalten.

4. Transformieren: Teile verschieben, strecken, spiegeln, verzerren, verformen.

Malwerkzeuge

5. Pinsel: Voreingestellte Procreate-Pinsel zum Malen oder Zeichnen auswählen, Pinsel importieren oder eigene Pinsel erstellen.

6. Wischfinger: Farben auf der Leinwand weichzeichnen und verwischen.

7. Radiergummi: Einen beliebigen Pinsel in der Sammlung zum Radieren wählen.

8. Ebenen: Teile deines Kunstwerks getrennt bearbeiten (Seite 48–49).

9. Farben Farben auswählen, Paletten erstellen und Color Drop verwenden.

10. Pinselgröße: Pinselstriche vergrößern oder verkleinern.

11.Pinsel-Deckkraft: Transparenz der Pinselstriche anpassen.

12. Rückgängig & Wiederholen: Fehler gehören der Vergangenheit an.

HINWEIS: Die vorgestellten Softwarefunktionen sind zum Zeitpunkt der Erstellung dieses Buches auf dem neuesten Stand. Wenn du dieses Buch in der Zukunft liest, sieht vielleicht einiges anders aus.

Pinselsammlung

Tippe auf das Pinselsymbol, um zur Pinselsammlung zu gelangen. Hier kannst du aus vorinstallierten Pinseln wählen, Pinsel von Dritten importieren oder eigene Pinsel erstellen.

1. Die Pinsel sind in Kategorien eingeteilt.

2. Tippe auf den ausgewählten Pinsel, um zum Pinselstudio zu gelangen, in dem du deine Pinsel-Einstellungen bearbeiten oder eigene Pinsel erstellen kannst.

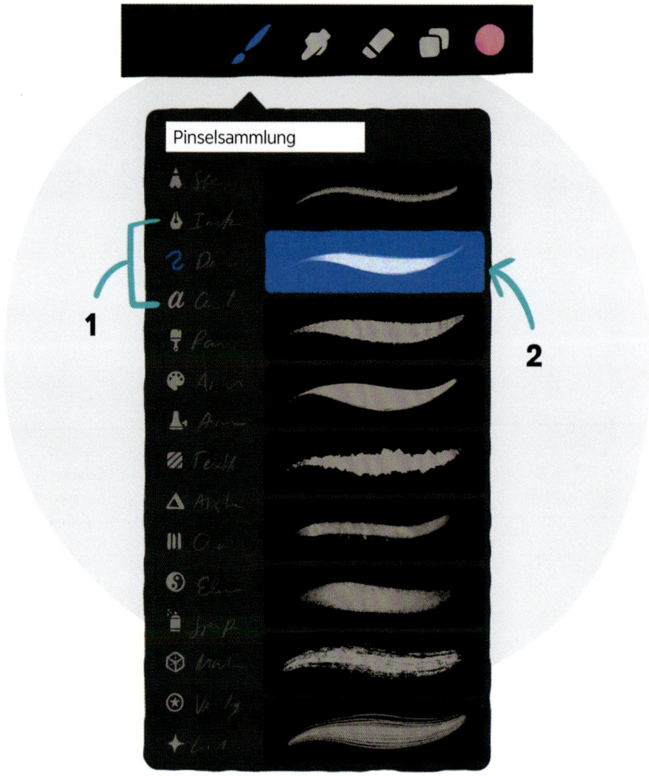

Mehr zu Pinseln auf S. 44–47.

Ebenen-Bedienfeld

Öffne Ebenen über die zwei Quadrate, um getrennte Ebenen des Bildes zu erstellen, die Deckkraft der Ebenen anzupassen, Mischmodi festzulegen und die Hintergrundfarbe zu ändern.

1. Du kannst nur auf der blauen Ebene zeichnen oder diese ändern. Tippe auf Ebenenmenü, um auszuwählen, zu löschen, zu maskieren etc.

2. Vorschaubild des Ebeneninhalts.

3. Tippe auf »+« für eine neue Ebene.

4. Deaktiviere das Kontrollkästchen, um eine Ebene auszublenden.

5. Tippe auf Buchstaben, um Deckkraft oder Mischmodus zu ändern.

6. Tippe auf »Hintergrundfarbe«, um diese zu ändern.

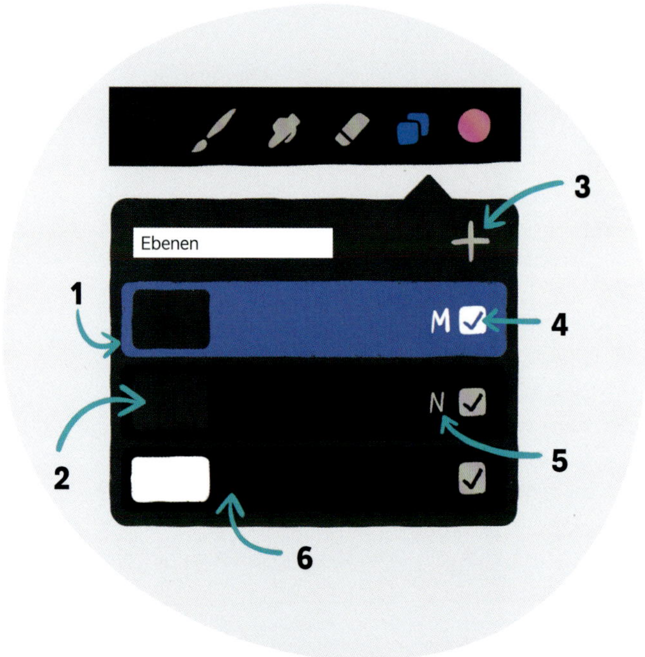

Mehr zu Ebenen in Kapitel 3.

Farben-Bedienfeld

Tippe auf den farbigen Kreis oben rechts, um den Farbring zu öffnen. Wähle Farben in verschiedenen Modi und erstelle Farbpaletten.

1. Um eine Farbe auszuwählen, wähle zunächst einen Farbton …

2. … dann stelle Sättigung und Helligkeit der Farbe ein.

3. Es gibt mehrere Modi für die Auswahl der Farben.

4. Primär- und Sekundärfarben.

5. Speichere hier die Farben in einer Palette.

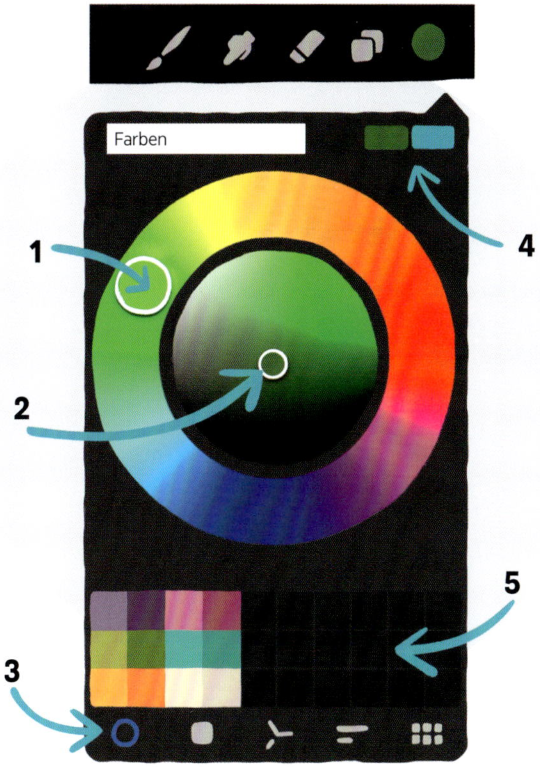

Mehr zu Farben in Kapitel 4.

Formen mit Color Drop füllen

Ziehe den farbigen Kreis in eine geschlossene Form, um sie schnell mit Farbe zu füllen.

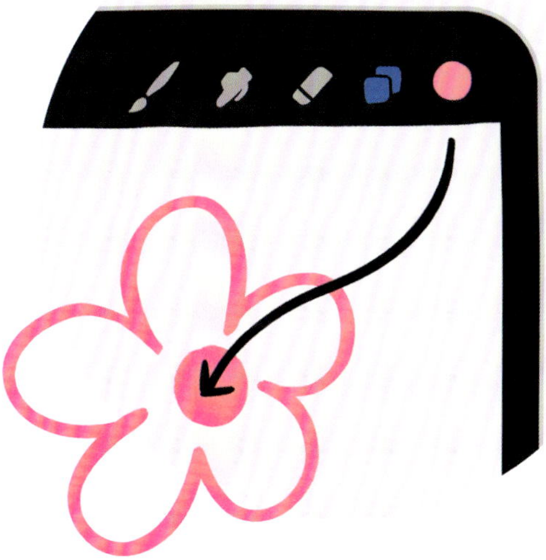

Wert für Color Drop anpassen

Wenn die Farbe die Form nicht vollständig füllt oder überläuft, musst du den Schwellenwert für Color Drop anpassen. Fülle eine Form mit dem Werkzeug Color Drop, aber hebe deinen Stift oder Finger nicht an und ziehe ihn nach links oder rechts, um einzustellen, wie viel Farbe in andere Bereiche laufen soll.

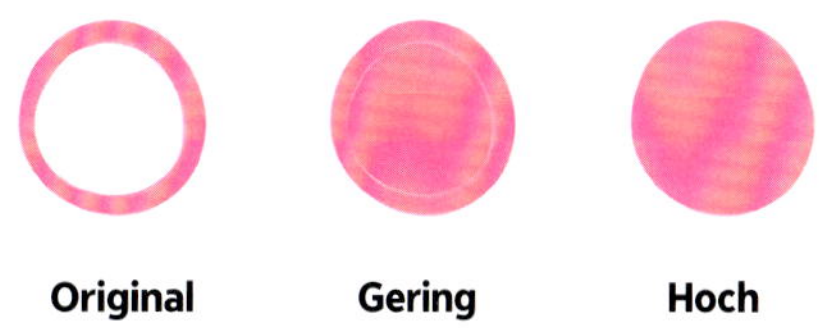

Gestensteuerung

Als berührungsbasierte Anwendung wird Procreate hauptsächlich mit Gesten gesteuert. Tippen, Drehen, Wischen, Spreizen oder Zusammenziehen – unverzichtbare Steuerelemente sind dabei deine Fingerspitzen.

Es wird nicht lange dauern, bis die Gesten ganz selbstverständlich für dich sind. Tatsächlich stellen Procreate-Benutzer:innen oft fest, dass sie unbewusst ihre Papier-Skizzenbücher antippen und darüberstreichen!

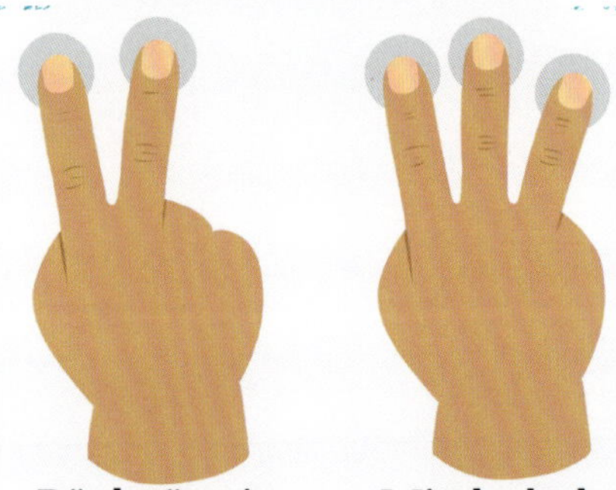

Rückgängig
Zwei-Finger-Tipp

Wiederholen
Drei-Finger-Tipp

Tippen und halten für durchgängiges Rückgängigmachen und Wiederholen.

Oberflächen-Gesten

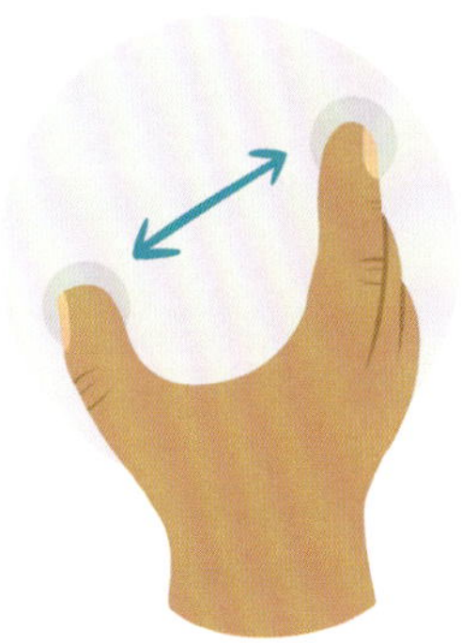

Leinwand zoomen/drehen
Mit zwei Fingern zusammenziehen, spreizen und drehen.

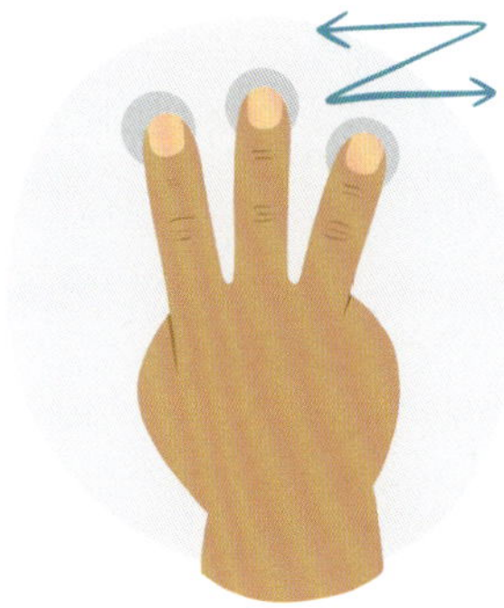

Ebene/Auswahl löschen
Mit drei Fingern »hin- und herrubbeln«.

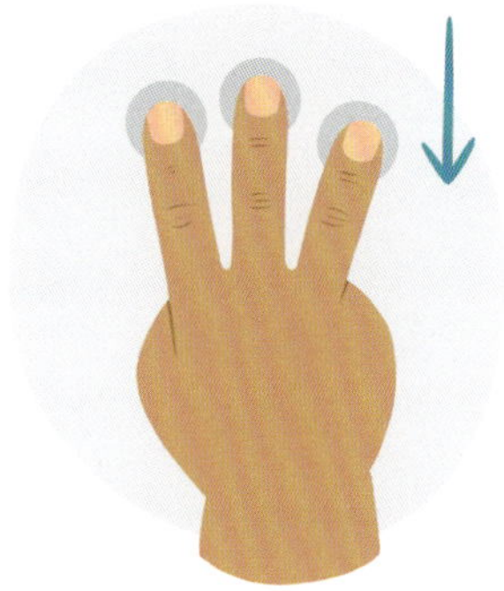

Menü Kopieren/Einfügen
Mit drei Fingern nach unten wischen.

Radiergummi & Wischfinger Schnellauswahl
Tippe auf Radiergummi und halte den Finger gedrückt. Der Pinsel, mit dem du gemalt hast, radiert nun, sodass die Textur zwischen Radiergummi und Pinselspuren gleich bleibt. Dies funktioniert auch beim Wischfinger.

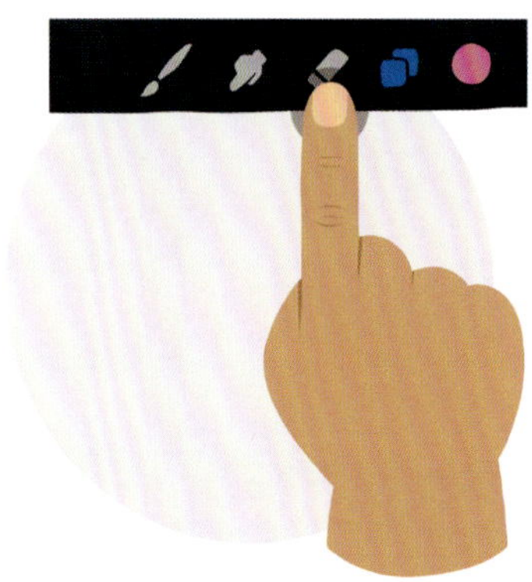

Farb-Gesten

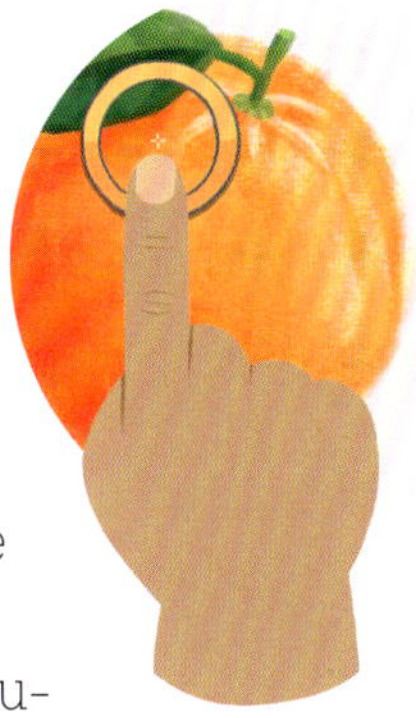

Farbe wählen
Tippen und halten, um eine Farbe auf der Leinwand auszuwählen.

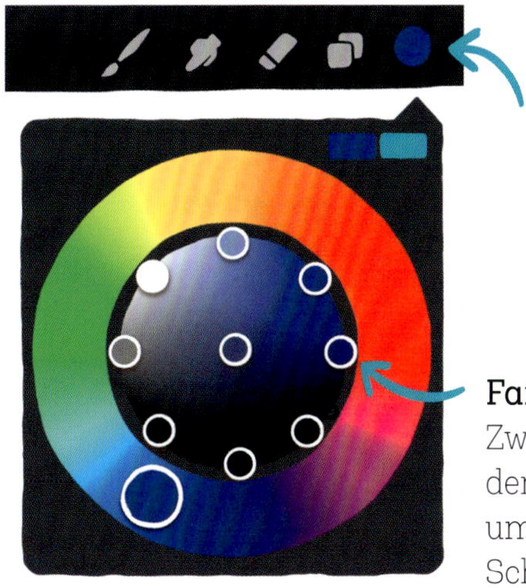

Vorherige Farbe
Farbigen Kreis antippen und halten, um zur letzten Farbe zu wechseln.

Farbe festlegen
Zweimal rund um den Farbring tippen, um reine Farben wie Schwarz oder Weiß zu erhalten.

Ebenen-Gesten

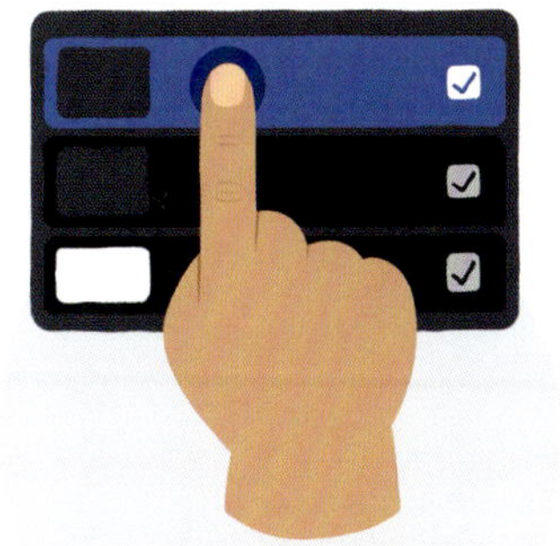

Mit einem Finger

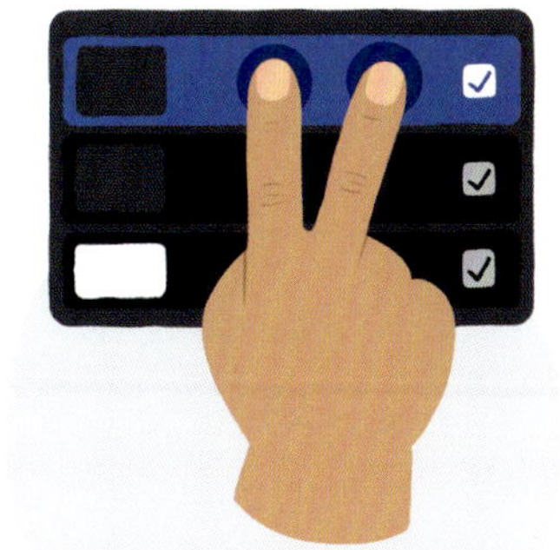

Mit zwei Fingern

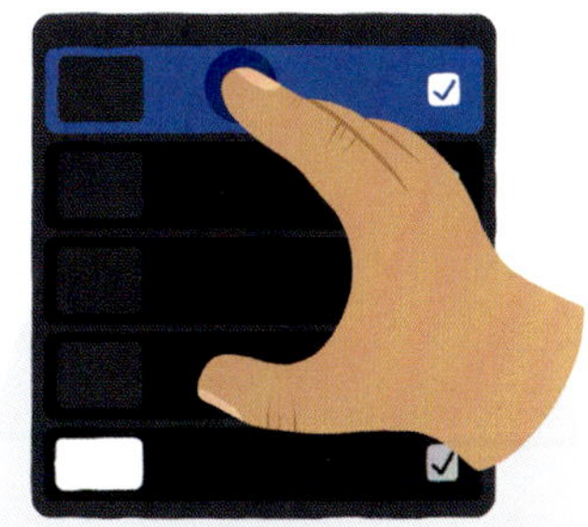

Finger zusammenziehen

Ebenen neu anordnen
Tippen und halten, dann eine Ebene an die gewünschte Position ziehen.

Mehrere Ebenen wählen
Mehrere Ebenen durch Wischen nach rechts auf jeder Ebene auswählen.

Ebene löschen oder duplizieren
Auf Ebene nach links wischen für Löschen oder Duplizieren der Ebene.

Alphasperre einschalten
Mit zwei Fingern nach rechts über eine Ebene wischen (mehr auf Seite 52).

Ebeneninhalt auswählen
Mit zwei Fingern auf Ebene tippen und halten, um den Inhalt auszuwählen.

Schnelle Ebenendeckkraft
Mit zwei Fingern auf Ebene tippen, mit dem Finger nach links oder rechts auf der Leinwand wischen, um Ebenendeckkraft anzupassen.

Ebenen zusammenführen
Zwei oder mehr Ebenen zusammenziehen, um sie zu einer zu kombinieren.

Auswählen

Mit Auswählen kannst du Teile deines Bildes isolieren, um sie zu modifizieren, zu bearbeiten, anzupassen und zu ändern.

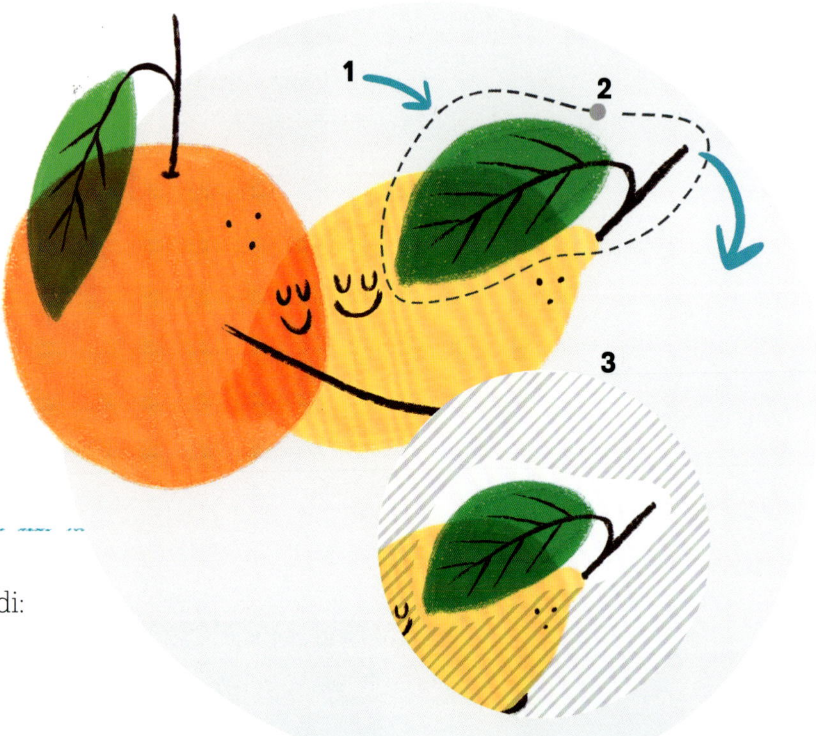

Es gibt vier Auswahl-Modi: Automatisch, Freihand, Rechteck und Ellipse. Betrachten wir den Freihand-Modus.

Freihand auswählen

1. Zeichne oder tippe rund um den Bereich, den du auswählen möchtest.
2. Tippe auf den grauen Kreis, um die Auswahl zu schließen.
3. Es erscheint eine Auswahlmaske, in der du deine Auswahl siehst.

Du kannst deine Auswahl mit den Optionen in der Auswahl-Werkzeugleiste ändern.

Weitere Auswahl-Optionen

Automatisch: Wähle einen ähnlich gefärbten Bereich. Tippe und halte einen Farbbereich, wische dann nach links oder rechts, um den Schwellenwert der Auswahl anzupassen. Tippe in andere Bereiche, um deine Auswahl einzufügen.

Umkehren: Kehre Innen- und Außenseite deiner Auswahl um.

Weiche Kanten: Verwische die Ränder deiner Auswahl. Ein höherer Prozentsatz bedeutet weichere Ränder.

Sichern & Laden: Sichere die Auswahl für später.

Farbfüllung: Wenn du diese Option aktivierst, wird deine Auswahl automatisch mit Farbe gefüllt. Ändere die Füllfarbe im Farb-Bedienfeld.

Transformieren

Mit Transformieren kannst du eine Auswahl verschieben und bearbeiten, und dann neu positionieren, drehen, spiegeln, verzerren oder verformen.

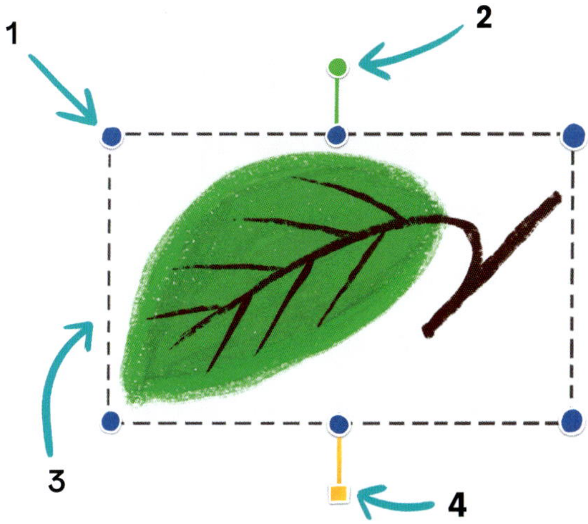

Bewegen

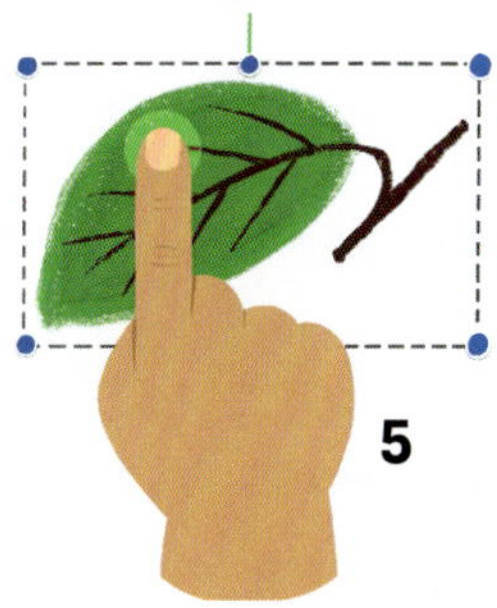

Skalieren und drehen

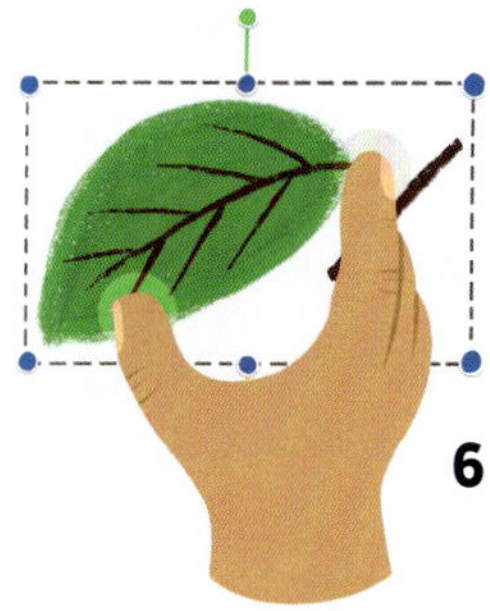

1. Der Begrenzungsrahmen zeigt die Begrenzungslinien deiner Auswahl.
2. Tippe und ziehe die blauen Transformations-Punkte, um die Größe zu ändern oder zu verzerren.
3. Ziehe zum Drehen den grünen Punkt.
4. Verwende den gelben Punkt zum Drehen des Begrenzungsrahmens, um deine Auswahl einzupassen.
5. Ziehe innen oder außen vom Begrenzungsrahmen, um deine Auswahl neu zu positionieren.
6. Ziehe zusammen, spreize oder drehe im Begrenzungsrahmen, um deine Auswahl in der Größe anzupassen oder zu drehen.

Transformationsmodi

Mit diesen Transformationsmodi und -werkzeugen kannst du die Auswahl in der Größe anpassen und verformen.

Freiform: Ändere waagerechte oder senkrechte Größe.

Gleichmäßig: Vergrößere oder verkleinere die Auswahl ohne Verzerrung.

Verzerren: Neige die Auswahl – nützlich zum Ändern der Perspektive.

Verformen: Verforme den Text organisch durch Ziehen des Rasters.

Einrasten & Magnetisch: Hilfslinien sind bei der Neupositionierung hilfreich.

Spiegeln: Spiegele deine Auswahl waagerecht und senkrecht.

Interpolation: Steuere, wie Pixel durch das Transformieren beeinflusst werden.

Exportieren und Dateiformate

Das fertige Bild kannst du in einer Vielzahl von Dateiformaten teilen. Um es zu exportieren, gehst du zum Menü Aktionen (Aktionen>Bereitstellen). Schauen wir uns die verschiedenen Optionen einmal an. Dateiformate lassen sich in zwei Kategorien einteilen: Formate, bei denen die Ebenen erhalten bleiben, und Formate, bei denen sie zu einer Ebene zusammengefasst werden.

Aktionen

Dateiformate, die Ebenen bewahren

Bei diesen Formaten kannst du das Bild weiterhin bearbeiten. Ideal zum Sichern des Bilds.

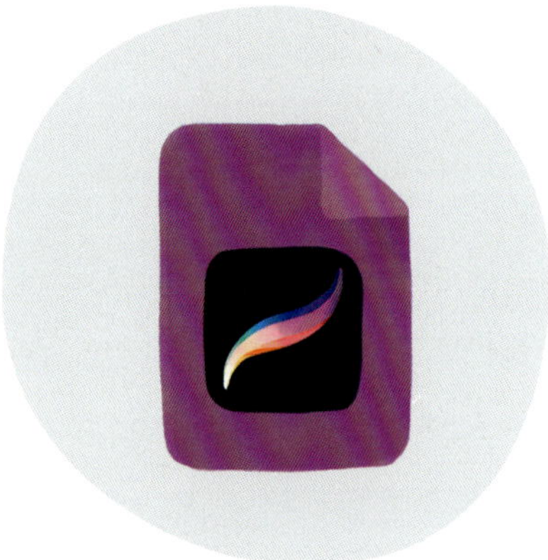

Procreate – Alles bleibt gleich

Die Verwendung des .procreate-Formats stellt sicher, dass alle Daten, die mit deinem Bild verbunden sind, erhalten bleiben. Mit diesem Format kannst du deine Arbeit sichern oder auf ein anderes iPad mit Procreate verschieben. Alles bleibt gleich.

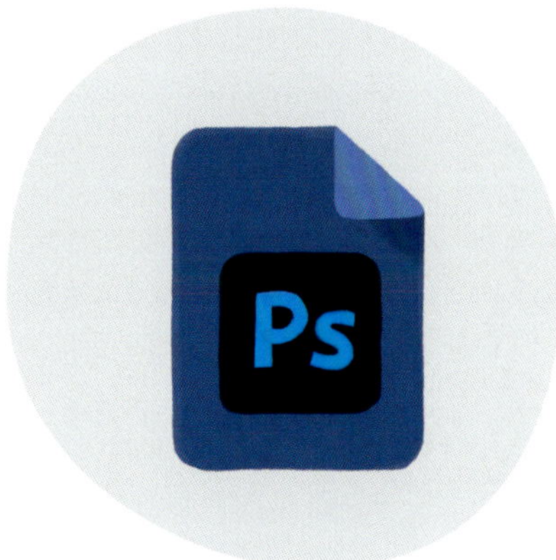

PSD – Photoshop-kompatibel

Das .psd-Format wandelt dein Procreate-Bild in eine bearbeitbare Datei um, die mit Adobe Photoshop kompatibel ist. Dieses Format bewahrt deine Ebenen, Ebenennamen, Deckkraft, Sichtbarkeit und Mischmodi.

Dateiformate, die Ebenen zusammenfassen

Verwende eines dieser Formate für die Weitergabe deines Bildes im Internet oder zum Drucken.

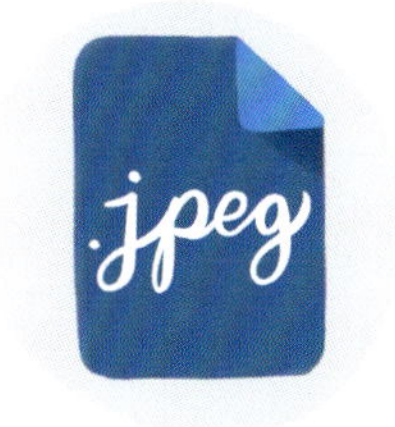

JPEG – Kompakt & Praktisch

Da .jpeg das gängigste Dateiformat ist, ist es universell kompatibel. Durch Komprimierung reduziert es die Dateigröße, was jedoch zu einem Qualitätsverlust führt..

TIFF – Hochqualitätsdruck

Das .tiff-Format hat die höchste Bildqualität und somit die größte Dateigröße. Es wird häufig für den Druck verwendet.

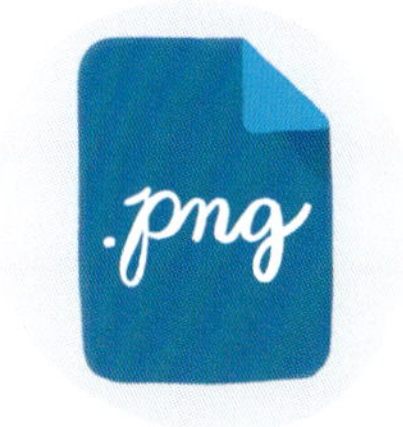

PNG – Qualität mit Transparenz

Bei der .png-Datei bleibt durch die »verlustfreie« Komprimierung die Bildqualität erhalten, wodurch die Datei etwas größer ist. Das Format unterstützt Transparenz und ist ideal für Arbeiten mit transparenten Hintergründen.

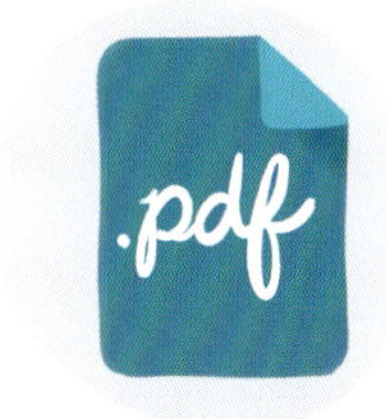

PDF – Beliebt & druckfreundlich

Das .pdf-Format ist ein sehr verbreitetes digitales Medienformat, das weithin von Druckereien und Verlagen akzeptiert wird.

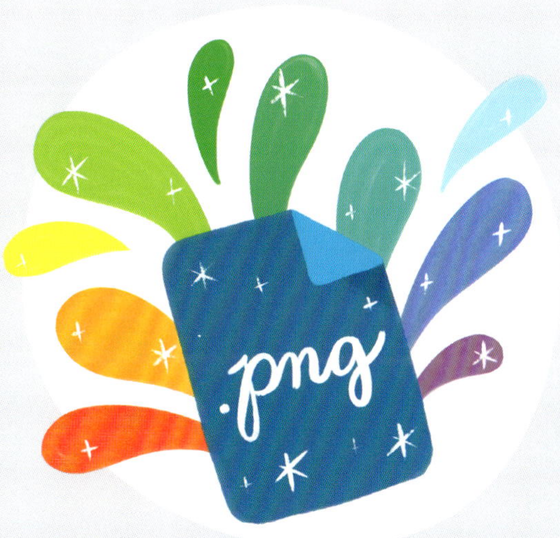

Welches Dateiformat soll ich verwenden?

Für die meisten Zwecke ist es am besten, wenn du dein Bild in ein .png-Format exportiert. Es ist kompatibel für die Weitergabe im Internet, hat eine hohe Druckqualität und unterstützt Transparenz, falls du diese Funktion benötigst.

HINWEIS: Wenn du dein Bild drucken lassen möchtest, solltest du immer vorab mit der Druckerei klären, welches Dateiformat du anliefern sollst.

Druck & Auflösung

Welche Größe sollte meine Leinwand für digitale Kunstwerke haben?
Jedes digitale Bild besteht aus winzigen Quadraten, die Pixel genannt werden. So wie du einen Raum zu Hause in Metern misst, solltest du ein Digitalbild in Pixeln messen, und zwar Breite mal Höhe. Die Zahl der Pixel in einem Digitalbild bezieht sich auf die **Auflösung** des Bildes.

Im Gegensatz zu Zentimetern, die immer die gleiche Größe haben, kann ein Pixel groß oder klein sein.

Pixel können groß sein
Wenn etwas »verpixelt« aussieht, bedeutet das, dass sehr wenige, sehr große Pixel eine Fläche ausfüllen – jeder Pixel ist leicht zu erkennen. Der kreisförmige Bildausschnitt oben (siehe gegenüberliegende Seite) ist ein Beispiel für ein niedrigauflösendes Bild.

Pixel können klein sein
Verteilen sich viele winzige Pixel auf die gleiche Fläche, kann man die einzelnen Pixel nicht erkennen, und das Bild sieht scharf aus, wie im unteren Ausschnitt.

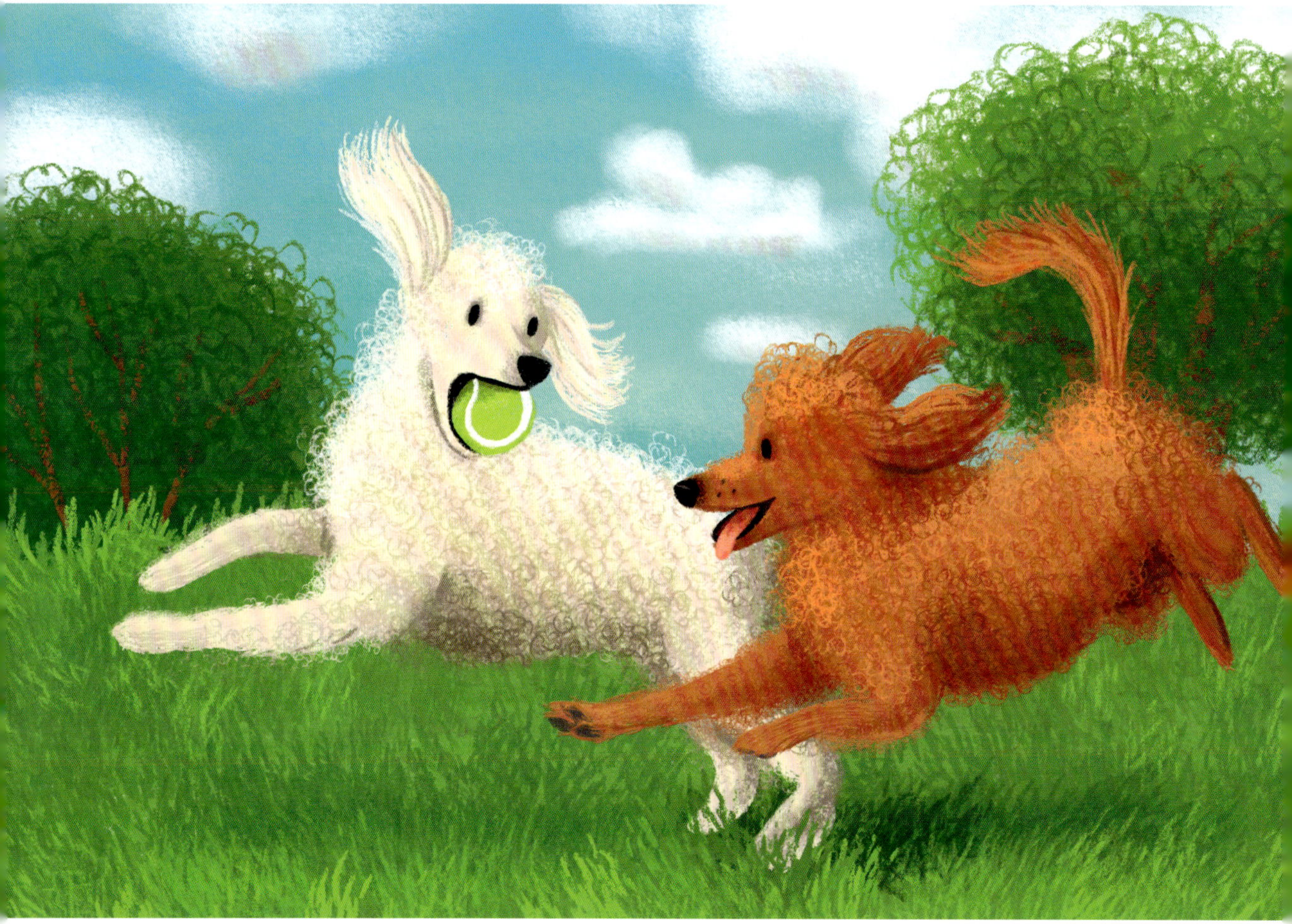

Für Zeichenübungen oder Kunstwerke im Allgemeinen verwende ich die unten aufgeführten Leinwandgrößen.

Senkrecht ausgerichtete Leinwand:
3.800 × 2.800 Pixel
Waagerecht ausgerichtete Leinwand:
2.800 × 3.500 Pixel

Wenn du spezielle Bedürfnisse oder Absichten für deine Bild hast, solltest du weiterlesen, um mehr über die Auflösung zu erfahren. Dann kannst du entscheiden, welche Leinwandgröße du wählst.

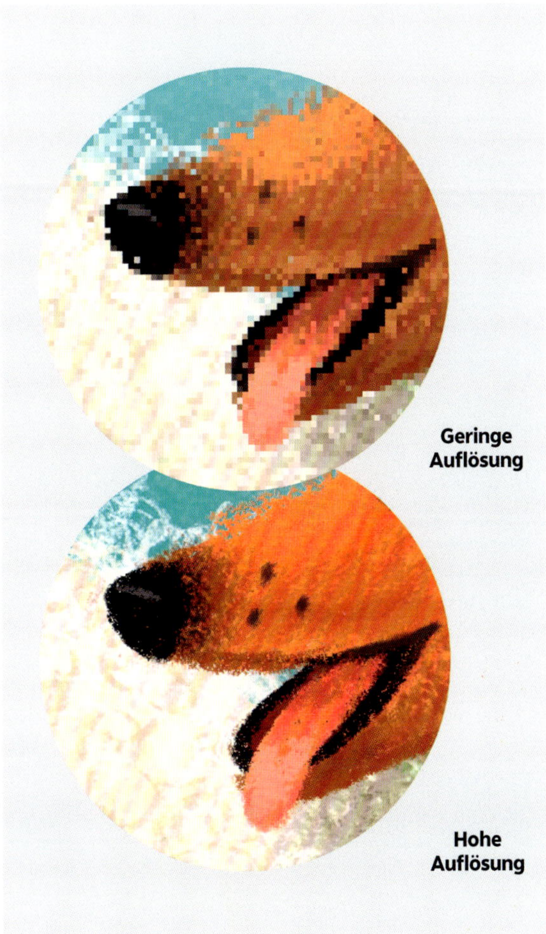

Hochauflösend für schöne Bilder

Es gibt viele Gründe, warum du nicht mit einer zu kleinen Leinwand arbeiten solltest. Du wirst mit folgenden Problemen konfrontiert: schlechtere Transformation (gezackte oder verschwommene Kanten nach dem Verschieben der Objekte) oder Pixelprobleme, wenn du versuchst, niedrigauflösende Arbeiten hochzuskalieren.

Ist größer wirklich besser?

Allerdings kann die Arbeit mit einer extrem hochauflösenden Leinwand auch die Verarbeitungsgeschwindigkeit beeinflussen. Und es gibt ein weiteres Problem: das Überschreiten deines Ebenenlimits. Ebenen (siehe Kapitel 3) machen dir das Leben in vielerlei Hinsicht einfacher, daher gilt: Je mehr Ebenen du zur Verfügung hast, desto besser. Wie auf Seite 10 beschrieben, limitiert Procreate die maximal verfügbaren Ebenen abhängig von der iPad-Hardware, und von der Auflösung der Leinwand. Je größer die Leinwand, desto weniger Ebenen, mit denen du arbeiten kannst.

Allgemeine Regeln für das Erstellen von Leinwänden

Um die Leinwandgröße zu bestimmen, solltest du an die vorgesehene Verwendung denken und die Leinwandgröße etwas größer einstellen. Ich empfehle eine Leinwand, deren kürzeste Seite nicht weniger als 2.000 Pixel hat. Wenn du die Leinwandgröße festlegst, achte darauf, wie viele Ebenen verfügbar sind. Für Arbeiten, die gedruckt werden, sollte die Leinwand mindestens 300 Pixel pro Inch, also pro 2,54 Zentimeter, haben.

2 Alltags-objekte
Linien & Formen

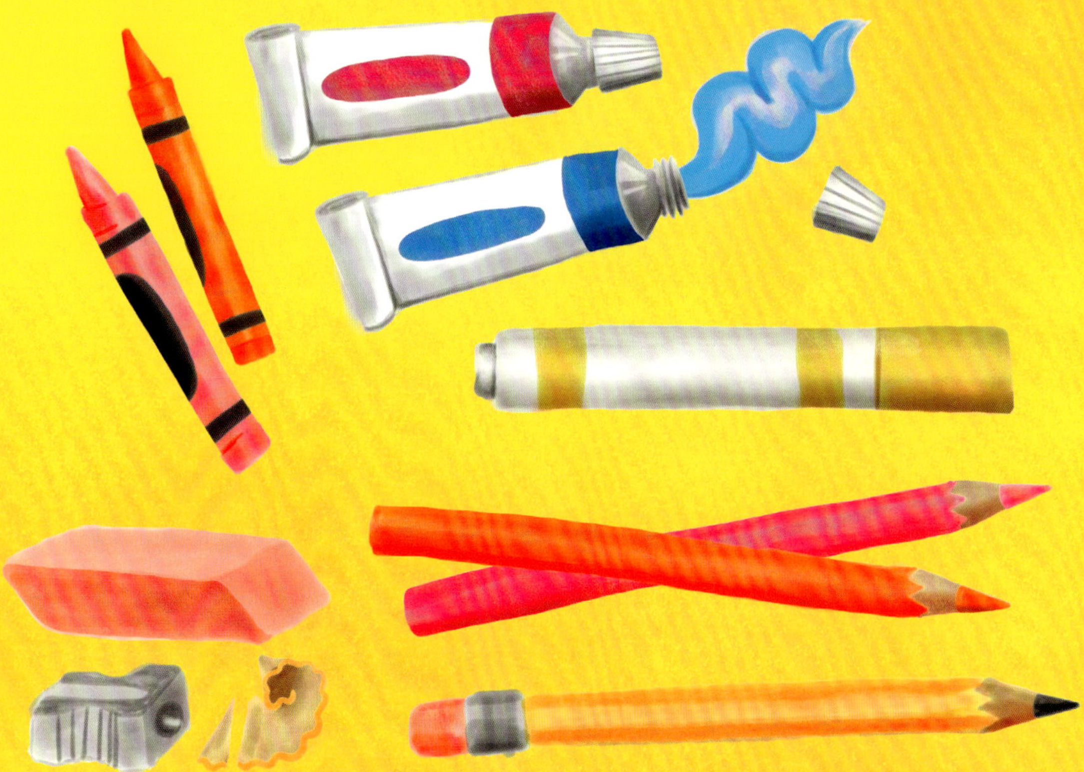

Der beste Weg, um zeichnen zu lernen, besteht darin, mit den Grundlagen zu beginnen. Dieses Kapitel zeigt dir die Grundlagen von Linie und Form – die Bausteine der Kunst. Zunächst kannst du dich mit Linienübungen aufwärmen. Sie helfen dir, deine Bewegungen beim Zeichnen zu kontrollieren. Anschließend konsturierst du mit Formen einfache zwei- und dreidimensionale Alltagsgegenstände.

Linien zeichnen

Wir beginnen mit dem Zeichnen eines der grundlegendsten Formelemente: der Linie. Es mag einfach klingen, Linien zu zeichnen, doch darin besteht die Kernkompetenz des Zeichnens. Es ist normal, dass Linien bei Anfänger:innen wellig und wackelig sind. Doch sie werden mit der Zeit immer perfekter.

Die folgenden Linienübungen helfen dir, die grundlegenden Fertigkeiten zu erlangen, die du zum Zeichnen brauchst. Du lernst, deine Hand zu lockern, deine Zeichenmuskeln zu trainieren und dich mental auf das Zeichnen vorzubereiten.

Geschwindigkeit wählen

Zeichne drei Sets mit parallelen Linien. Ziel ist es, sie möglichst gerade und gleichmäßig parallel zu zeichnen. Zeichne das erste Set langsam, das zweite mittelschnell und das dritte sehr schnell.

Welche Geschwindigkeit ist angenehm und liefert die besten Ergebnisse? Manchmal ist langsames und sorgfältiges Zeichnen nicht das Beste. Wiederhole die Übung mit gewellten Linien, versuche wieder, die Linien parallel zu halten. Findest du die schnellen, gewellten Linien ausdrucksstärker?

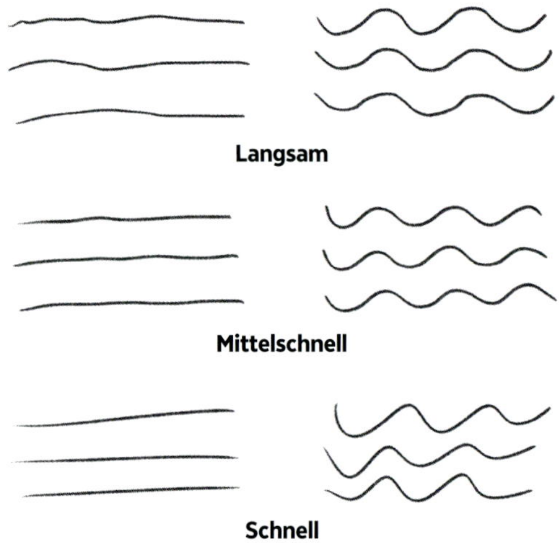

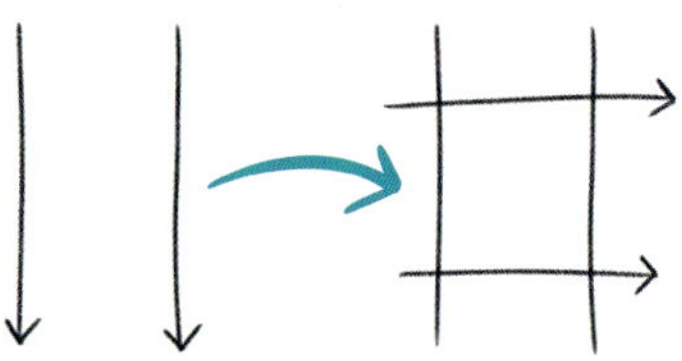

Parallelogramm-Gitter

Zeichne zwei gerade parallele Linien, dann zeichne zwei weitere parallele Linien in die andere Richtung über die ersten Linien.

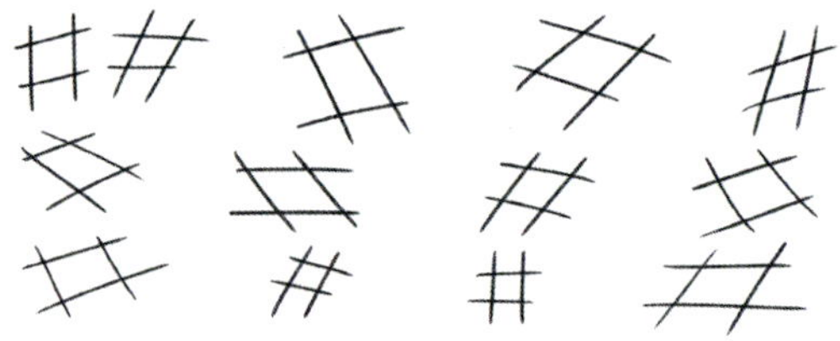

Zeichne diese Form in verschiedenen Winkeln. Achte dabei darauf, was sich für dich am angenehmsten anfühlt: Linien nach oben, unten, links oder rechts zu ziehen.

Weitere Übungen zum Ausprobieren:

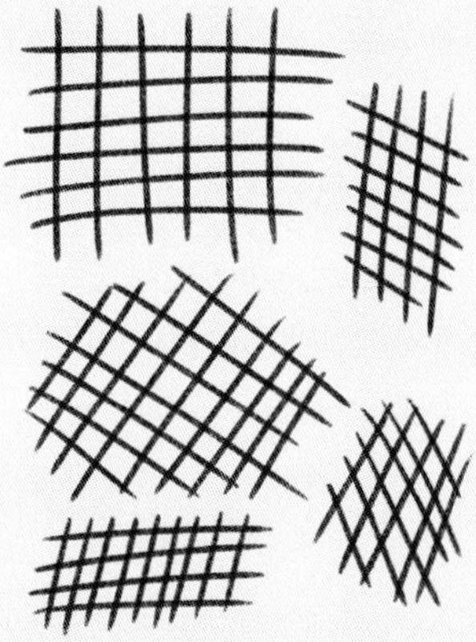

Rautengitter

Zeichne eine Reihe von parallelen Linien in eine Richtung, dann wähle eine andere Richtung und zeichne eine weitere Reihe von parallelen Linien.

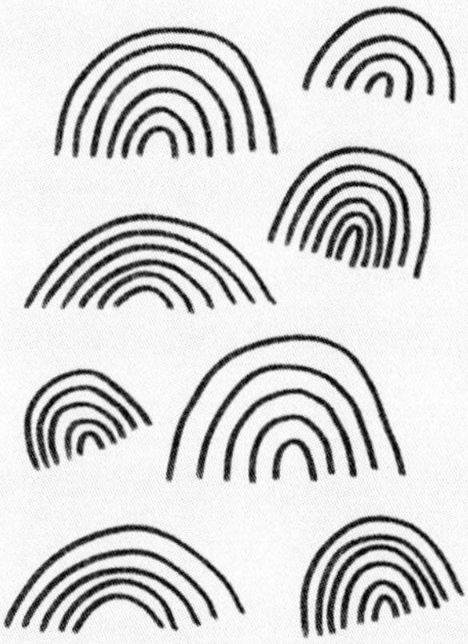

Regenbögen

Zeichne eine kleine gebogene Linie, dann eine Linie in geringem Abstand darüber, wobei der Abstand zwischen beiden Linien gleich bleiben sollte.

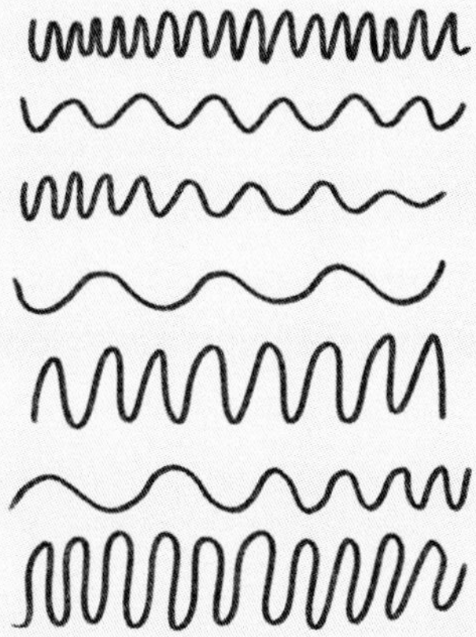

Wellenlängen

Zeichne eine Wellenlinie in verschiedenen Wellenlängen von dicht bis weit. Beobachte, wie lange du eine durchgehende Linie zeichnen kannst.

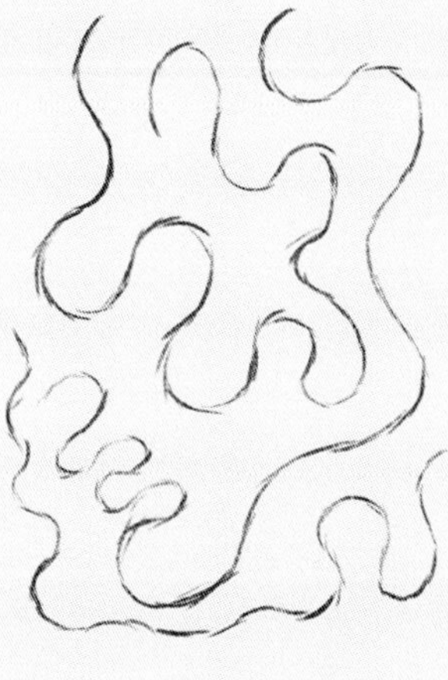

Flüchtige Schlenker

Zeichne mit kurzen, flüchtigen Strichen eine geschwungene Linie. Probiere dichte und weite Kurven. Fühlt sich das Skizzieren angenehmer an als das Zeichnen durchgehender Linien?

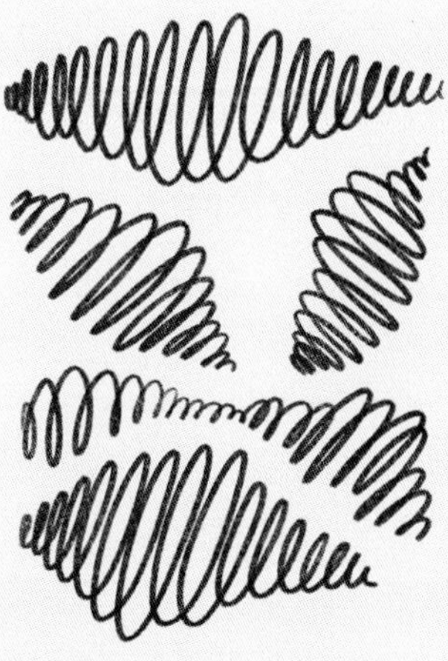

Wachsende Spiralen

Zeichne spiralförmige Linien, die mit jeder Schleife größer oder kleiner werden. Experimentiere, indem du diese Linien mal schnell und mal langsam zeichnest.

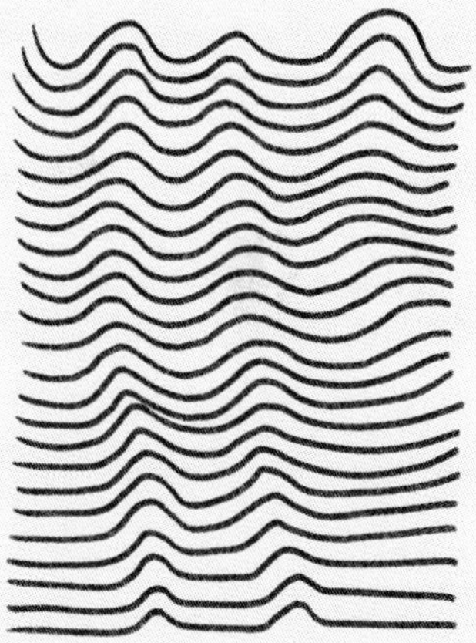

Wiederholungslinien

Zeichne eine geschwungene Linie am oberen Leinwandrand. Zeichne darunter eine möglichst identische Linie. Fahre so weiter nach unten fort. Verändern sich deine Linien mit der Zeit?

Einfache Formen üben

Formen sind die Bausteine für alle Objekte. Du kannst alles, was du fortan zeichnest, auf Formen und Linien reduzieren. Du beginnst mit einer einfachen Form und fügst dann entweder etwas hinzu oder entfernst etwas, um komplexe Objekte zu erstellen. Darüber erfährst du in den folgenden Kapiteln mehr, aber jetzt solltest du mit diesen einfachen Übungen deine Fertigkeiten im Zeichnen von Formen verbessern.

Formen in Spalten

Zeichne am oberen Leinwandrand einen Kreis, ein Oval, ein Quadrat, ein Rechteck und zwei Dreiecke nebeneinander. Dann zeichne in Spalten untereinander jede Form mehrmals und versuche dabei, sie alle gleichmäßig zu halten.

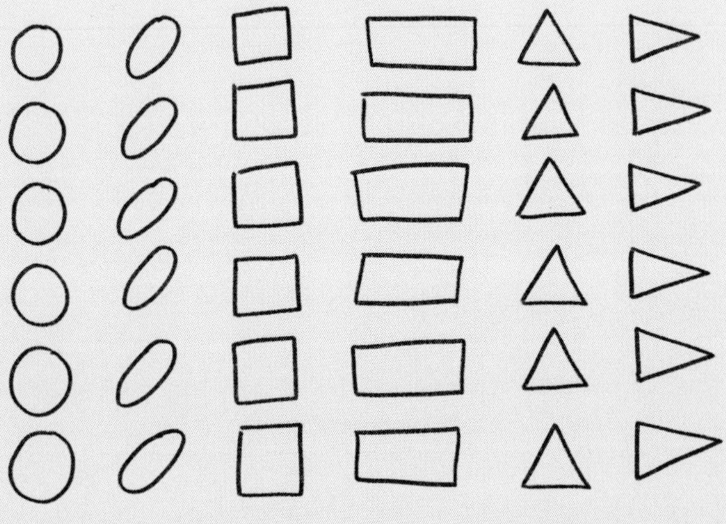

Größer werdende Formen

Zeichne eine Reihe mit einer Form, vergrößere die Form schrittweise, je weiter du nach rechts gehst. Übe mit vielen verschiedenen Formen.

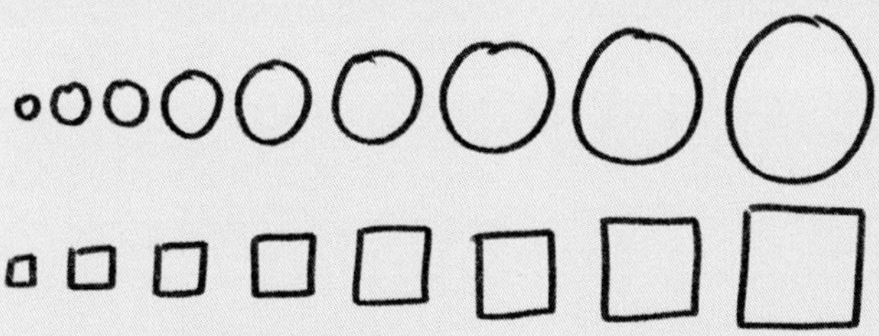

Konzentrische Formen

Beginne mit einer kleinen Form, zeichne eine Linie darum herum, dann eine weitere und so weiter. Die Linien sollen sich nicht berühren.

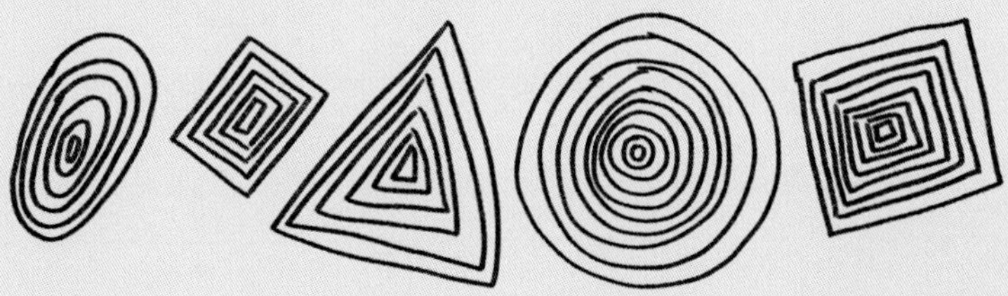

Mehr als eine Möglichkeit für eine Form

Wenn ein Quadrat schwierig erscheint, zeichne schnell zwei parallele Linien statt einer durchgehenden Linie. Ist es einfacher, ein großes Quadrat oder ein kleines Quadrat zu zeichnen? Zoome beim Zeichnen der Form ein und aus.

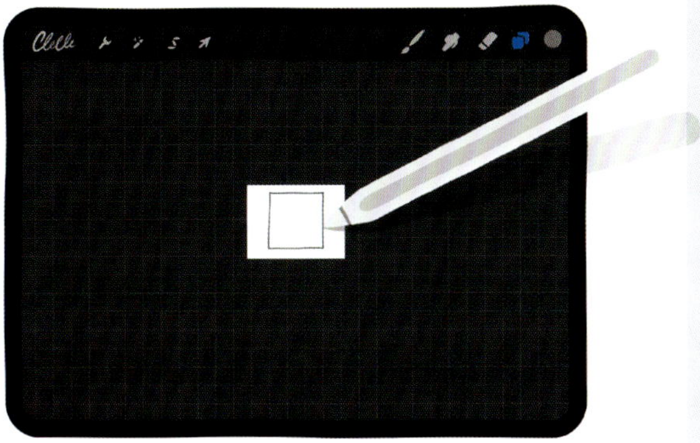

Wenn es schwierig ist, einen Kreis in einer durchgehenden Linie zu zeichnen, dann zeichne mehrere Kreise schnell hintereinander. Wie oft hebst du den Stift an, wenn du ein Dreieck zeichnest? Zweimal? Einmal? Überhaupt nicht?

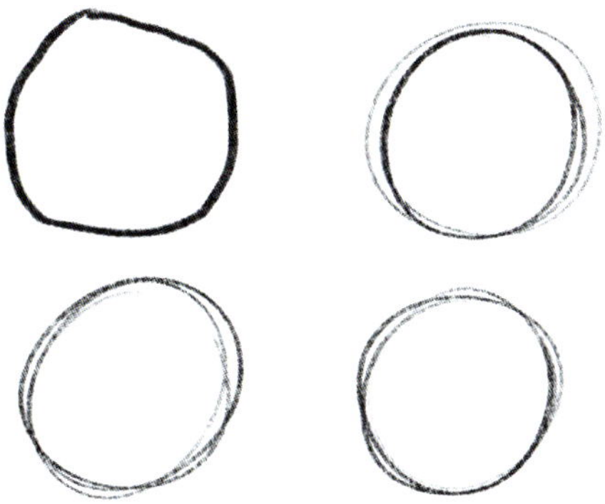

Es mag einfach aussehen, aber wenn du lernst, diese einfachen Formen so zu zeichnen, wie es für dich am besten funktioniert, hast du am schnellsten Erfolg.

Noch mehr Formen üben

Halbkreis

Du wirst überrascht sein, wie oft man nur einen halben Kreis braucht.

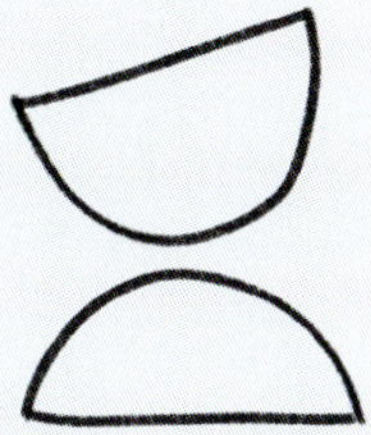

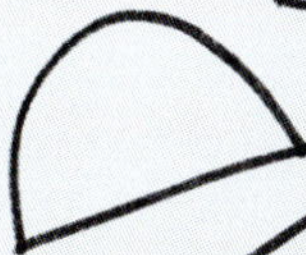

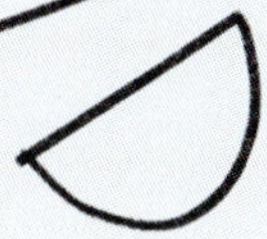

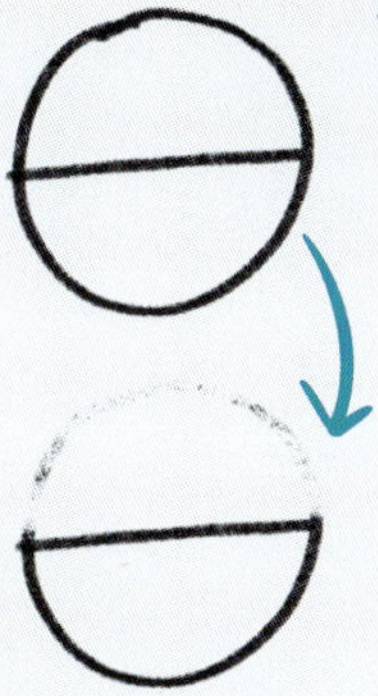

Ein Halbkreis ist zu schwierig?

Zeichne einen Kreis, halbiere ihn und radiere den Rest aus.

Organische Formen

Nicht alles ist geometrisch – übe auch organische Formen. Bohnen sind ideale Formen zum Konstruieren von Objekten.

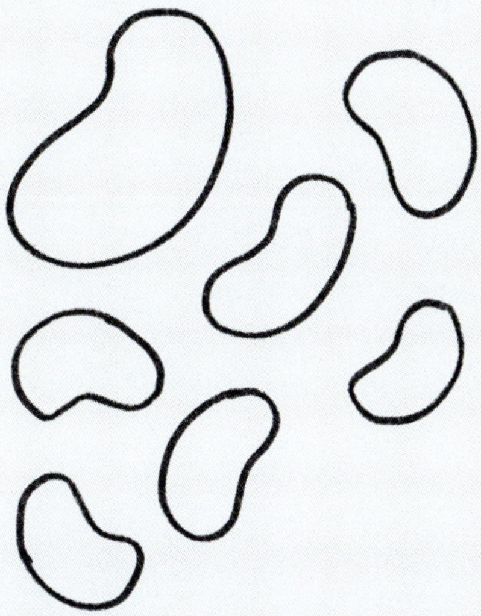

Tipps zum Zeichnen von Formen

Entdecke einige nützliche Funktionen bei Procreate, die dir beim Zeichnen von Formen helfen können.

QuickShape

Sehen deine Formen ein wenig schief und wackelig aus? Die QuickShape-Funktion schafft Abhilfe. Zeichne eine Form, zum Beispiel einen Kreis, aber halte den Stift auf dem Bildschirm. Die Form wird in eine Ellipse umgewandelt. Diese Funktion funktioniert auch mit Linien, Bögen, Rechtecken und Dreiecken.

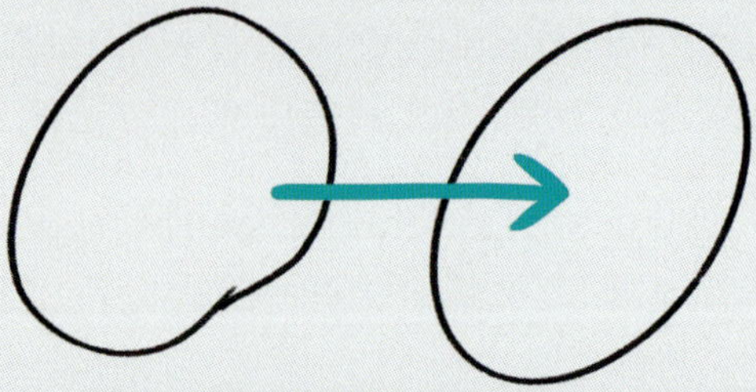

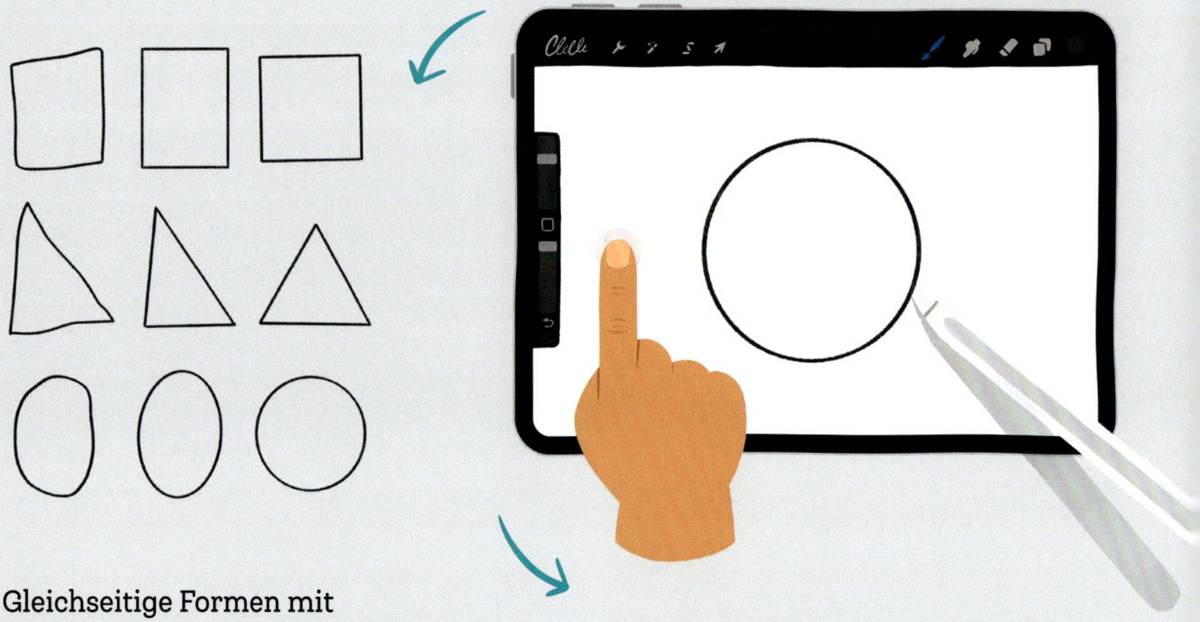

Gleichseitige Formen mit QuickShape-Einrasten erstellen

Lege den Finger auf den Bildschirm und halte den Stift auf dem Bildschirm. Die Form rastet zum Kreis ein. So verwandeln sich Ellipsen in Kreise, Rechtecke in Quadrate und Dreiecke in gleichschenklige Dreiecke. Mit QuickShape-Einrasten rasten Linien in 15-Grad-Schritten ein – für perfekte waagerechte oder senkrechte Linien.

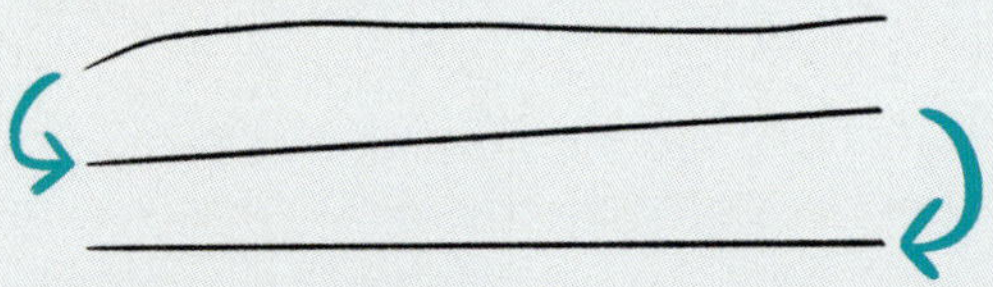

Verflüssigen

Manchmal gerät ein Teil der Form nicht so, wie man es sich wünscht. Gehe dann im Menü Anpassungen (Symbol Zauberstab) auf Verflüssigen. Tippe auf die Einstellung »Schieben« und bewege mit dem Stift die Linien an ihren Platz. Passe den Schieberegler »Größe« an, um die perfekte Schiebebewegung zu erzielen. Dies ist besonders nützlich, um unregelmäßige Formen zu glätten. Ich verwende Verflüssigen häufig zum Verfeinern beim Zeichnen, besonders in der Skizzierphase. Indem du ein Element auf eine Einzelebene setzt (mehr dazu in Kapitel 3), ist es einfach, Verflüssigen nur auf eine Form oder Linie anzuwenden, ohne etwas anderes zu beeinträchtigen.

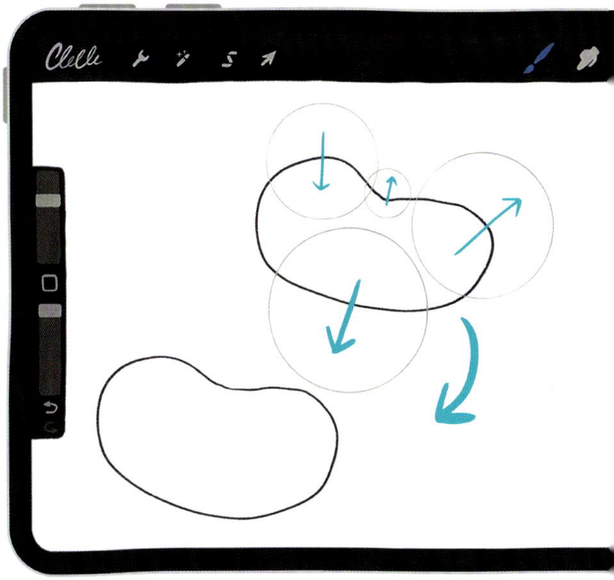

Weitere Tipps zum Verflüssigen

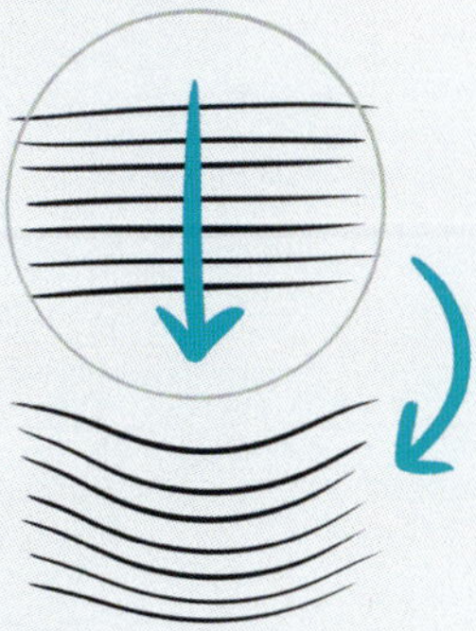

Schieben

Verflüssigen erleichtert oftmals das Zeichnen. Du brauchst parallele, geschwungene Linien, wie Streifen auf einem Hemd? Gerade Linien sind einfacher zu zeichnen als geschwungene, also beginne mit geraden Linien und ändere sie mit »Schieben« zu einer geschwungenen Form.

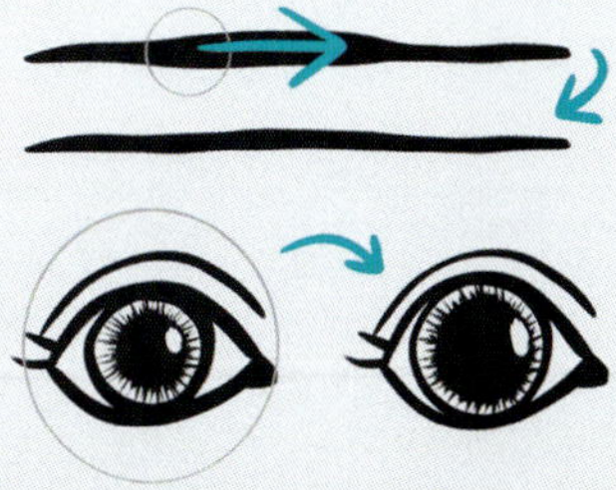

Zusammenziehen & Erweitern

Es gibt mehrere Verflüssigen-Modi, jeder mit anderem Effekt. »Zusammenziehen« ist nützlich für ausgewählte Bereiche des Bildes, die kleiner oder dünner werden müssen, wie etwa die Strichstärke. Mit »Erweitern« lassen sich Dinge vergrößern, wie zum Beispiel hier die Augenmitte, ohne die Breite zu ändern. Auf den S. 108–109 lernst du, Gesichtsmerkmale zu zeichnen.

Organische Wellenformen

Du kannst mit dem Modus »Wirbel« und hochgestelltem Verzerrung-Regler organische Wirbel im Bild platzieren so wie auf dieser Blüte. In Kapitel 4 lernst du, Blüten zu zeichnen.

HINWEIS: Denke daran, dass die Qualität schlechter wird, wenn du die Pixel auf der Leinwand verschiebst. Setze Verflüssigen nicht zu häufig ein, insbesondere nicht bei einem fertigen Bild – bei einer Skizze kannst du dich austoben.

Wie aus Formen Dinge werden

Okay, ich verstehe dich. Das Zeichnen von Formen ist langweilig. Du wolltest lernen, Dinge zu zeichnen, stimmt's? Dazu kommen wir jetzt.

Alles, was du tun musst, ist, einige Linien zu einer Form hinzuzufügen, und schon wird sie zu etwas anderem. Das Zeichnen von Formen IST einfach, und genau deshalb verwenden wir Formen als Bausteine einer Illustration. Es ist viel einfacher, eine Form zu zeichnen und Details hinzuzufügen, als direkt einen Gegenstand mit allen Details zu zeichnen. Dieser Prozess des Zeichnens komplexer Objekte mit Grundformen wird **Konstruktion** genannt.

Beginnen wir mit dem Zeichnen einiger einfacher Objekte aus Grundformen.

Beim digitalen Zeichnen kannst du dazu Ebenen und Deckkraft-Einstellung nutzen. Zeichne den Umriss der Grundform. Verringere im Ebenen-Bedienfeld die Deckkraft der Ebene dieser Form. Erstelle darüber eine neue Ebene und zeichne das gewünschte Objekt, wobei du dich an der Grundform orientierst. Füge weitere Kurven und Details hinzu.

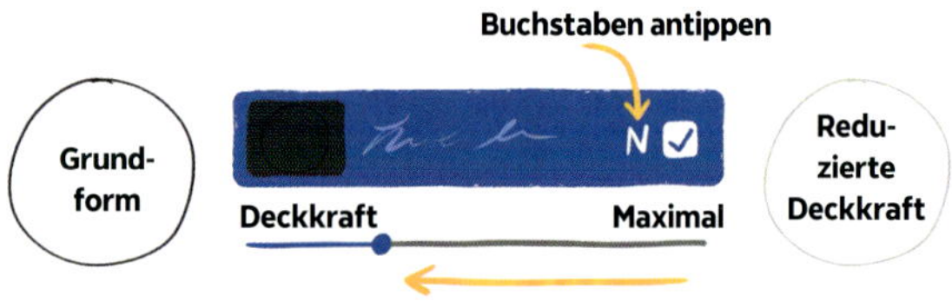

Schiebe den Regler zurück, um die Deckkraft der Ebene zu verringern.

Erstelle darüber eine neue Ebene und zeichne das Objekt – die Grundform dient dir als Orientierung. Füge weitere Bögen und Details hinzu, bis das Objekt fertig ist!

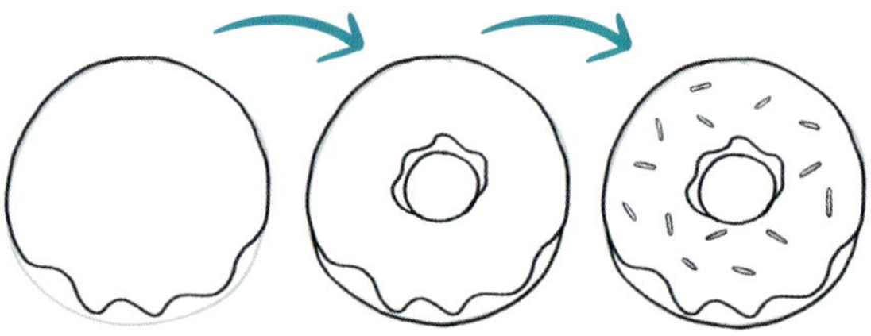

Probier's selbst!

Zeichne eine Reihe einfacher Formen auf deine Leinwand und stelle dir vor, was daraus entstehen könnte.

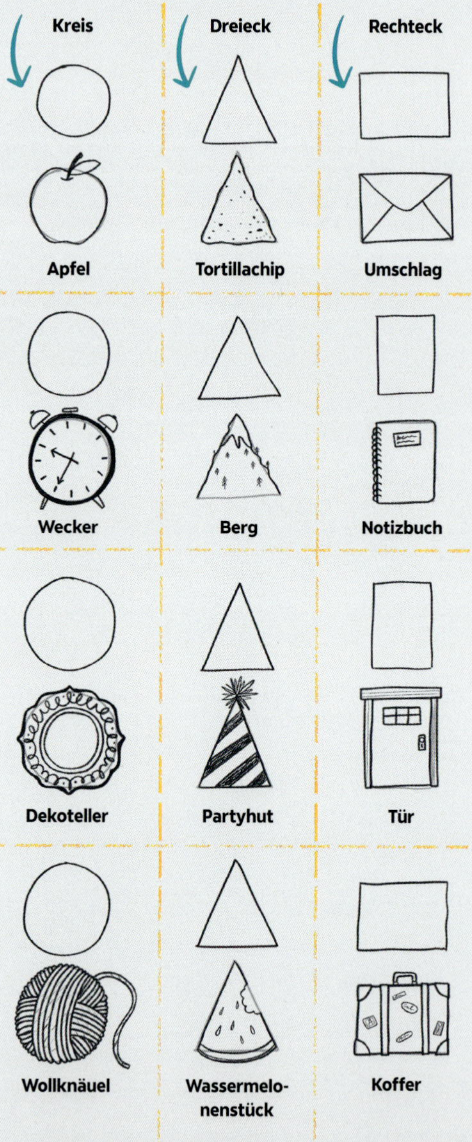

2D-Formen kombinieren

Du kannst mehr als eine Form kombinieren, um komplexere Objekte zu erstellen. Das Konstruieren eines Objekts aus Grundformen ist grundlegend beim Zeichnen. Selbst die kompliziertesten Motive können als Kreise und Rechtecke beginnen, wie du in den folgenden Abschnitten des Buchs sehen wirst.

TIPP: Es kann einfacher sein, runde Formen in einem Rechteck zu zeichnen, als sie direkt zu zeichnen.

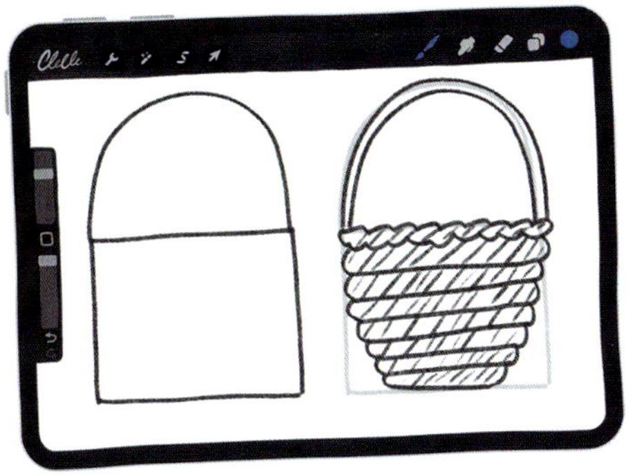

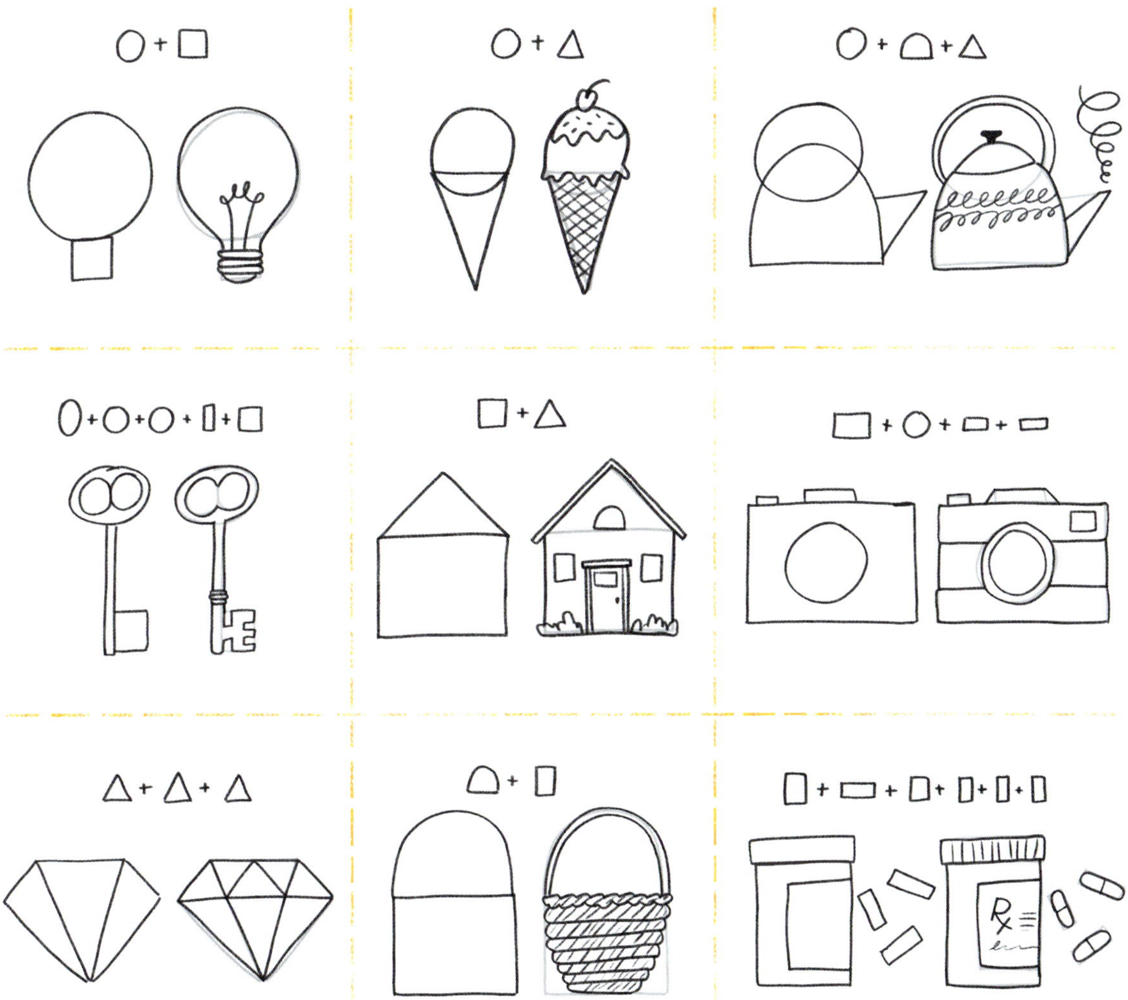

3D-Formen erstellen

Aus 2D-Formen kannst du ganz einfach eine Zeichnung erstellen, aber wenn du ein Objekt perspektivisch oder so, als hätte es Volumen, abbilden möchtest, gelingt dir das mit 3D-Formen. Bei der Licht- und Schattensetzung sind 3D-Formen äußerst hilfreich, da du dir dabei vorstellen kannst, wie Licht auf ein Objekt fällt oder sich darum verteilt. 3D-Formen sind für das Konstruieren unerlässlich.

Von 2D zu 3D

Es gibt ein paar grundlegende 3D-Formen, die aus 2D-Formen entstehen:

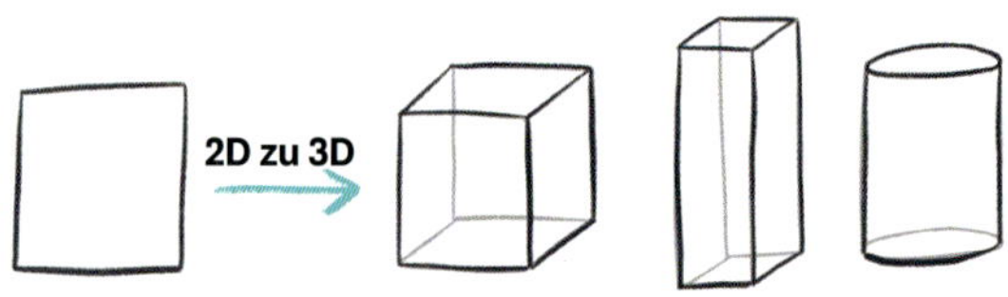

Ein flaches Viereck kann zum Würfel, zum Quader oder Zylinder werden.

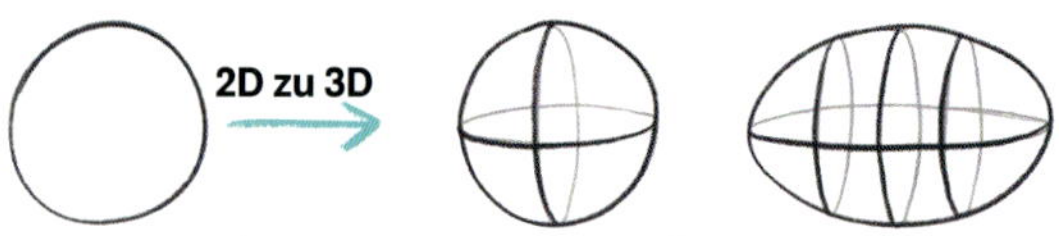

Ein Kreis kann zur Kugel oder zum Ellipsoid werden.

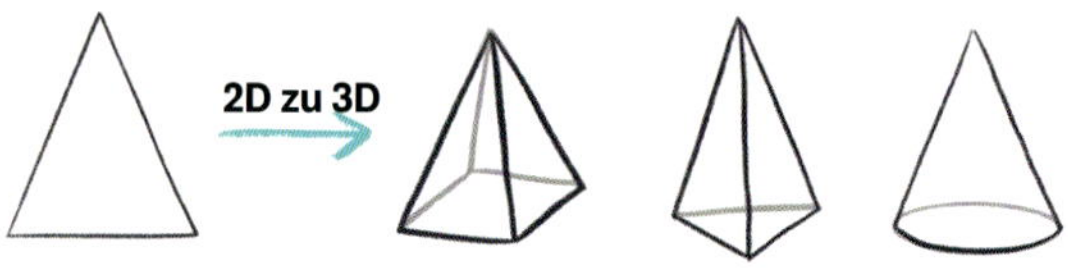

Ein Dreieck kann zum Kegel oder zur Pyramide werden.

3D-Vokabular

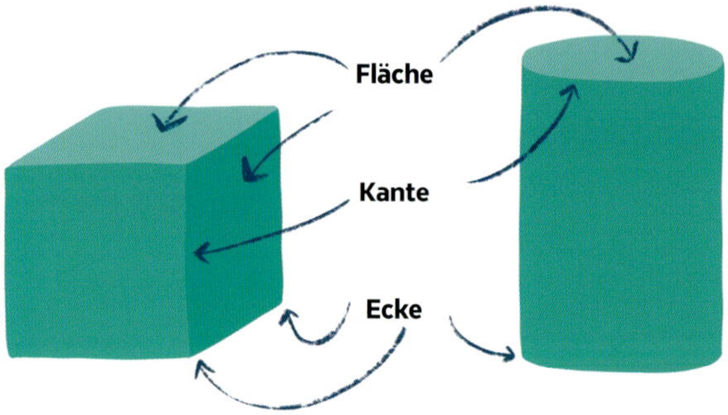

Achte beim Zeichnen eines Würfels oder Quaders auf die Parallelen. Zeichne eine Fläche und ziehe von jeder Ecke aus parallele Linien. Verbinde die Enden dieser Linien miteinander, wobei die neuen Kanten parallel zu den Kanten der ursprünglichen Fläche liegen.

Du kannst mit dieser Methode auch andere 3D-Formen zeichnen. Übe das Zeichnen dieser 3D-Formen.

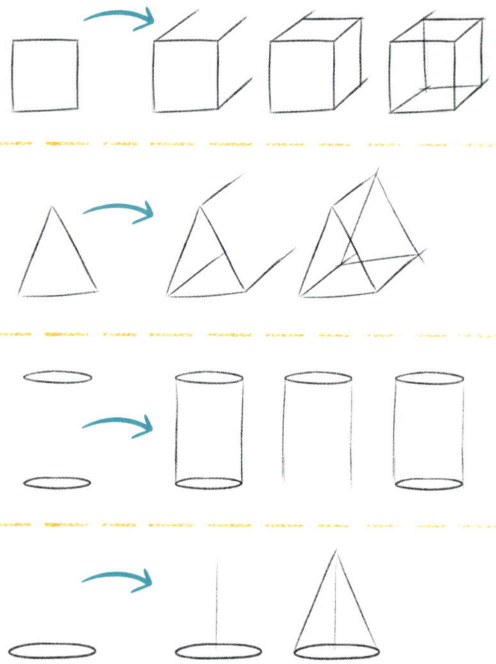

Unregelmäßige 3D-Formen

Du kannst unregelmäßige Formen in 3D-Formen umwandeln. Hier sind einige Möglichkeiten:

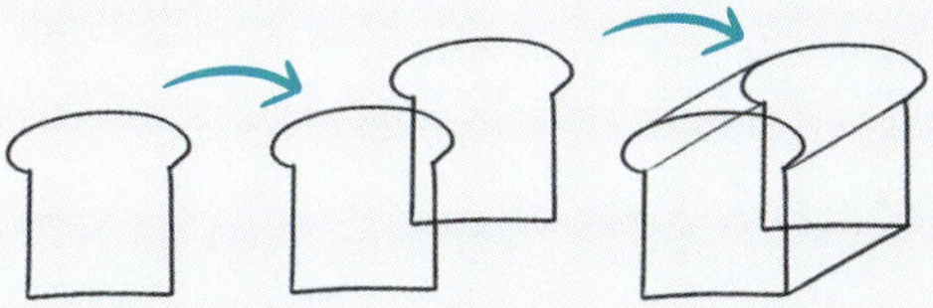

Extrudieren

Beginne mit einer 2D-Form – dies ist eine Fläche der entstehenden Form. Dupliziere diese Form – oder zeichne sie erneut – in einem bestimmten Abstand. Zeichne parallele Linien, die die gleichen Ecken jeder Form verbinden.

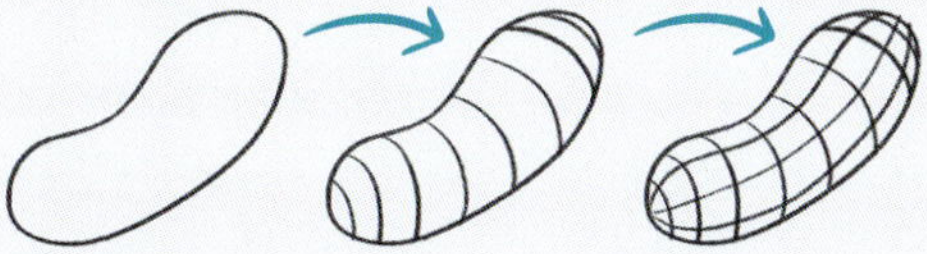

Konturlinien

Mit gebogenen oder konzentrischen Linien kannst du das Volumen einer runden Form ausdrücken. Diese bezeichnet man als Konturlinien. Zeichne sie entlang der waagerechten und senkrechten Achsen..

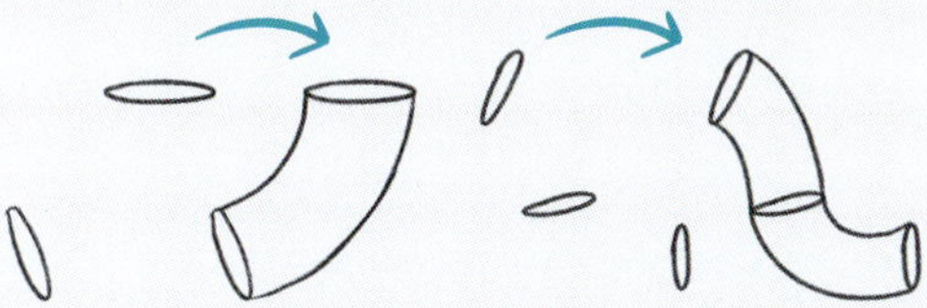

Gebogene Kanten

Auch ein Rohr ist eine unregelmäßige Form und in einer Bauzeichnung sehr nützlich. Zeichne zwei Ellipsen im unterschiedlichen Winkel und verbinde die Ecken mit den gebogenen Linien. Ein Rohr kann zum Arm oder zur Makkaroni werden.

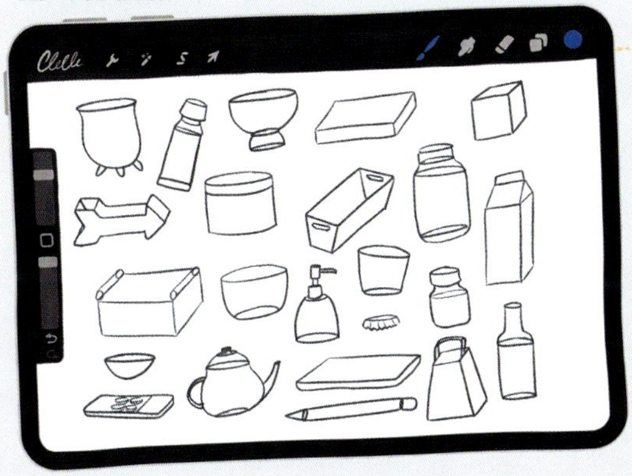

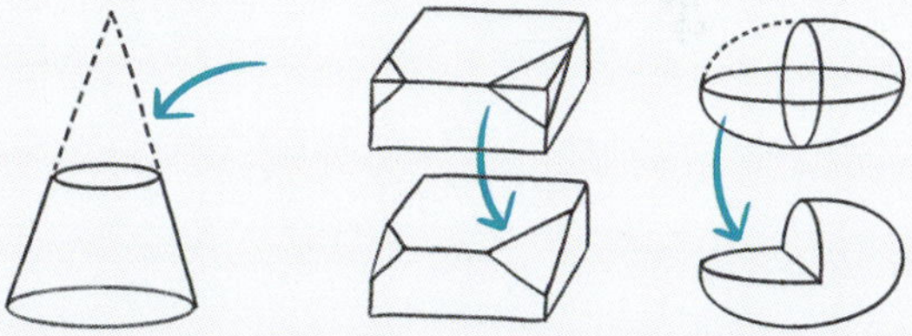

Subtrahieren

Oft benötigst du nur einen Teil der 3D-Form, um ein Objekt zu konstruieren, zum Beispiel ein Kegel mit abgeschnittener Spitze (ein konischer Zylinder) oder eine Hemisphäre (Halbkugel). Zeichne erst die vollständige 3D-Form, teile sie und radiere die überflüssigen Kanten oder Ecken aus.

3D-Formen üben

Beobachte deine Umgebung. Welche 3D-Formen kannst du in den Objekten, die du siehst, erkennen? Sind sie regelmäßig oder unregelmäßig? Fülle eine Leinwand mit den 3D-Formen, die du um dich herum siehst.

Von Formen zu 3D-Objekten

Sobald du eine 3D-Grundform erstellt hast, ist es einfach, sie in ein Objekt zu verwandeln. Wenn du die Struktur einer 3D-Form verstehst, erhältst du Informationen darüber, wie du alle anderen Details in diesem Objekt zeichnest.

So wird dieser Zylinder zur Suppendose: Auf der Oberseite des Zylinders können einige konzentrische Ovale die Rillen des Dosendeckels darstellen. Das Etikett kann der gleichen Kurve folgen wie das obere Oval des Zylinders.

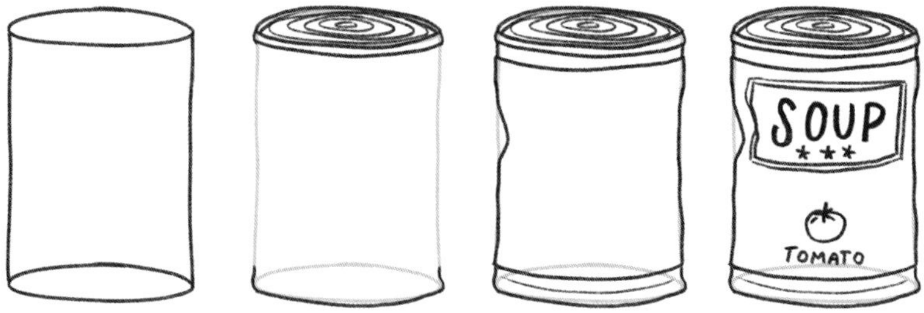

Einfache Objekte

Zeichne einfache Objekte mit einer einzigen 3D-Form. Welche anderen Dinge kannst du mit nur einer 3D-Form zeichnen?

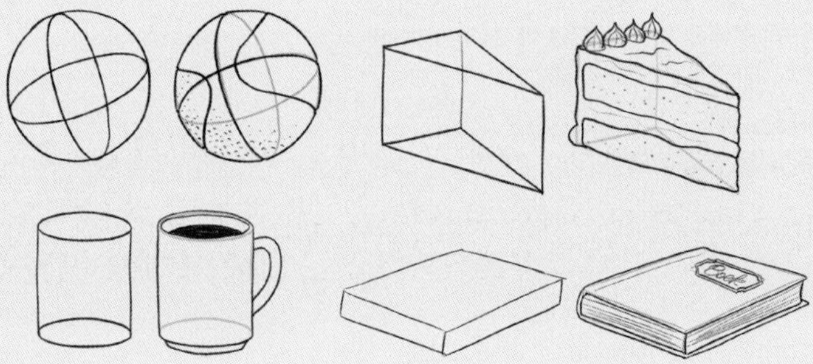

3D-Formen kombinieren

Wie bei den 2D-Formen auf Seite 33 kannst du auch 3D-Formen kombinieren, um komplexere Objekte zu erstellen.

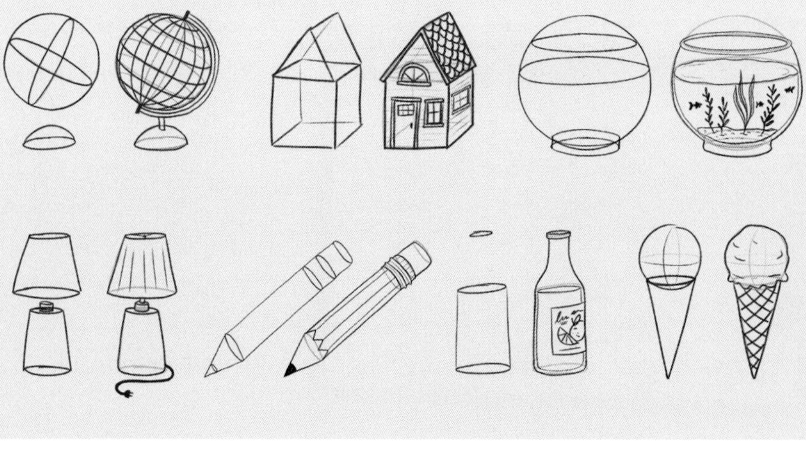

Teilen und zeichnen

Die Aufteilung einer 3D-Form in Abschnitte hilft ungemein bei der Platzierung von Details. Zeichne eine Eichel wie diese hier und achte darauf, wie die Hilfslinien, die die Kappe unterteilen, dir helfen, die Schuppenstruktur der Eichel zu zeichnen.

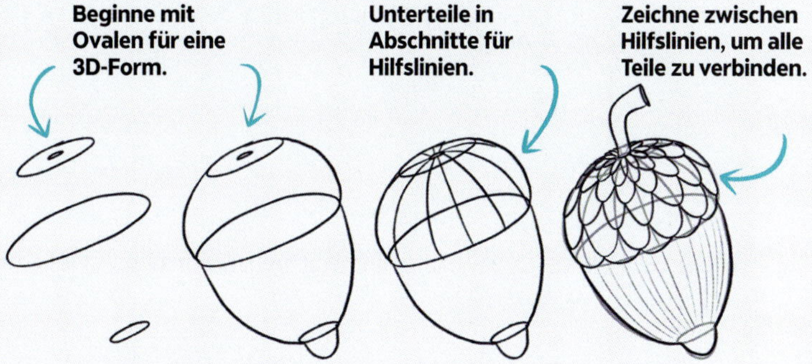

Unregelmäßige Objekte

Du weißt nicht, aus welchen 3D-Formen ein Objekt besteht? Beginne mit einer oder zwei Flächen wie Sohle und Schuhöffnung. Zeichne eine weitere Linie für Höhe oder Volumen und verbinde dann alles.

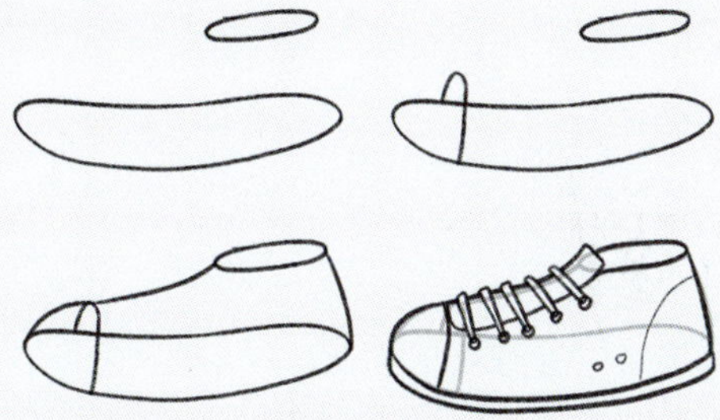

Objekte zeichnen

Hier ist eine Liste von Objekten zum Zeichnen. Überlege, welche 3D-Form(en) du brauchst, um jedes Objekt zu konstruieren. Zeichne die 3D-Formen flüchtig und überarbeite sie mit detaillierteren Linien und Kurven, um das Objekt fertigzustellen.

- Cerealien-Karton
- Vase
- Teetasse
- Geldbörse
- Zahnpastatube
- Haarbürste
- Korb
- Cupcake
- Milchkarton
- Rucksack
- Schüssel
- Kamera
- Wecker
- Hut

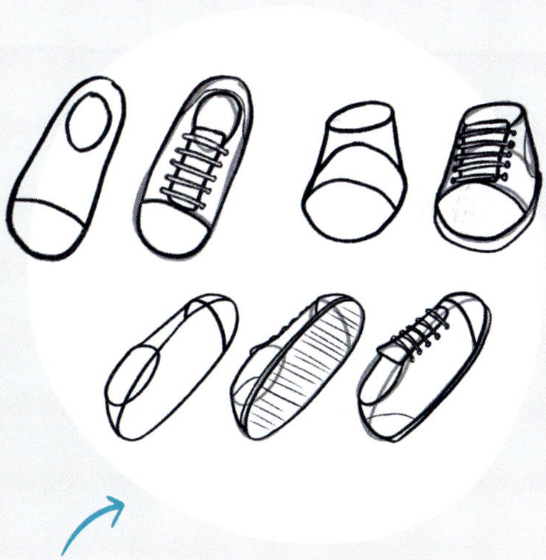

Du kannst sogar die gleichen Konstruktionslinien verwenden, um ein Objekt aus verschiedenen Blickwinkeln zu zeichnen, je nach hinzugefügten Details. Mit einem Grundgerüst kannst du diesen Schuh von oben oder von unten zeichnen.

Projekt: Stillleben-Skizze

Zeichne nun einige deiner Lieblingsgegenstände mit Hilfe deiner neu erlernten Zeichenfertigkeiten. In diesem Projekt wendest du dein Wissen über die Erstellung von Objekten mit 2D- und 3D-Formen an und lernst, wie man eine detaillierte Szene in überschaubare Schritte aufteilt.

Gegenstände sammeln

Sammle Alltagsgegenstände im Haus, zum Beispiel:

Flasche, Vase, Tasse, Becher oder anderes Trinkgeschirr, Schüssel, Krug, Obst oder andere Lebensmittel, Geschirr, Kerzen, Kartons/Verpackungen, Bücher.

Wähle Objekte mit einer einfachen Form, damit du nicht gleich überforderst bist, wenn du etwa Anspruchsvolles umsetzen willst.

Deine Stillleben-Szene gestalten

Staple und schichte deine Objekte für ein Arrangement. Es kann hilfreich sein, deine Stillleben-Szene zu fotografieren, aber lasse die reale Szenerie stehen, während du sie skizzierst. Schau dir das Stillleben beim Arbeiten immer wieder an. Bevor du etwas zeichnest, betrachte jedes Objekt und stelle dir vor, welche 3D-Form du zum Zeichnen verwenden könntest.

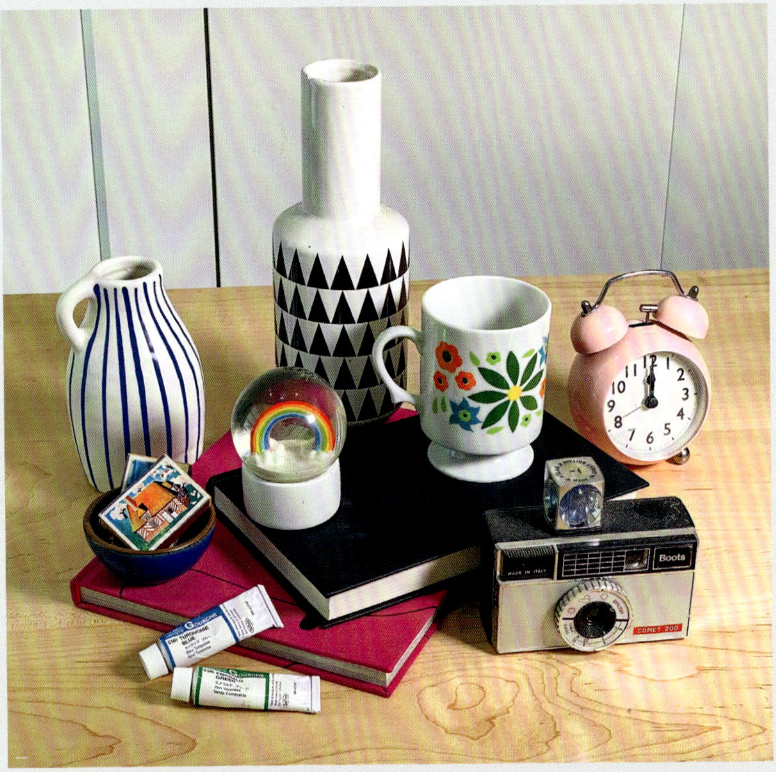

Objekte als 2D-Formen zeichnen

1. Im ersten Schritt zeichnest du jedes Objekt als 2D-Grundform, wie Kreis, Rechteck … Dadurch bekommst du ein besseres Gefühl für die Form und die Proportionen der Objekte. Darüber hinaus hilft es dir, die Szene zu gestalten und festzulegen, wo sich Elemente überschneiden.

Alles in 3D zeichnen

2. Reduziere die Deckkraft dieser 2D-Formebene und erstelle eine neue Ebene darüber. Auf der neuen Ebene skizzierst du jedes Objekt in seiner vereinfachten 3D-Form. Es ist hilfreich, zuerst ähnlich geformte Flächen zu zeichnen. In meinem Beispiel waren das die Ober- und Unterseiten aller runden Objekte. Beachte, dass alle Ovale in einem ähnlichen Winkel liegen und etwa gleich hoch sind.

Obere und untere Flächen verbinden

3. Zeichne die Kanten dieser zylindrischen Formen ein und anschließend alle Objekte in 3D.

Nachzeichnen

Wenn es schwierig ist, alles zu platzieren, importiere ein Foto deiner Szene auf eine Leinwand und zeichne die Grundformen nach. Versuche nicht, nach diesem Schritt das Foto 1:1 nachzuzeichnen.

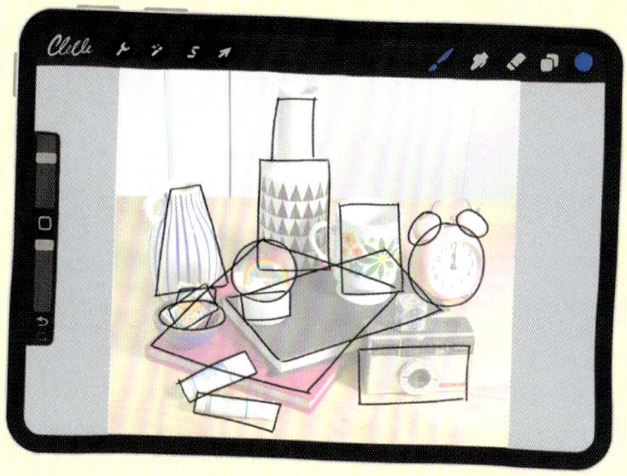

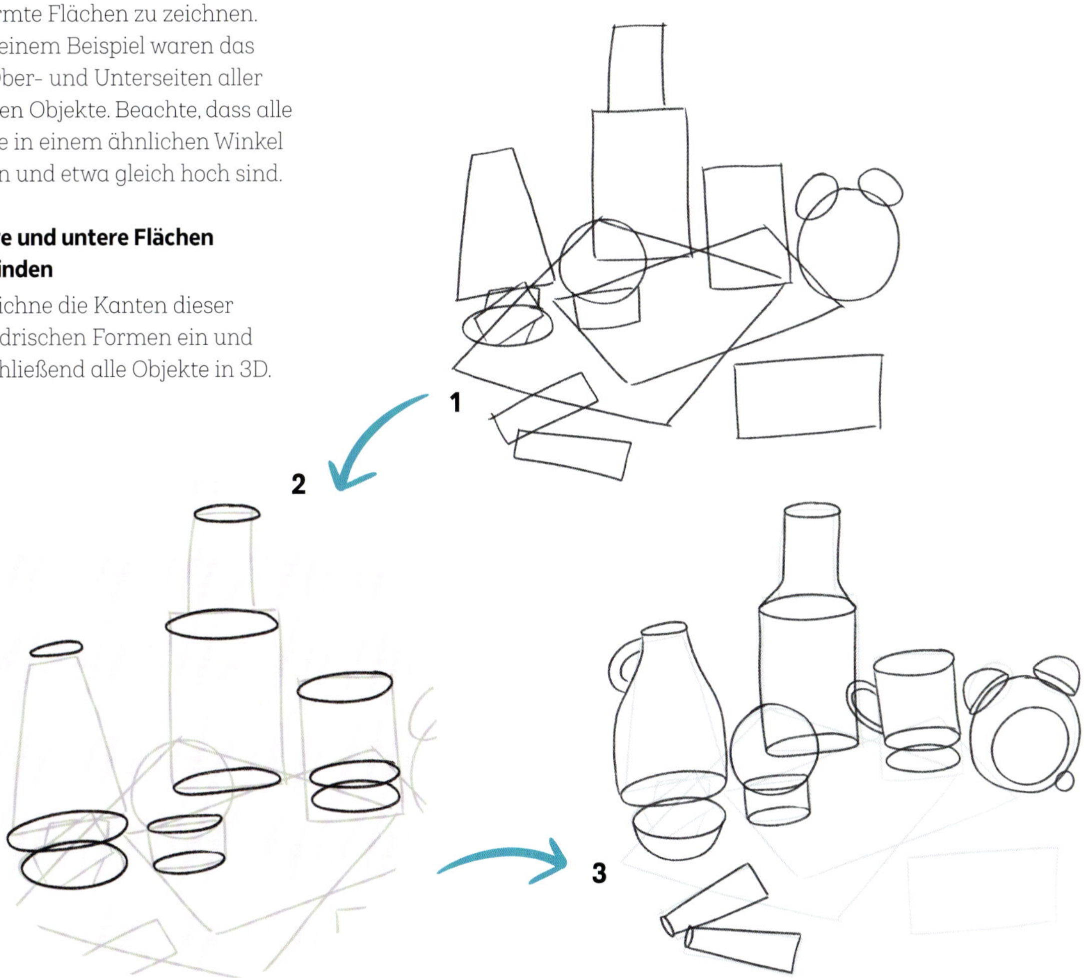

Parallelen überprüfen

4. Denke daran, dass alle senkrechten Linien parallel sein sollten, denn sonst sieht es aus, als würden die Elemente kippen oder unproportional sein.

4

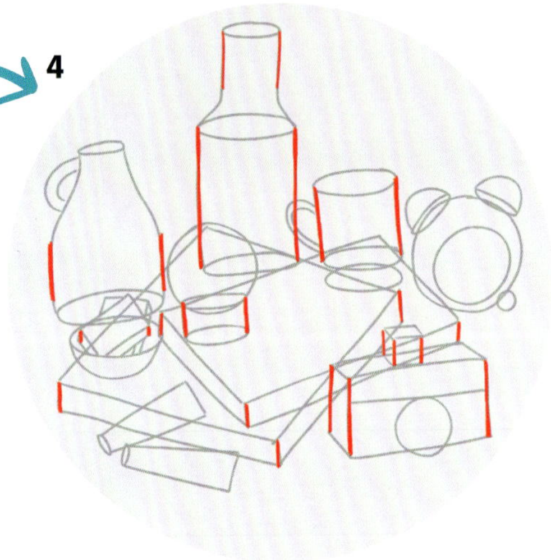

Endskizze mit Details anfertigen

5. Schalte im Ebenen-Bedienfeld deine erste Skizze (2D-Formen) aus und reduziere die Deckkraft deiner 3D-Skizze. Erstelle darüber eine neue Ebene.

Zeichne nun jedes Objekt mit allen Details. Verwende das Stillleben als Anhaltspunkt. Zeichne jede 3D-Form nach und füge zusätzliche Bögen und Details hinzu. Zeichne erst die Objekte im Vordergrund, damit du keine Teile der Hintergrundobjekte zeichnen musst, die unsichtbar sind.

5

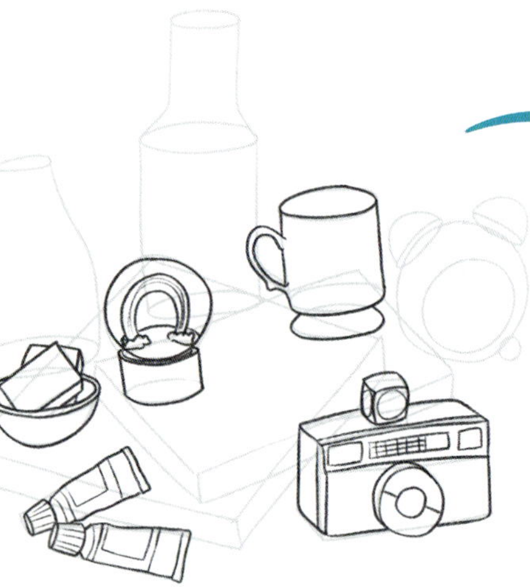

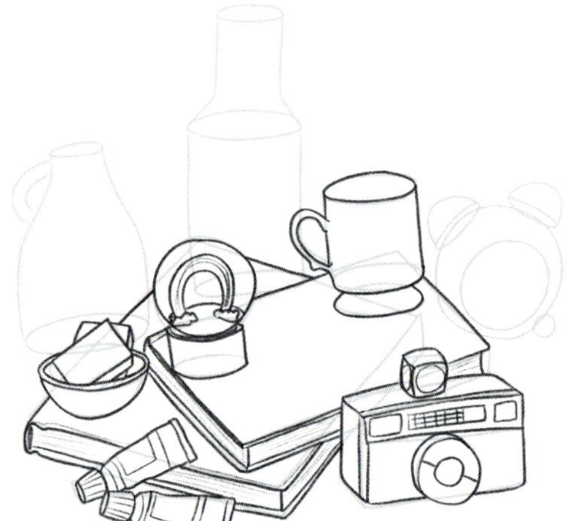

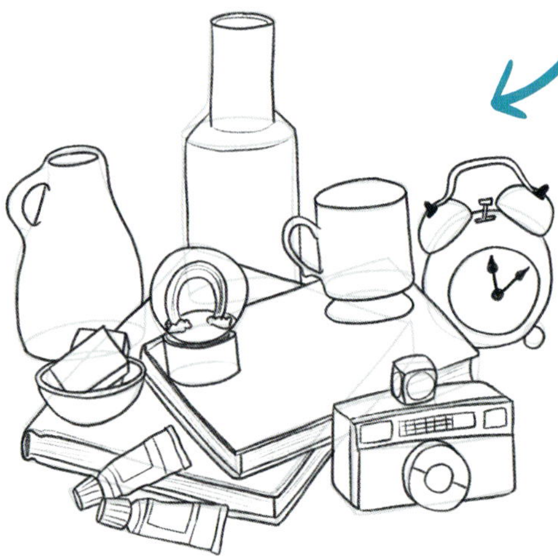

HINWEIS: Hast du alle Objekte gezeichnet, kannst du zurückgehen und nach Belieben dekorative Ornamente hinzufügen.

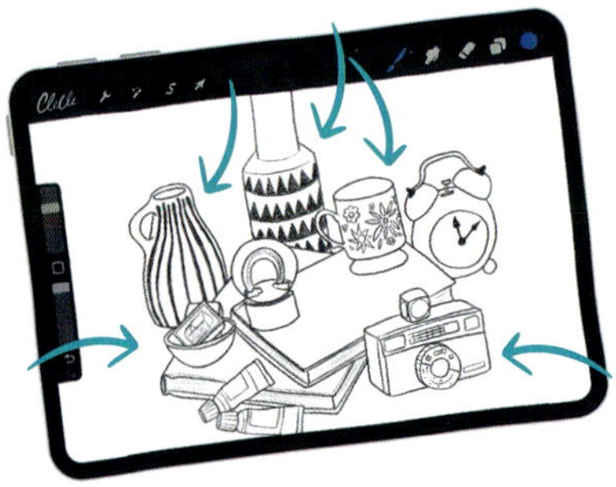

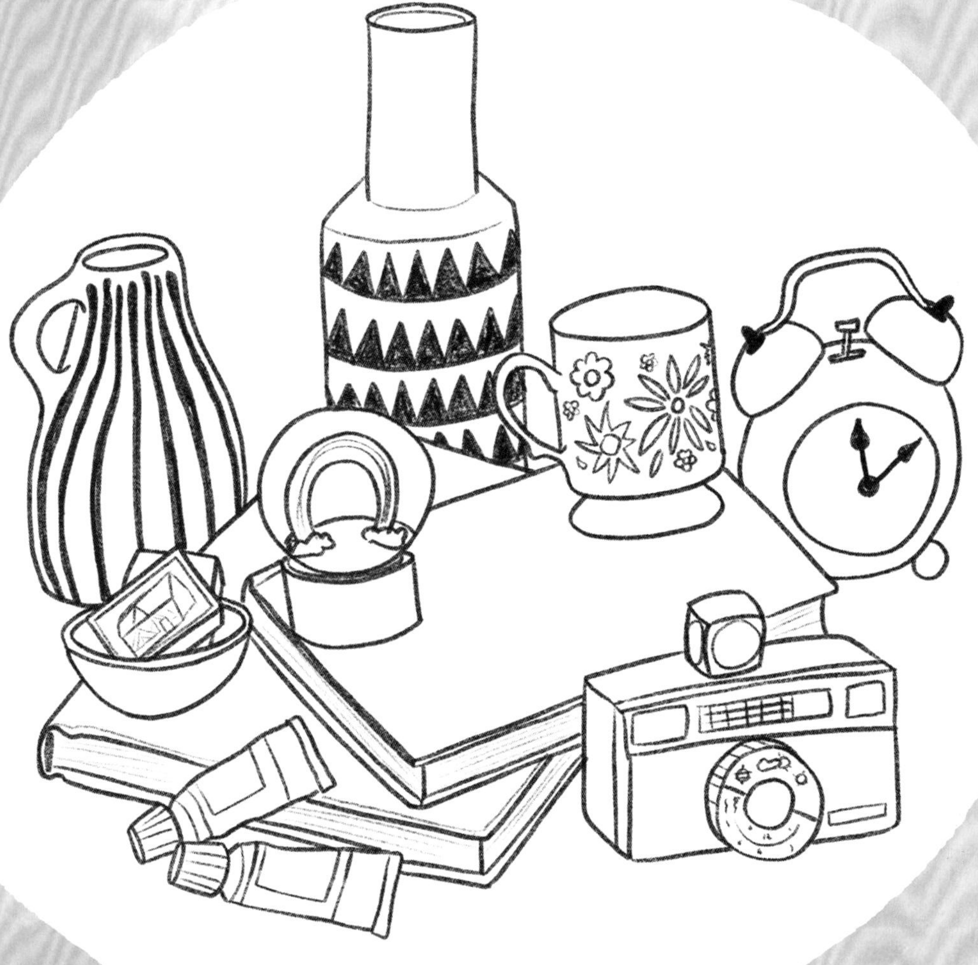

Bewundere dein Werk!

Herzlichen Glückwunsch zu deiner ersten Arbeit. Belassen wir es vorerst bei einer Bleistiftskizze, aber du kannst das Bild später noch kolorieren und weiter bearbeiten, wenn du mehr gelernt hast.

3

Pflanzen

Grundlagen der digitalen Kunst & des Kolorierens

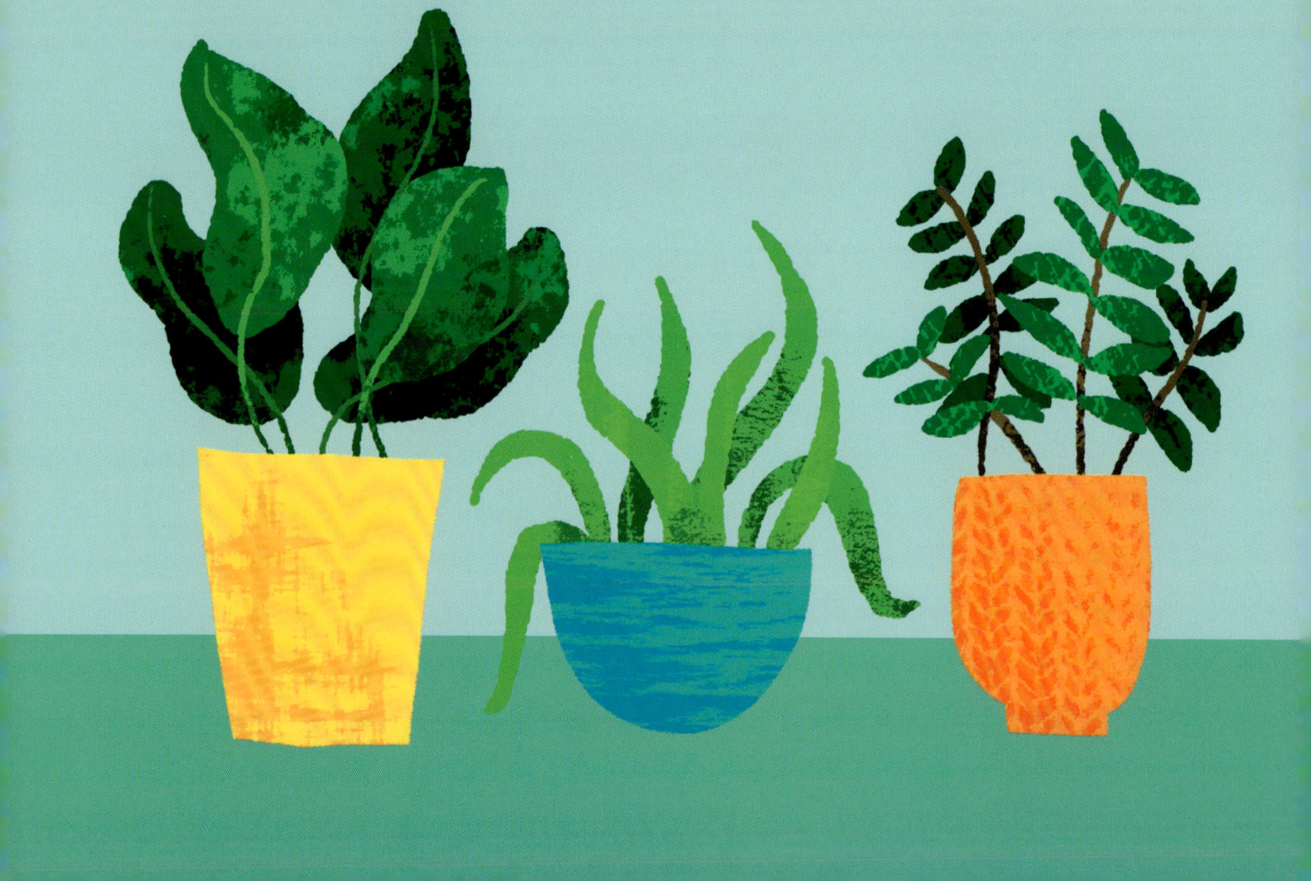

Nachdem du deine Zeichenfertigkeiten verfeinert hast, ist es Zeit, dich mit den digitalen Werkzeugen vertraut zu machen, die deine kreative Arbeit vereinfachen und verbessern.

In diesem Kapitel erfährst du, welche Pinsel für welche Zwecke am besten geeignet sind, wie du mit Ebenen arbeiten und experimentieren kannst, und wie du den Zeichenprozess mit Masken kontrollierst. Du lernst Farben zu mischen, du erfährst, wie du Lichteffekte mit dem Mischmodus anwendest und du siehst, wie aus Skizzen durch weitere Ausarbeitungen fertige Kunstwerke werden. Wenn du deine Software und ihre Werkzeuge beherrschst, kannst du deiner Fantasie freien Lauf lassen und schneller und einfacher Illustrationen erstellen.

Nicht nur dein technisches Know-how wird wachsen – wenn du diese Werkzeuge besser kennst, wirst du Spaß am Zeichnen und Kolorieren von Pflanzen haben. Dank ihrer organischen Formen verzeihen Pflanzen beim Zeichnen vieles!

Auf geht's zum Wachsen!

Pinsel

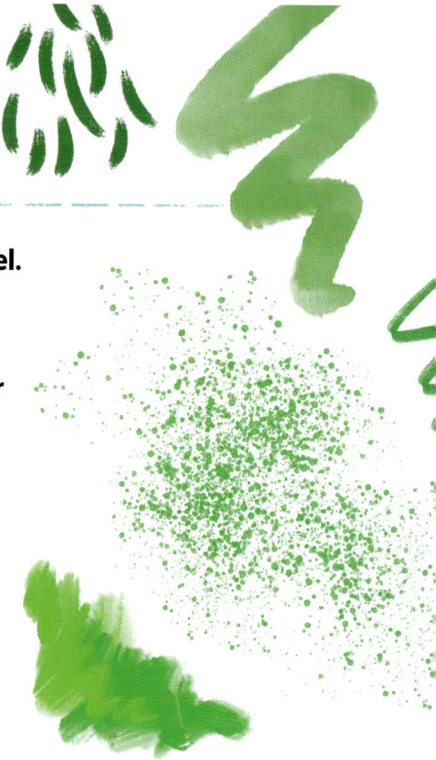

Kein Werkzeug ist für die Digitalkunst so wichtig wie der Pinsel. Du kannst bei Procreate aus einer Reihe von Standardpinseln wählen und zusätzlich eigene Pinsel erstellen und deinen Bedürfnissen anpassen. Die Zahl und Art der Pinsel, die dir zur Verfügung stehen, sind so grenzenlos wie deine Fantasie.

Viele Pinsel orientieren sich an Entsprechungen in der realen Welt – Farbpinsel, Filzstift, Kohle, Bleistift – aber Pinsel können auch Funktionen haben, die nur beim digitalen Arbeiten möglich sind, wie etwa das Ändern von Farben, Aufhellen oder Abdunkeln, das Stempeln von Formen, Effekte wie Rauch und Feuer und vieles mehr.

TIPP: Mache dir während der Arbeit Notizen und merke dir die Pinsel, die du für bestimmte Arbeiten bevorzugst.

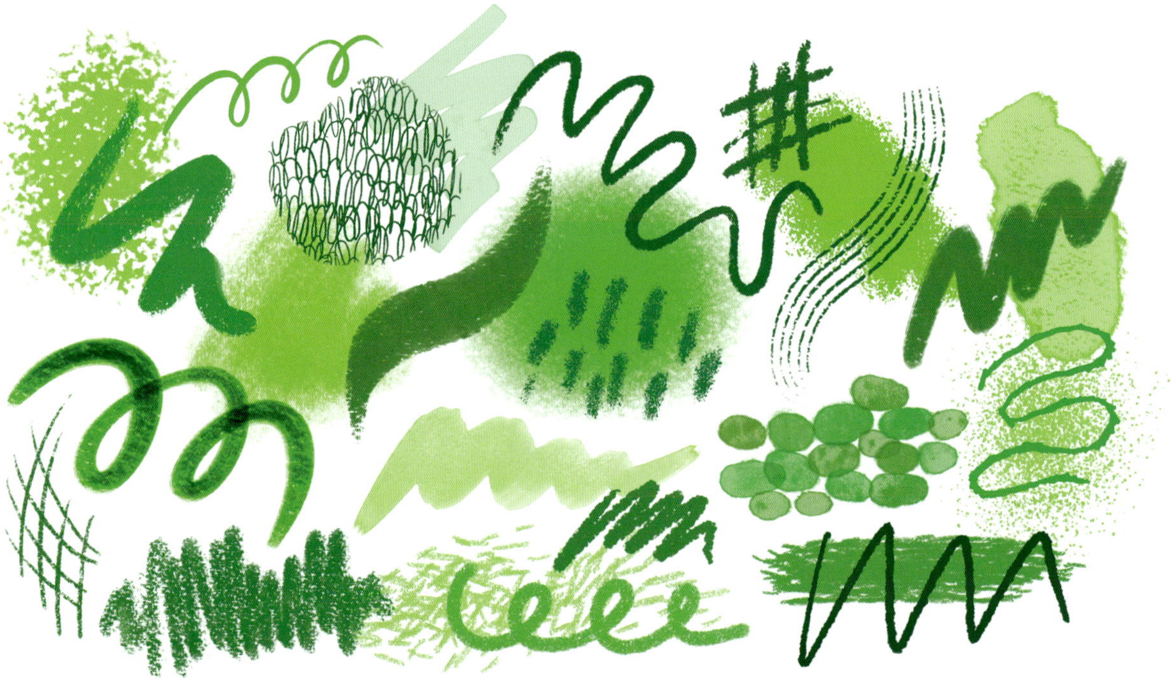

Pinselkategorien

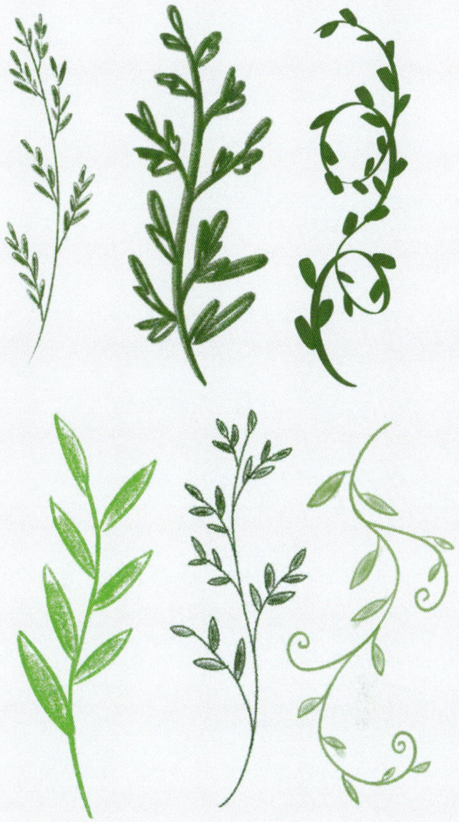

Stifte und Pinsel zum Skizzieren

Stifte und feine, druck- und neigungssensitive Pinsel eignen sich gut zum Skizzieren, da du einen Pinsel brauchst, der bei wenig Druck leichte Abdrücke hinterlässt, und mit dem du straffieren kannst, wenn du mit schrägem Apple Pencil arbeitest. Um den richtigen Pinsel zu finden, probiere vorher einige aus.

Mögliche Procreate-Pinsel: HB Bleistift, 6B Stift, Procreate Pencil, Peppermint

Ranken skizzieren: Zeichne geschwungene Linien und füge Blattformen hinzu. Neige den Apple Pencil zum Kolorieren der Blätter. Welcher Pinsel ist hier am besten?

Pinsel zum Formgeben und Kolorieren

Bei kolorierten Bildern erzeugen diese Pinsel die Hauptformen, daher ist Präzision wichtig. Drucksensitive Pinsel (Pinselgröße beachten) bieten eine bessere Kontrolle der Pinselstriche. Ein Pinsel mit interessanter Kantentextur hilft, stark strukturierte Motive wie Fell und Laub schneller zu zeichnen.

Mögliche Procreate-Pinsel: Studio Pen, Getrocknete Tinte, Blackburn, Evolve, Eaglehawk, Inka, Oberon, Copperhead

Einfache Blattformen: Zeichne den Umriss eines Blattes und fülle ihn mit Color Drop oder male den Umriss mit der Hand aus, wobei die Textur des Pinsels zu erkennen ist. Achte auf interessante Texturen. Mit welchen Pinseln kannst du Formen am besten kontrollieren?

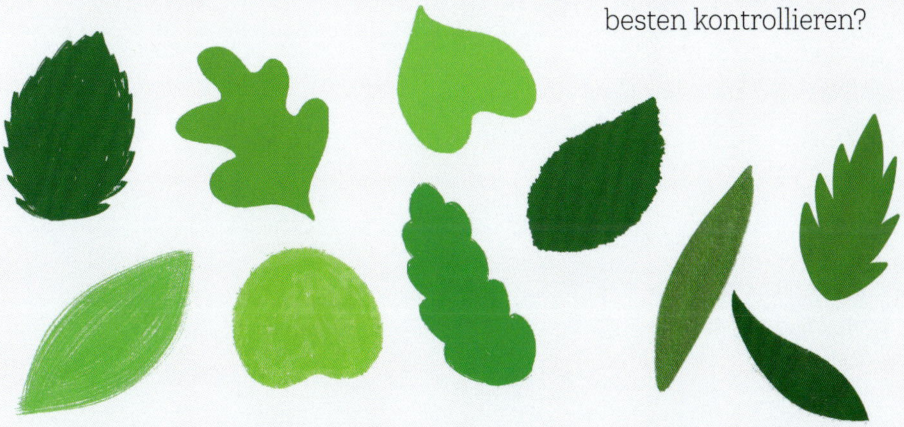

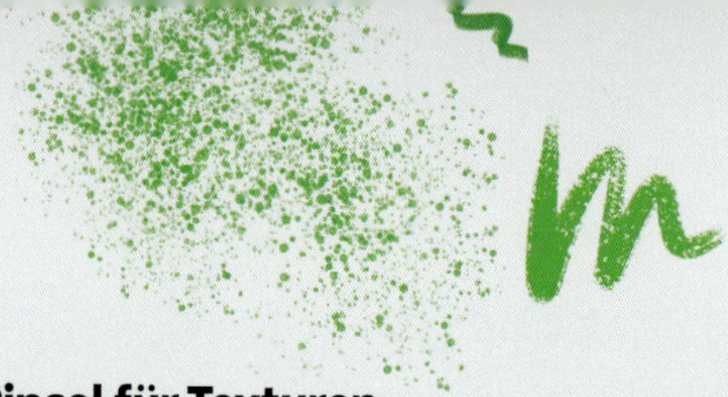

Pinsel für Texturen

Diese Pinsel geben einer flachen Farbfläche Struktur, Schatten oder Glanz. Sie haben oft eine Körnung und eine weiche oder texturierte Kante. Du verdichtest Texturen, wenn du mit drucksensitiven Pinseln stärker aufdrückst oder Striche übereinanderlegst.

Mögliche Procreate-Pinsel: Wachsmalkreide, Grunge, 6B Grafitstäbchen, Holzkohle, Starkregen, Betonboden

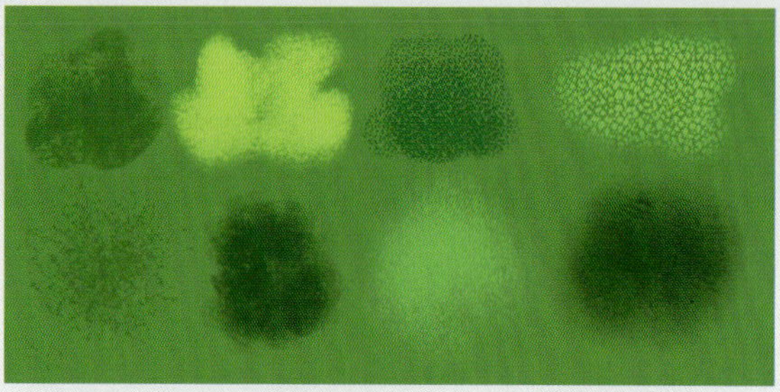

Buschartige Kleckse auftragen: Fülle deine Leinwand mit einem grünen Hintergrund und zeichne mit helleren oder dunkleren Werten mit Pinseln in unterschiedlicher Textur Büsche auf. Kannst du die Textur verdichten, indem du mehr Druck ausübst oder Pinselstriche übereinanderlegst?

Pinsel zum Malen & Mischen

Mit diesen Pinseln kannst du Farben und Farbwerte mischen und verwischen. Diese Pinsel können mit ihren borstenartigen Texturen Farben wie eine nasse Farbe über die Leinwand »ziehen«.

Mögliche Procreate-Pinsel: Ölgemälde, Soft Shading*, Terpentin

Zweifarbige Blätter: Prüfe mit zwei Grüntönen, ob du mit dem Pinsel mischen kannst. Nimm den Stift mehrmals hoch und setze Striche übereinander. Experimentiere mit dem Druck auf den Stift.

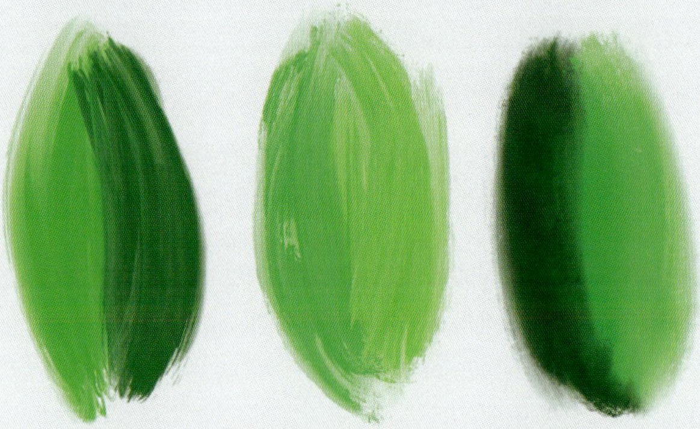

Formen verfeinern

Verfeinere eine Form mit dem Radiergummi. Wusstest du, dass du jeden beliebigen Pinsel in deiner Sammlung als Radiergummi verwenden kannst? Wähle einen Pinsel, um die Farbkleckse in einer spitzen Blattform zu entfernen.

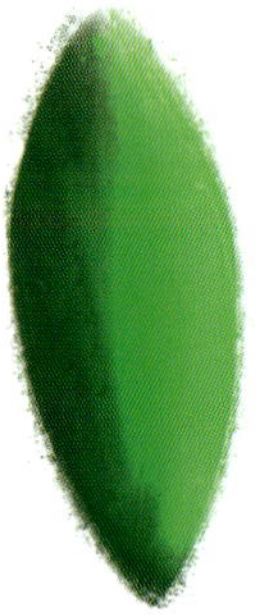

* Lade kostenlos einen Procreate-Pinsel herunter!

Als führende unabhängige Pinseldesignerin für Procreate habe ich Pinsel entwickelt, die eine breite Palette von Kunstmedien nachbilden. Lade meinen »Soft Shading«-Mischpinsel kostenlos unter bardotbrush.com/book herunter und verwende ihn für Projekte in den Kapiteln Menschen und Szenen.

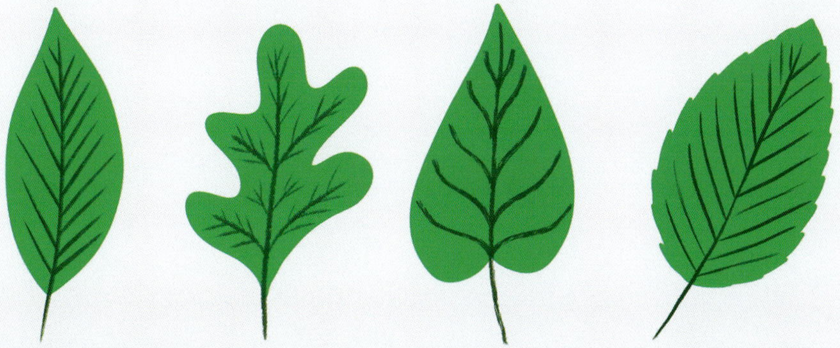

Pinsel für Linien & Details
Diese Pinsel eignen sich hervorragend für feine Details und den Feinschliff deines Digitalbilds. Ein feiner Pinsel, oder ein Pinsel mit interessanter Textur, der auch bei kleinen Formaten gut funktioniert, ist hierzu ideal. Pinsel zum Skizzieren kannst du auch zum Zeichnen von Details verwenden.

Mögliche Procreate-Pinsel: Schiefer-Pinsel, Little Pine, Kunanyi, Bambus, Schilf

Blattadern zeichnen: Verwende einen Formen-Pinsel für einfache Blattformen. Zeichne die Blattadern in dunklerem Grün. Variiere Geschwindigkeit und Druck. Versuche, den Stift am Ende des Strichs zu „»schnippen«, um die Form spitz abzuschrägen.

Spezialpinsel
In dieser Kategorie findest du Pinsel, mit denen du einen bestimmten optischen oder Lichteffekt, ein Muster oder einen Stempel erzeugen kannst. Aber auch Pinsel mit einem bestimmten Zweck lassen sich kreativ einsetzen, also schreibe sie nicht gleich ab.

Mögliche Procreate-Pinsel: Wildgrass, Snow Gum, Swordgrass, Lightpen, Flower Power, Jute

Spielen und Entdecken: : Stöbere in den verschiedenen Pinselkategorien und achte auf mögliche Spezialpinsel. Es gibt sogar einige großartige Pinsel, die Grün für Pflanzen mit einem einfachen Wisch des Stifts nachbilden.

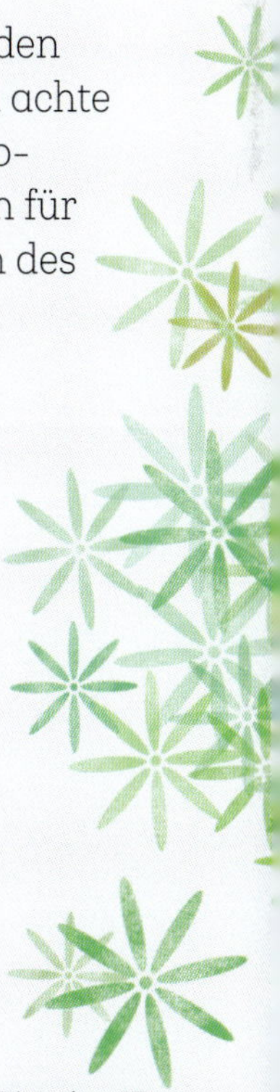

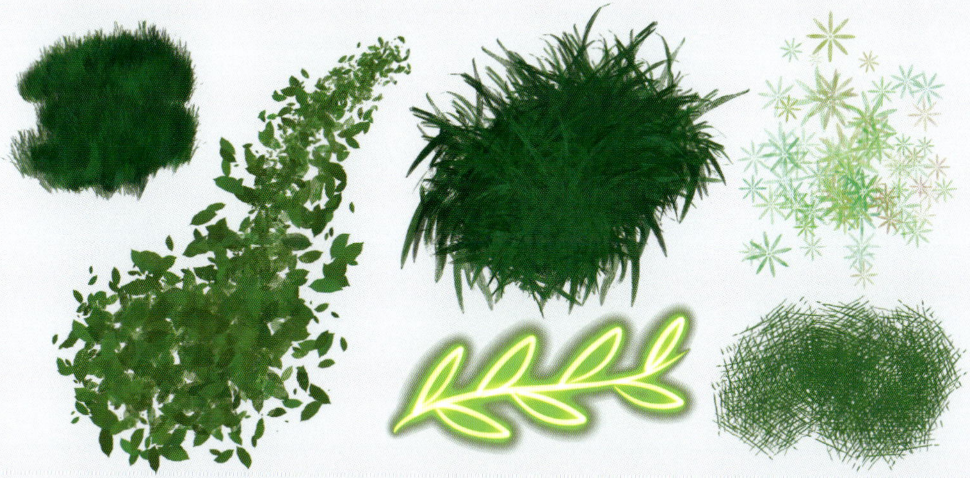

Ebenen

Wir tauchen weiter in die Welt der Digitalkunst ein und lernen eines der wichtigsten Werkzeuge kennen: Ebenen.

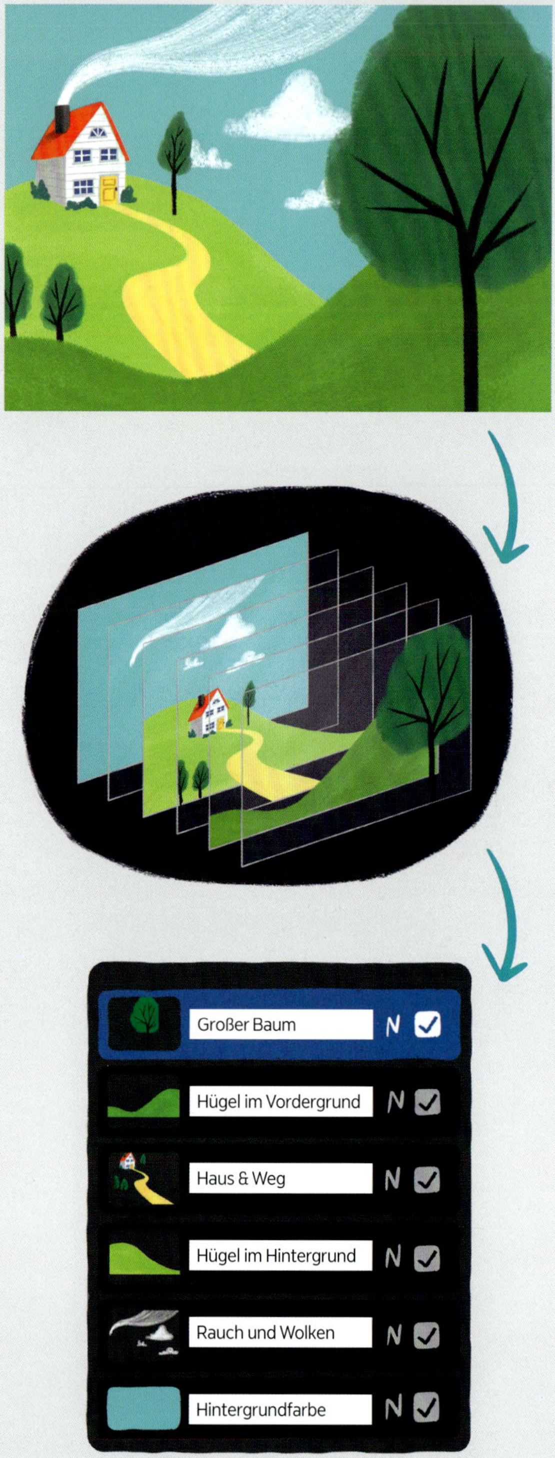

Was sind Ebenen?

Ebenen sind eine wesentliche Funktion, wenn du dich mit digitalem Malen und Zeichnen beschäftigst. Mit Ebenen kannst du Teile deines Bildes trennen, um sie unabhängig voneinander zu bearbeiten.

Stelle dir Ebenen wie übereinandergestapelte Glasscheiben vor. In unserem Beispiel siehst du, dass Bäume, Hügel, Haus und Wolken alle auf Einzelebenen liegen, aber wenn sie übereinanderlegt werden, bilden sie eine stimmige Illustration. Du kannst etwas auf einer Ebene ändern, ohne dass eine der anderen Ebenen betroffen ist.

Wozu du Ebenen benutzen kannst:

- Teile der Zeichnung ausfüllen oder ineinanderkopieren
- Spezialeffekte anwenden und mit Anpassungen feinjustieren
- Elemente einfach duplizieren
- Elemente auf der Leinwand neu anordnen
- Elemente in den Vorder- oder Hintergrund verschieben
- Teile der Zeichnung maskieren oder ausblenden
- Teil eines Bildes ausradieren
- Überblendmodi aktivieren
- Sichtbarkeit umschalten

Zerstörungsfreier Arbeitsablauf

Die Verwendung von Ebenen unterstützt einen zerstörungsfreien Arbeitsablauf beim Zeichnen. Das bedeutet, dass du deine Arbeit so gestalten kannst, dass sie bearbeitbar und umkehrbar ist – so kannst du einfach experimentieren. Wenn du deine Bilder auf diese Art und Weise erstellst, musst du dich nie festlegen, denn du kannst jederzeit zurückgehen und das Gezeichnete rückgängig machen oder ändern. Nachdem du dich mit den Ebenen vertraut gemacht hast, wirst du ihre Bedeutung erkennen.

Hier siehst du, wie ich Ebenen zum Zeichnen dieses Monstera-Blatts verwendet habe. Abgebildetet ist das Ebenen-Bedienfeld in Procreate. Der Inhalt der oberen Ebenen liegt vor dem Inhalt der unteren Ebenen. Die unterste Ebene ist immer die Ebene Hintergrundfarbe. Standardmäßig ist sie weiß, aber du kannst sie durch Antippen auf eine Volltonfarbe einstellen.

Im Ebenen-Bedienfeld siehst du, dass ich eine Ebene zum Zeichnen der Blattform, eine zweite zum Zeichnen der Liniendetails und eine dritte für Schattierungen verwendet habe. Ich arbeitete auch mit Clipping-Masken und einem Mischmodus, über die du weiter hinten in diesem Kapitel mehr erfährst.

HINWEIS: Mit Ebenen kannst du den Zeichenprozess enorm steuern.

Ebenen-Bedienfeld

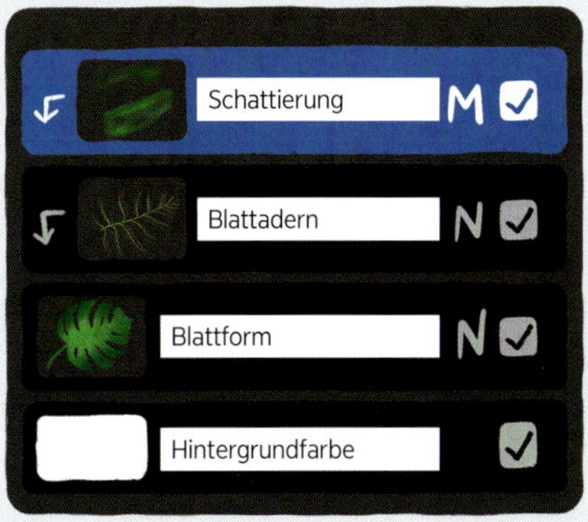

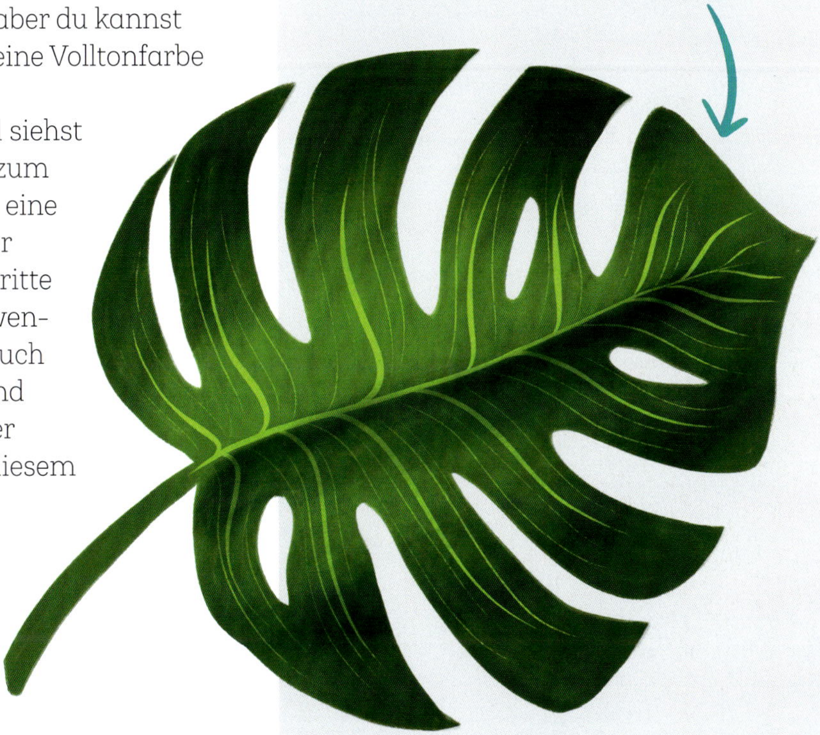

Projekt: Blätter mit Ebenen gestalten

Ebenen sind leichter zu verstehen, wenn man sie in der Praxis anwendet. Wir erfahren mehr über Ebenen, während wir eine schöne botanische Komposition erstellen.

Blattform zeichnen

1. Zeichne mit dem Pinsel Studio Pen (Kategorie Tinte) eine lange Linie und füge seitlich Blattteile hinzu. Tippe auf das Ebenen-Bedienfeld (die beiden überlappenden Quadrate oben rechts). Du siehst, dass das gerade gezeichnete Blatt als Ebene 1 gekennzeichnet ist. Zudem ist die ausgewählte Ebene blau markiert.

Blatt duplizieren: Wische im Ebenen-Bedienfeld mit einem Finger nach rechts über Ebene 1 und tippe auf »Duplizieren«. Im Ebenen-Bedienfeld erkennst du nun zwei identische Blattformen.

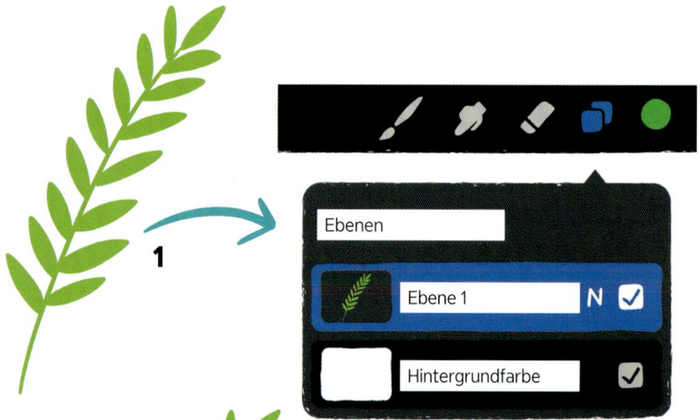

1

Neue Ebene ändern

2. Verschiebe die neue Ebene mit Auswählen und Transformieren (Seite 18–19) zur Seite. Du kannst die Farbe dieser Kopie im Menü Anpassungen ändern. Wähle die Option Farbton, Sättigung, Helligkeit und bewege den Regler für dunklere und sattere Blätter.

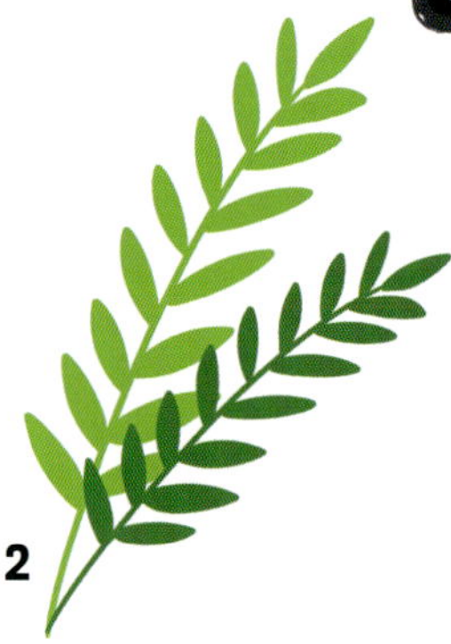

2

Blaues Blatt auf neuer Ebene zeichnen

3. Gehe zurück zum Ebenen-Bedienfeld und tippe auf »+«, um eine neue Ebene über die beiden anderen zu legen. Zeichne einen länglichen blauen Klecks.

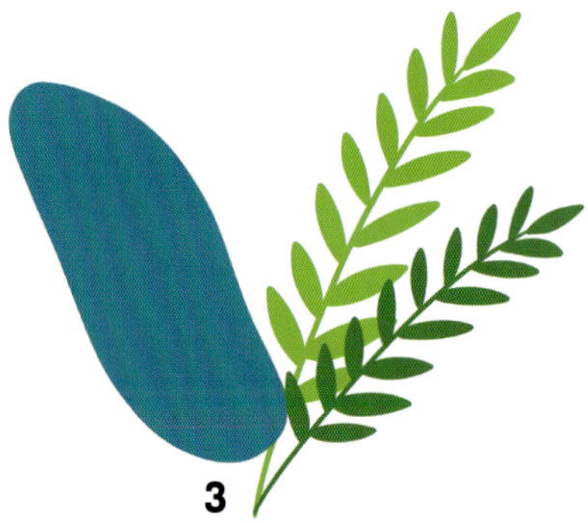

3

Blattteile ausradieren

4. Radiere Teile des Kleckses aus, damit daraus ein Blatt wird. Da diese Form auf einer eigenen Ebene liegt, kannst du sie ausradieren, ohne andere Blatt-Ebenen zu beeinträchtigen. Tippe auf Radiergummi, wähle den Pinsel Studio Pen und radiere runde Formen an den Rändern aus. Setze in einem dunkleren Blau Stiel- und Aderdetails in die Blattmitte.

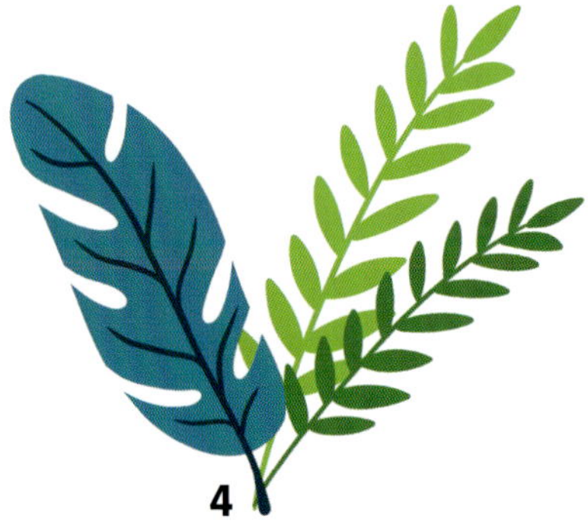

4

FARBHINWEIS:
Sind Blätter wirklich blau? Du kannst mit Farben spielen. Mehr zum Umgang mit Farbe erfährst in Kapitel 4.

Gelbes Blatt zeichnen

5. Das gelbe Blatt kommt hinter den anderen Blättern besser zur Geltung. Erstelle eine neue Ebene und zeichne dann mit warmem Gelb eine Blattform.

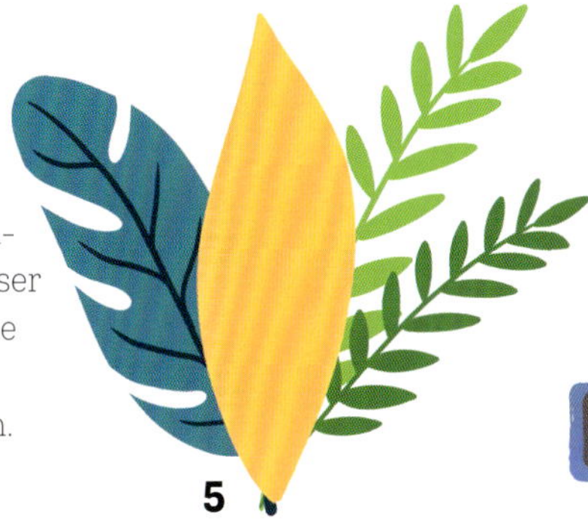

5

Ebenen neu anordnen

6. Schiebe Ebenen im Bild in den Vorder- oder Hintergrund, indem du sie im Ebenen-Bedienfeld neu anordnest. Tippe und halte diese Ebene und ziehe sie ans Ende der Ebenenliste.

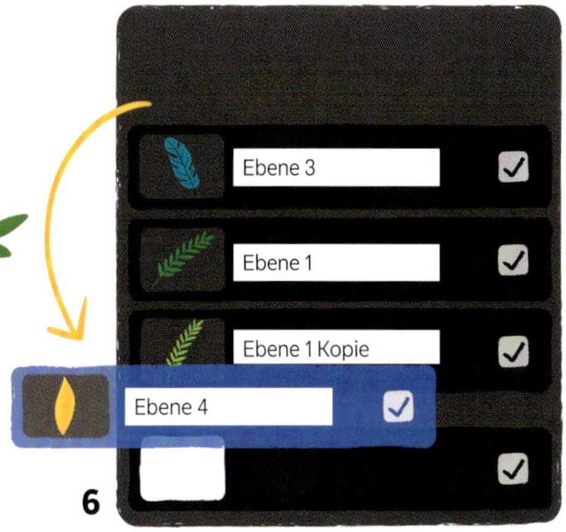

6

Beeren-Akzente hinzufügen

7. Erstelle unter den Blättern eine neue Ebene und zeichne Gruppen mit je drei orangefarbigen Punkten. Erstelle darunter eine weitere Ebene und zeichne braune Stiele.

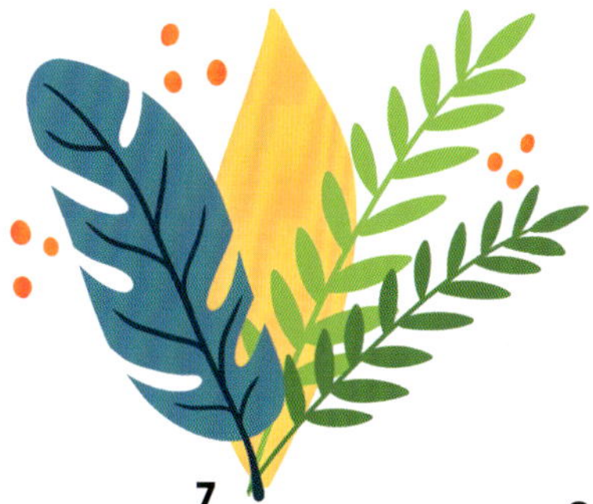

7

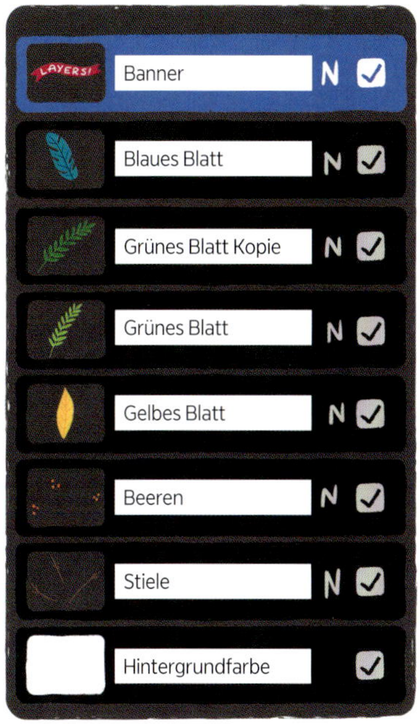

8

Hier siehst du alle Ebenen für die botanische Zeichnung!

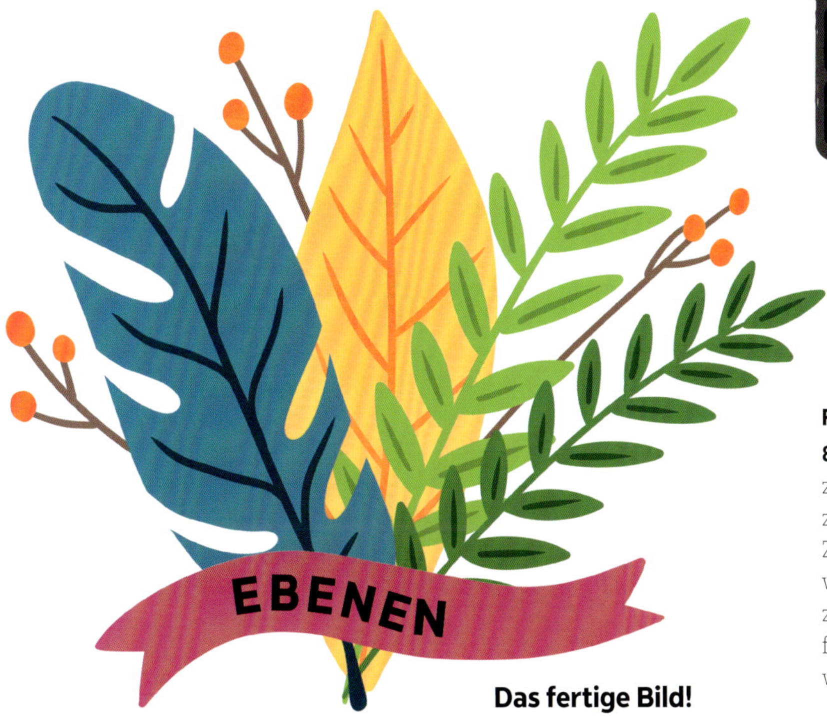

Das fertige Bild!

Feinschliff

8. Du kannst zu jeder Ebene zurückgehen und bei den Blättern zusätzliche Details hinzufügen. Zum Schluss erstellst du eine weitere Ebene, um ein Banner zu zeichnen, und mit ihm all das zu feiern, was du gerade über die Verwendung von Ebenen gelernt hast.

Alphasperre und Masken

Die Digitalkunst bietet nützliche Werkzeuge, die dir eine bessere Kontrolle über deine Arbeit erlauben und den Prozess wesentlich erleichtern. Mit Alphasperre und Masken kannst du innerhalb einer Form zeichnen oder malen sowie Bildteile verbergen oder zeigen. Beim analogen Malen kontrollierst du mit Klebeband oder Abdeckflüssigkeit, wo die Farbe hinläuft. Alphasperre, Clipping-Masken und Ebenenmasken erfüllen beim digitalen Malen und Zeichnen eine ähnliche Funktion.

Alphasperre

Mit der Alphasperre steuerst du, wo du zeichnest und wo nicht. Wenn du sie aktivierst, werden Formen auf dieser Ebene gesperrt und du kannst nur in diesen Formen zeichnen. Bei aktivierter Alphasperre sind die leeren Pixel inaktiv und du kannst nur Änderungen an bereits gezeichneten Pixeln vornehmen. Die Alphasperre ist für das Hinzufügen von Texturen zu Formen mit flacher Farbe, das Hinzufügen präziser Details und kleiner Änderungen ideal.

In Procreate aktivierst du die Alphasperre über das Ebenenmenü oder du streichst mit zwei Fingern nach rechts über eine Ebene. Das Ebenen-Vorschaubild zeigt bei aktivierter Alphasperre ein graues Schachbrettmuster im Hintergrund.

Wenn du einer Textur oder der ursprünglichen Blattform mehr Farbe geben möchtest, ist das schwierig, da Blatt und Adern auf derselben Ebene liegen. Hier helfen Clipping-Masken weiter – siehe dazu die nächste Seite.

Alphasperre aktivieren

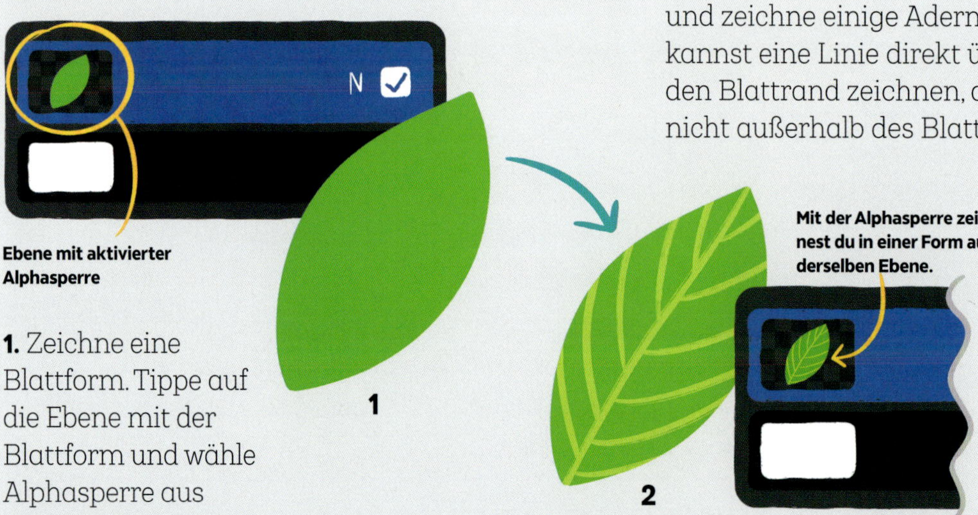

1. Zeichne eine Blattform. Tippe auf die Ebene mit der Blattform und wähle Alphasperre aus dem Ebenenmenü.

2. Wähle ein helleres Grün und zeichne einige Adern. Du kannst eine Linie direkt über den Blattrand zeichnen, aber nicht außerhalb des Blattes.

Clipping-Masken

Wie bei der Alphasperre zeichnest du mit der Clipping-Maske innerhalb einer Form, das Gezeichnete liegt hier aber auf einer separaten Ebene. Die Ebene Clipping-Masken verwendet den Inhalt der Ebene unter ihr (Ursprungsebene) als Maske. Nur der Inhalt der Ebene Clipping-Maske innerhalb der Formen der Ursprungsebene ist sichtbar – der Rest ist ausgeblendet.

1. Zeichne eine Blattform und füge eine neue Ebene direkt über der Blattform-Ebene ein. Wähle im Ebenenmenü Clipping-Maske. Die neue Ebene wird eingerückt und zeigt einen Pfeil nach unten. Der Pfeil deutet an, dass diese Ebene auf die darunterliegenden Ebene »zugeschnitten« wird.
2. Zeichne einige Blattadern auf die Ebene Clipping-Maske.
3. Wechsle zur Blattebene und koloriere die Blattmitte mit einem weichen Pinsel. Die Adern werden davon nicht beeinflusst.
4. Du kannst die Alphasperre auf der Blattebene aktivieren, um eine Gesamttextur hinzuzufügen.
5. Du kannst Teile der Blattebene ausradieren, um die Form der Maske zu ändern.

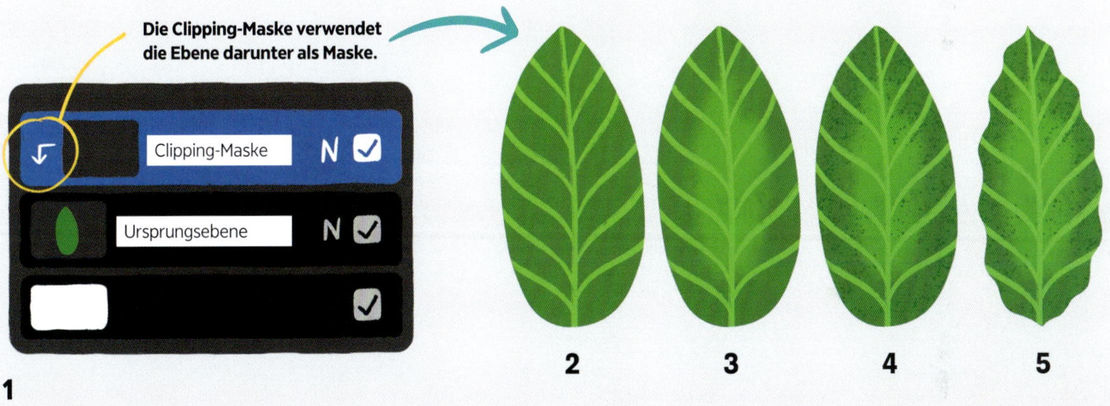

Da Clipping-Masken eine separate Ebene verwenden, kannst du jede Ebene einzeln bearbeiten und schaffst einen zerstörungsfreien Arbeitsablauf (Seite 49). Du kannst auf jeder Ebene Anpassungen vornehmen, einen Mischmodus festlegen (Seite 55), Deckkraft oder Farben ändern, Filter hinzufügen und vieles mehr, ohne die andere Ebene zu beeinträchtigen. Ich verwende Clipping-Masken, um Details hinzuzufügen. Du kannst mehrere Clipping-Maske-Ebenen übereinanderlegen. Sie werden auf dieselbe Ursprungsebene zugeschnitten.

End-Ebenen für das Blattbeispiel

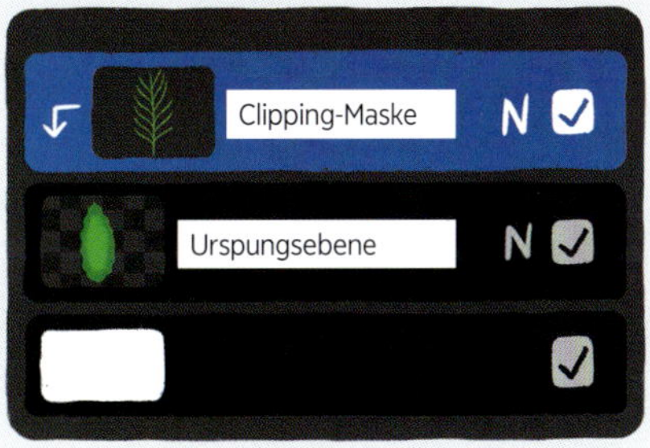

Ebenenmasken

Mit der Ebenenmaske kannst du den Inhalt einer Ebene ein- oder ausblenden. Sie ist flexibel individualisierbar und bearbeitbar – du kannst eine Maske in jeder Form oder Deckkraft erstellen, was sie extrem vielseitig macht.

Ebenenmasken sind ideal, um Teile deines Werks zerstörungsfrei zu »löschen«, indem du sie mit einer Maske versteckst.

Verwendete Pinsel

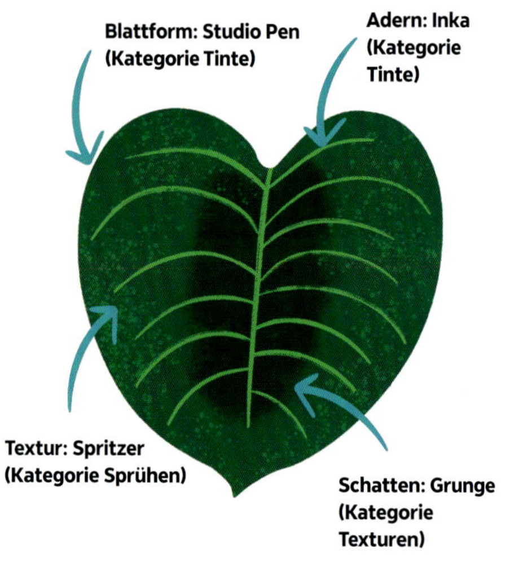

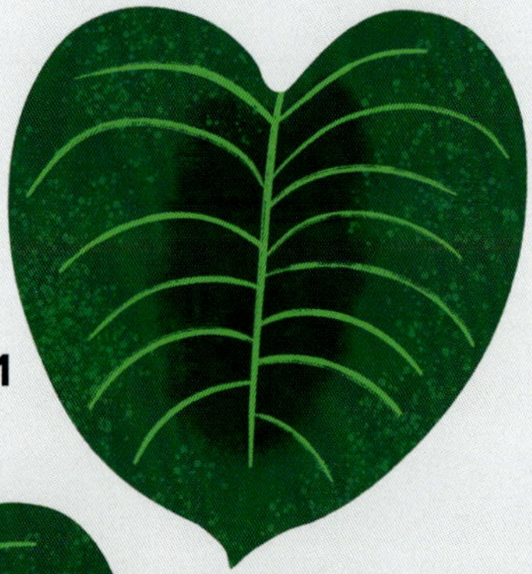

1

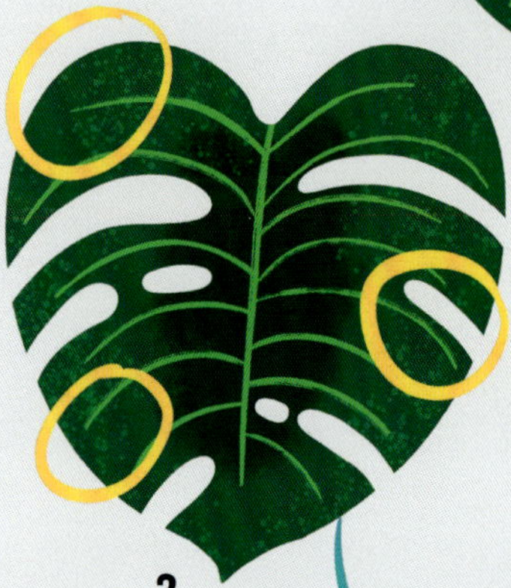

2

1. Zeichne eine neue Blattform und füge Textur und Details ein. Wähle im Menü Ebenenmenü Maskieren. Oben an der Blattebene (Ursprungsebene) ist eine weiße Maske angefügt.

2. Tippe auf Maskenebene und male Schwarz, Weiß oder Grautöne hinein. Male mit Schwarz, um den Inhalt der Ursprungsebene auszublenden, und Weiß, um sie zu zeigen. Wenn du Grau auf die Maske malst, ist die Ursprungsebene halbtransparent zu sehen.

TIPP: Um dir zu merken, welche Farbe was bewirkt, hilft folgende Eselsbrücke: »Weiß ist ein Fenster, Schwarz blockiert.«

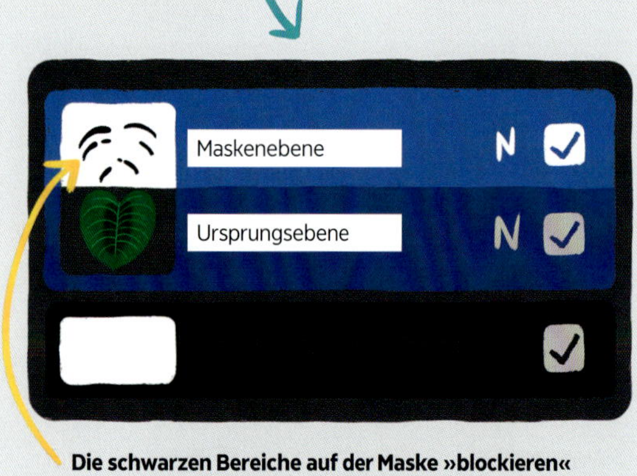

Die schwarzen Bereiche auf der Maske »blockieren« (verdecken) die gleichen Bereiche auf der Ursprungsebene.

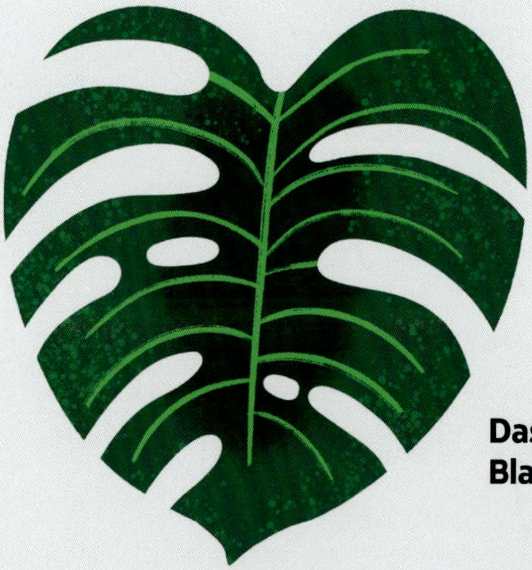

Das fertige Blatt!

Mischmodus (Blend Mode)

Der Mischmodus einer Ebene bestimmt, wie diese mit darunterliegenden Ebenen interagiert.

Stelle dir eine Mischmodus-Ebene wie eine durchsichtige Farbfolie vor, die über ein Bild gelegt wird. Du kannst durch die Folie hindurch das darunterliegende Bild sehen, aber das Bild erscheint je nach Farben und Tonwerten der Folie verändert. Eine Mischmodus-Ebene wirkt sich auf alle sichtbaren Ebenen darunter aus und ist daher nützlich für die einfache Anpassung von Helligkeit oder Farbe von strukturierten oder detaillierten Elementen.

Es gibt eine Vielzahl von Mischmodi, jede mit einer eigenen Formel, die bestimmt, wie sie mit den darunterliegenden Ebenen interagieren. Am besten lernst du die Funktionen kennen, indem du ein wenig experimentierst.

Meine am häufigsten verwendeten Mischmodi:

Multiplizieren (Multiply = M)
Multiplizieren hat einen allgemeinen Verdunkelungseffekt und ist praktisch, um Schatten hinzufügen. Alle hellen Pixel auf der Mischmodus-Ebene werden transparent, und dunklere Pixel multiplizieren oder kombinieren sich mit der Grundebene (N).

Negativ multiplizieren (Screen = S)
Negativ Multiplizieren ist ideal zum Hinzufügen von Glanzlichtern, es ist das Gegenteil von Multiplizieren. Alle dunklen Pixel werden transparent, helle Pixel hellen die Grundebene auf. Insgesamt bewirkt es eine Aufhellung.

Hinzufügen (Add = A)
Hinzufügen ist fast wie Negativ Multiplizieren, aber der Aufhellungseffekt ist stärker. Hinzufügen erhöht die Farbintensität der Grundebene und eignet sich schön für Glanzeffekte.

Ineinanderkopieren (Overlay = O)
Ineinanderkopieren eignet sich gut, um flachen Flächen Textur zu geben. Es kombiniert die Effekte Multiplizieren und Negativ multiplizieren. Dunkle Pixel dunkeln die Grundebene ab, und helle Pixel hellen sie auf. 50 % graue Pixel werden transparent.

Mischmodus erklärt

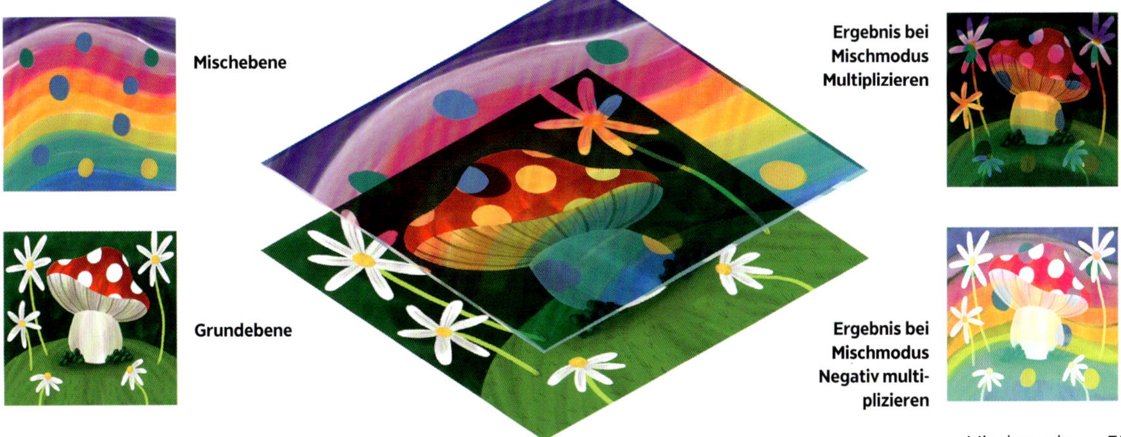

Mischmodus einer Ebene in Procreate ändern

Tippe im Ebenen-Bedienfeld auf N neben dem Sichtbarkeits-Kontrollkästchen. Scrolle zu einem Mischmodus aus der Liste, die unter der Ebene erscheint.

Mischmodi für Schatten verwenden

Eine der praktischsten Anwendungen von Mischmodi ist das Hinzufügen von Schatten und Glanzlichtern. Mit Clipping-Masken kannst du selektiv Schattierungen zu bestimmten Partien hinzuzufügen, wie in dieser Pilzillustration zu sehen. Meist eignen sich warme Farben gut für Glanzlichter und kalte Farben für Schatten. Experimentiere mit der Farbe, die du in deiner Mischebene verwendest, um herauszufinden, welche Farbe am besten als Grundfarbe geeignet ist. Du kannst verschiedene Werte in der Mischebene übereinanderlegen, um eine Aufhellung oder Abdunklung zu erzielen.

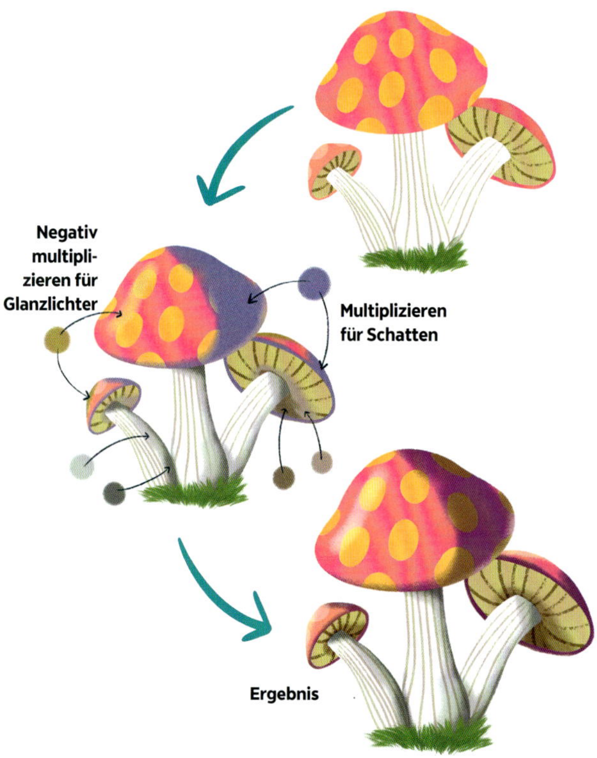

Multiplizieren zum Mischen der Farben

Du kannst mit Mischmodi auch Farben mischen. Die überlappenden Pilzformen lagen auf Einzelebenen, mit auf Multiplizieren eingestellten Mischmodi.

Erstelle drei sich überlappende Farbkreise, jeder auf einer auf Multiplizieren eingestellten Einzelebene. Passe die einzelnen Farben an und schau dir dann die gemischten Farben an. Am Ende hast du eine Palette mit sieben harmonierenden Farben.

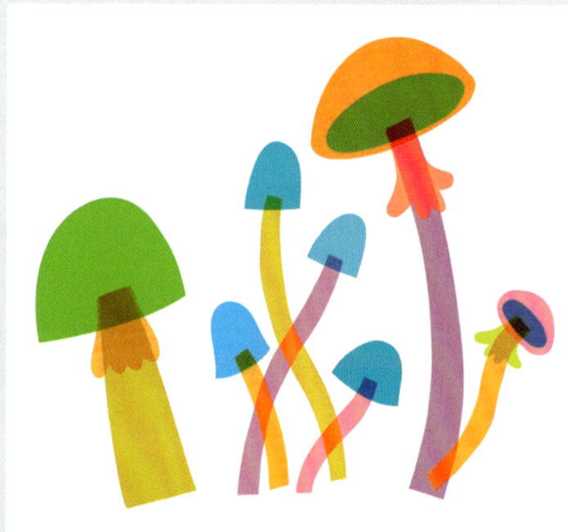

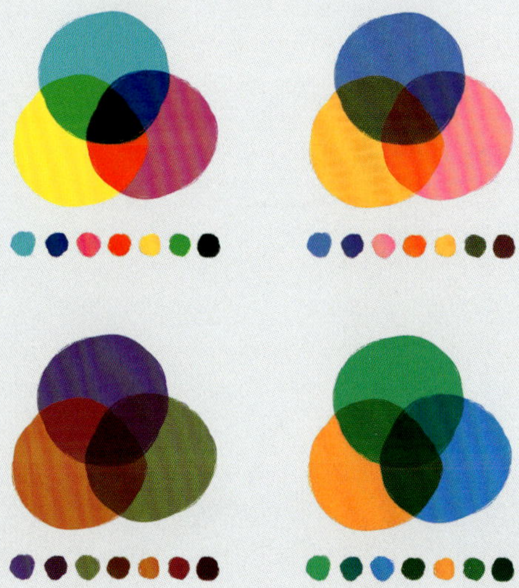

Ineinanderkopieren für Texturen

Mit dem Mischmodus Ineinanderkopieren kannst du Illustrationen Texturen hinzufügen. Ich habe zuerst einige Pinselstriche mit Aquarellfarbe gemalt, das Bild eingescannt und es in Graustufen konvertiert. Dann verwendete ich es als Clipping-Maske auf den Pilzen und stellte den Mischmodus auf Ineinanderkopieren, um dieses Ergebnis zu erzielen.

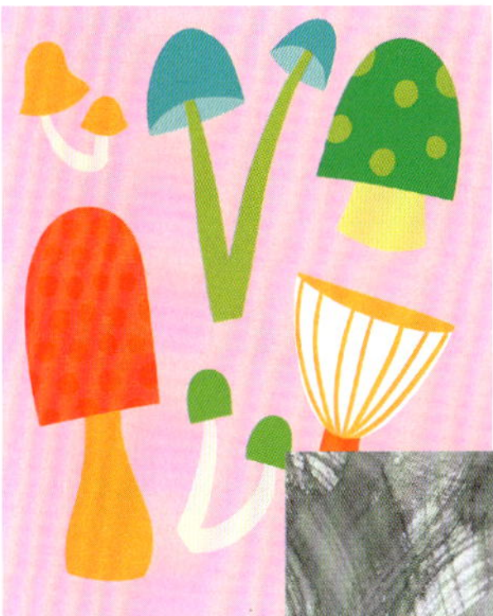

Beginne mit dieser flachen Illustration …

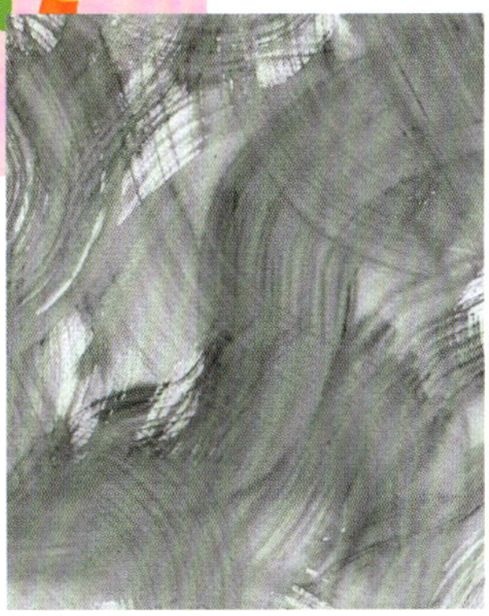

… und lege mit der Clipping-Maske eine Textur darauf.

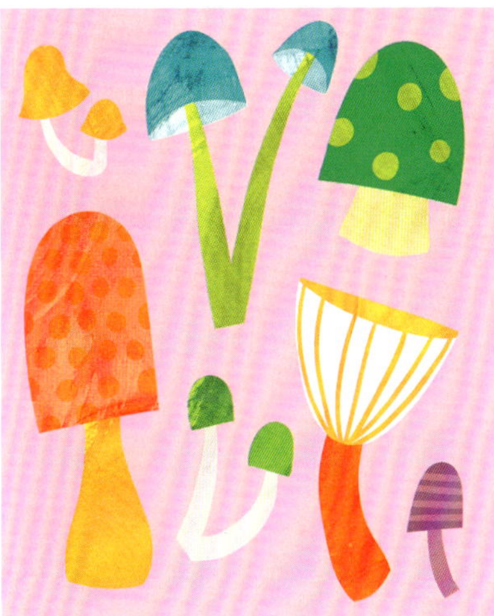

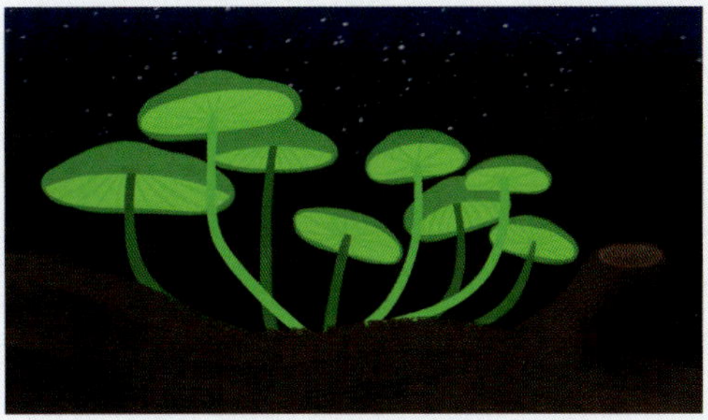

Leuchteffekte hinzufügen

Damit die biolumineszenten Pilze leuchten, dupliziere ich die Pilzkappen, zeichne sie mit der Einstellung Gauß'sche Unschärfe weich und setze den Mischmodus auf Hinzufügen. Du kannst deine Mischebene duplizieren, um den Effekt zu verstärken. Ich verwende die Mischebene Hinzufügen, um Glanzlichter auf die Baumrinde zu setzen.

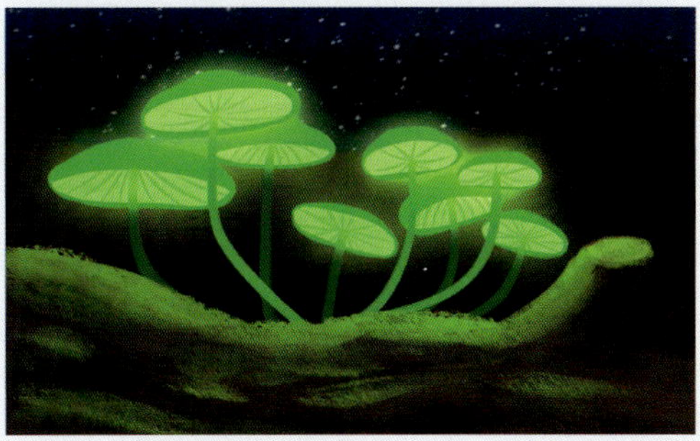

Mischeffekte anpassen

Wenn die Effekte beim Anwenden eines Mischmodus zu stark sind, kannst du die Deckkraft der Mischebene reduzieren. Du kannst auch die Anpassungen Farbton, Sättigung, Helligkeit verwenden, um die Sättigung zu verringern oder die Mischebene aufzuhellen oder abzudunkeln.

Es gibt viele weitere Mischmodi, und sie alle eignen sich für eine Vielzahl unterschiedlicher Effekte, also experimentiere ein wenig.

Arbeitsabläufe beim Kolorieren

Was unterscheidet eine Skizze von einer realistischen Zeichnung? Rendering! Unter Rendering, oder auch feinerem Ausarbeiten, versteht man den Einsatz von Tonwerten und Farben, um Textur, Schattierungen und Details darzustellen. Dadurch wird eine zweidimensionale Form in ein Objekt verwandelt, das dein Gehirn als realistisch wahrnimmt.

Es gibt viele Möglichkeiten, ein digitales Kunstwerk von einer Bleistiftskizze zu einem vollständigen Bild auszuarbeiten. Der Prozess und die Methode beim digitalen Rendering von Kunstwerken wird als Farb-Workflow bezeichnet, oder auch als Kolorierungsprozess oder Mal-Workflow.

Ich stelle drei verschiedene Arbeitsabläufe beim Kolorieren vor, aber es gibt noch viel mehr, und wenn du beim digitalen Malen und Zeichnen Fortschritte machst, wirst du vielleicht mit verschiedenen Kolorierungsprozessen experimentieren oder Methoden kombinieren. Auch der von dir beabsichtigte visuelle Stil beeinflusst deinen Arbeitsablauf. Letztendlich ist dein Workflow so persönlich wie dein Werk.

In Ebenen anordnen + sperren

1. Bei diesem Arbeitsablauf zeichnest du die verschiedenen Formen der einzelnen Bildelemente in flächiger Farbe. Formen mit unterschiedlichen Farben werden auf Einzelebenen angelegt (siehe Projekt auf Seite 50). Sobald die Formen endgültig festgelegt sind, werden sie »gesperrt« und erlauben das Hinzufügen von Texturen und Details. Dies gelingt durch Alphasperre, Clipping-Masken oder Ebenenmasken, zusammen mit Mischmodi für Schattierungen. Teste das Projekt Bogenhanf im Topf auf den Seiten 60–63, um diesen Workflow zu erkunden.

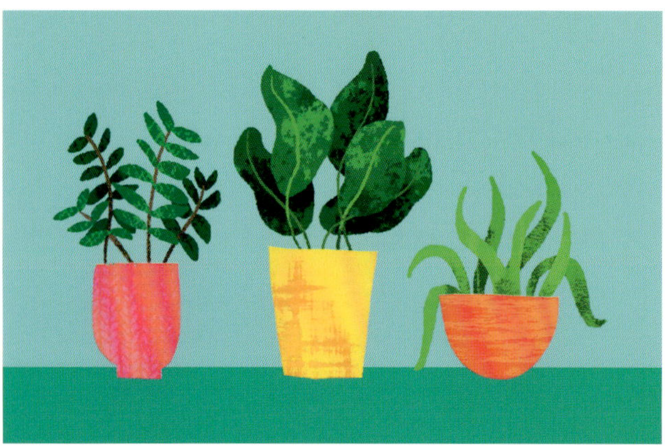

1

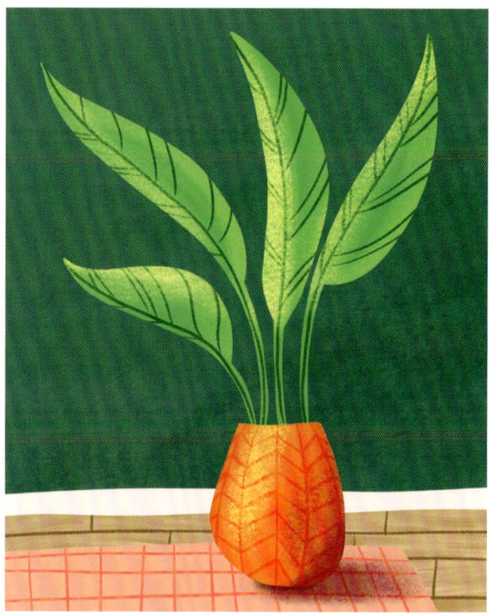

Kolorierte Strichzeichnungen

2. Bei diesem Arbeitsablauf zeichnest du die Umrisse des Motivs, bevor du Farbe, Textur und Schattierung innerhalb der Linien hinzufügst. Bei diesem Stil ist die Linie der Star. Ein Comic ist ein gutes Beispiel für eine kolorierte Strichzeichnung. Teste Kakteen mit kolorierter Strichzeichnung auf den Seiten 64–65.

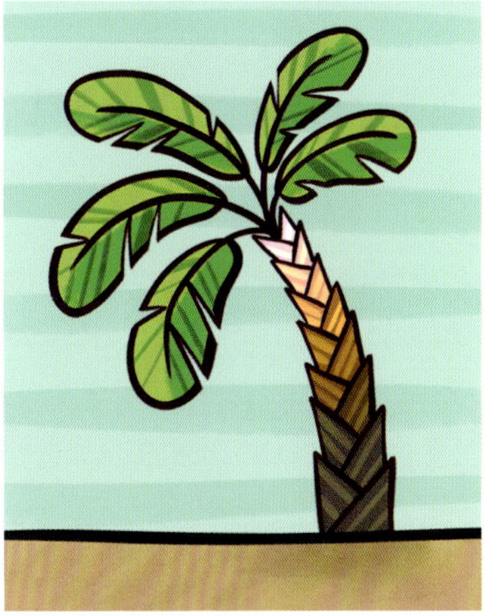

2

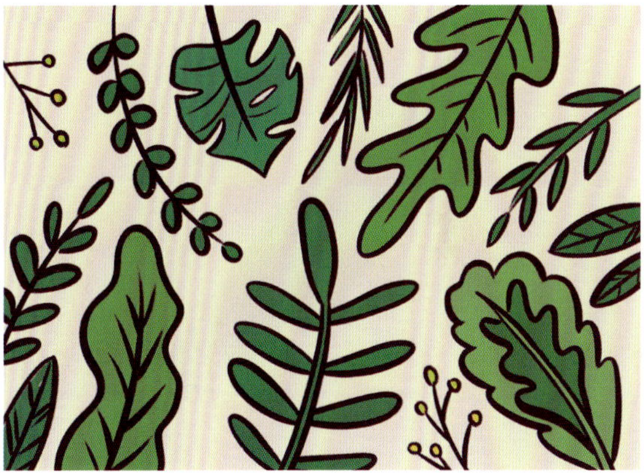

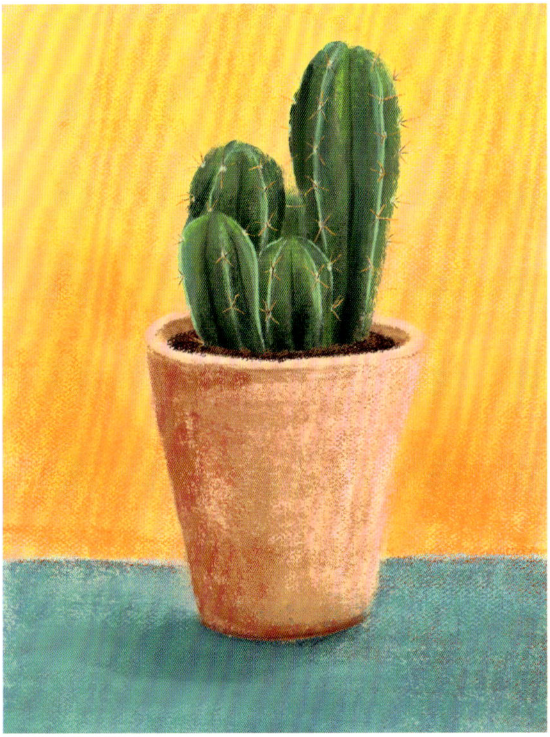

3

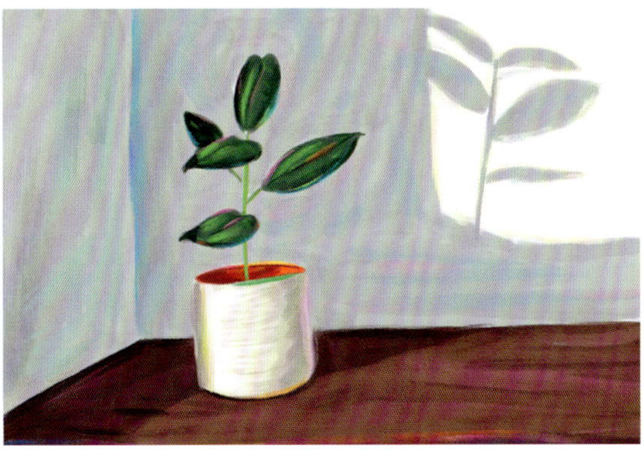

Malerisch

3. Dieser Arbeitsprozess entspricht am ehesten der Arbeit mit physischen Farben. Man schichtet Pinselstriche, um Farbvariationen und Schattierungen zu erzeugen, meist auf derselben Ebene. Bei der malerischen Methode geht man von breiten Farbflächen zu feinen Details über. Die Formen sind fließend und wechselnd und oft sehr ausdrucksstark. Bei diesem Workflow musst du von hinten nach vorn arbeiten, damit du nichts Wichtiges übermalst. Übe diesen malerischen Arbeitsablauf im Projekt Malerische Bäume im Gras auf den Seiten 66–67.

Projekt: Bogenhanf im Topf

Du kannst beim Zeichnen der Topfpflanze das Gelernte in die Praxis umsetzen. Erstelle eine vollfarbige Illustration von der groben Skizze bis zum Kolorieren und Schattieren und verwende dabei Ebenen, Alphasperre, Clipping-Masken und Mischmodi.

Teil 1: Skizze

Erste Striche

1. Beginne mit einer flüchtigen Skizze, um die Proportionen und Anordnung der Elemente der Topfpflanze festzulegen. Zeichne mit dem 6B-Stift (Kategorie Skizze) ein Trapez für den Topf und eine Linie für jedes Blatt. Die Blätter sind dabei unterschiedlich hoch.

Grobe Skizze

2. Skizziere mit stärkerem Druck einen nach unten zulaufenden Zylinder für die 3D-Form des Topfes. Zeichne für die Blätter eine längliche, spitz zulaufende Form über jede senkrechte Linie.

Verfeinerte Skizze

3. Reduziere die Deckkraft der groben Skizzenebene und erstelle darüber eine neue Ebene. Zeichne organischere Kurven und Details über deine Skizze. Du siehst dabei, welche Elemente sich überschneiden und was du auf separaten Ebenen anlegen musst. In dieser Zeichnung stelle ich fest, dass ich drei Ebenen mit Blättern anlegen muss.

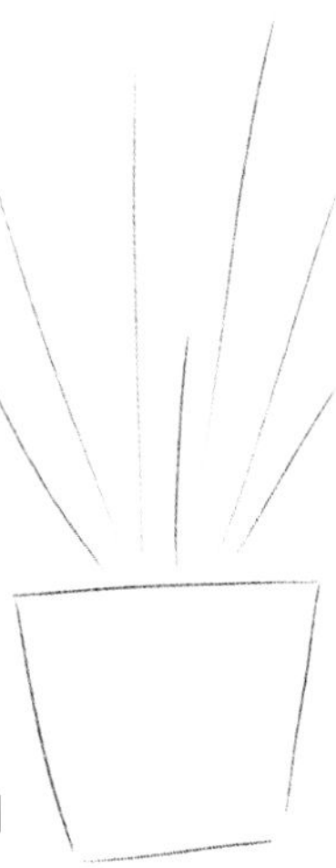

1

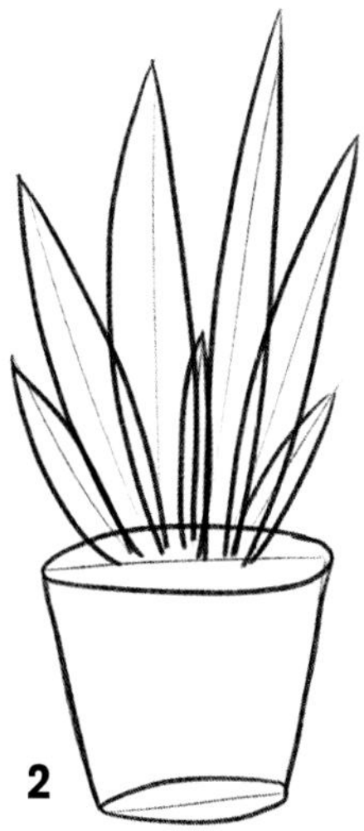

2

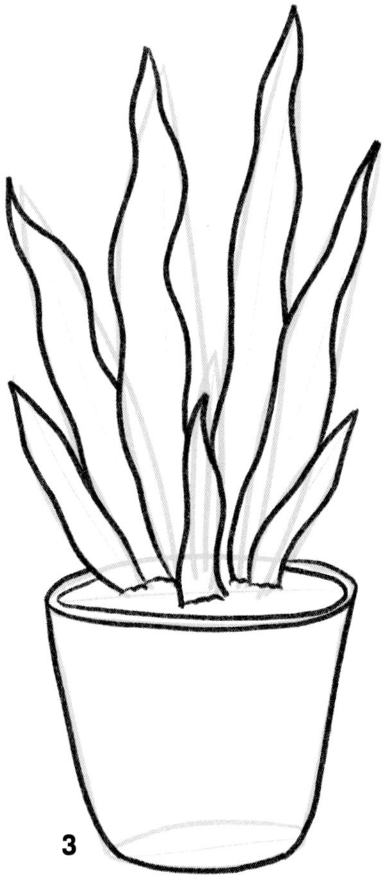

3

Teil 2: Hauptformen kolorieren

Topf in Ebenen zeichnen

1. Die Topfform: Schalte zunächst die Sichtbarkeit deiner groben Skizze aus. Reduziere die Deckkraft deiner verfeinerten Skizze und erstelle eine neue Ebene unter deiner verfeinerten Skizzenebene. Zeichne mit dem Pinsel Studio Pen (Kategorie Tinte) die Umrisse der Topfform und fülle sie durch Color Drop.

1a. Im Topf: Erstelle eine Ebene über dem orangefarbenen Topf, um ihn von innen zu kolorieren. Diese Ebene wird zur Clipping-Maske. Zeichne den oberen Topfteil in einem dunkleren, stärker gesättigten Orange. Erstelle darüber eine weitere Ebene, die zur Clipping-Maske wird, und zeichne den Topfrand in einem Hellorange.

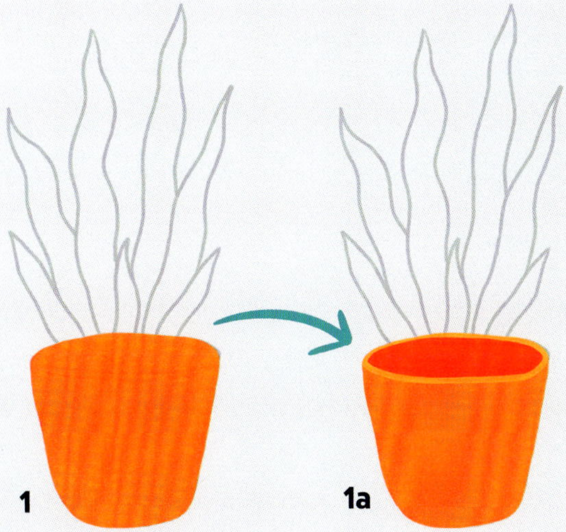

Blattformen erstellen

2. Erstelle eine Ebene über den drei Topfebenen für die Blätter. Wähle ein sattes Dunkelgrün und zeichne die hintere Blätterreihe. Erstelle eine neue Ebene über der vorherigen Ebene und zeichne die mittleren Blätter. Erstelle schließlich eine weitere Ebene für die vorderen, kleinen Blätter.

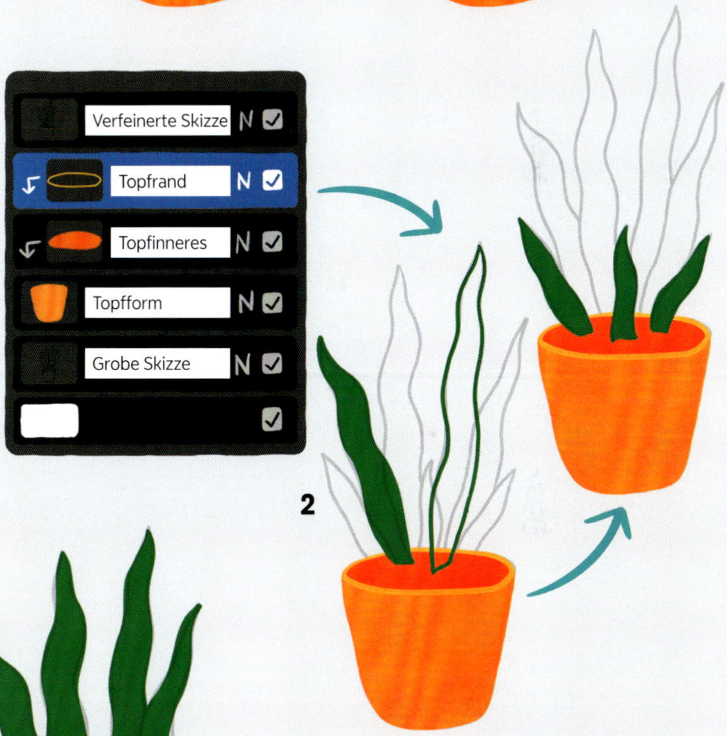

Topf mit Erde füllen

3. Lege eine Ebene über die Ebenen Topfinneres und Topfrand. Sie sollte automatisch zur Clipping-Maske werden, da sie zwischen anderen Ebenen liegt, die Clipping Masken sind. Verwende den Pinsel 6B-Grafitstäbchen (Kategorie Kohle) zum Zeichnen von Erde. Mit Brauntönen wirkt es realistischer. Verwende ein Dunkelbraun unten an den Blättern.

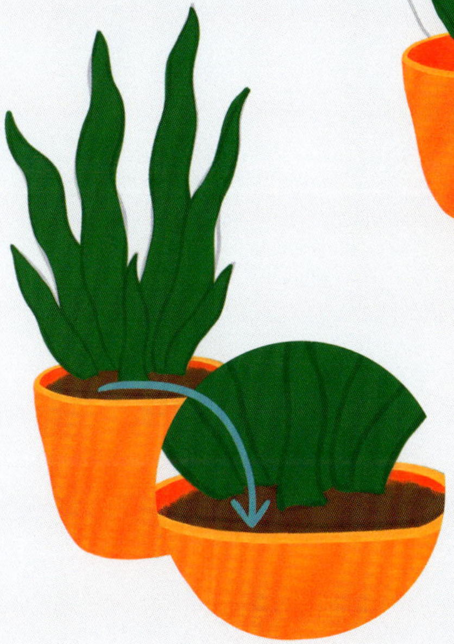

TIPP: Wenn du schlecht überblicken kannst, was du zeichnest, schalte die Sichtbarkeit der hinteren Blätter beim Zeichnen dieser Formen aus.

Teil 3: **Details & Schattierung**

Gemusterte Blätter

1. Aktiviere die Alphasperre auf allen Blätterebenen. Wähle ein helleres, wärmeres Grün und Old Beach (Kategorie Künstlerisch) als Pinsel. Zeichne mit senkrechten Kritzelbewegungen unregelmäßige Streifen auf die Blätter. Wiederhole dies auf jeder Blattebene. Wähle ein helles Gelbgrün und male mit demselben Pinsel einen Streifen an jede Blattseite. Schalte die Sichtbarkeit deiner Skizzierebene aus.

Schattierung für die Blätter

2. Es sieht schon toll aus, aber irgendwie verschmelzen alle Blätter miteinander. Wir sollten Schatten hinzufügen, um sie ein wenig voneinander abzuheben. Nutze dazu Clipping-Masken und einen Mischmodus.Beginne mit der hintersten Blätterebene und füge eine neue Ebene direkt darüber ein. Diese Ebene wird zur Clipping-Maske. Stelle den Mischmodus auf Multiplizieren.

Wähle den Pinsel 6B-Grafitstäbchen. Möglicherweise musst du ausprobieren, welche Farbe sich für den Schatten eignet. Ich verwende ein gedämpftes Grün mit mittlerem Wert. Je dunkler die Farbe, desto schneller und intensiver dunkelt sie die darunterliegende Ebene ab. Helle Farben dunkeln weniger stark ab.

Mit Clipping-Masken kannst du jede Blätterebene schattieren. Setze auf der vorderen Blätterebenen einige Schatten unten an die Blätter.

Topf dekorieren und schattieren

3. Aktiviere die Alphasperre für die Topfform-Ebene. Zeichne mit Gelb und dem Pinsel Old Beach breite Streifen auf den Topf. Erstelle genau wie bei den Blättern eine Ebene über der Ebene mit dem orangefarbenen Topf, die du als Clipping-Maske festlegst. Schattiere mit 6B-Grafitfläche die Topfseite. Füge helle Striche in einer dunkleren Farbe am äußeren Topfrand ein. Ich habe dir meine zwei Farben genannt, aber du kannst mit Helligkeit, Farbton und Sättigung beliebig experimentieren.

Mehr Erde einfüllen

4. Erstelle zum Schluss eine weitere Ebene über den anderen. Male mit 6B-Grafitfläche in Dunkelbraun etwas mehr Erde unten rund um die Blätter. Fertig!

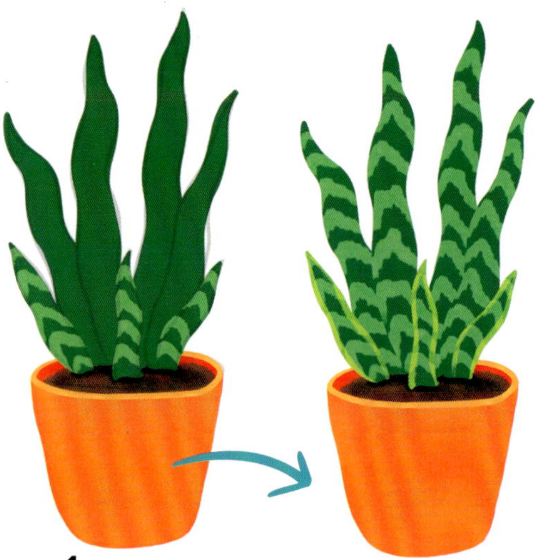

1

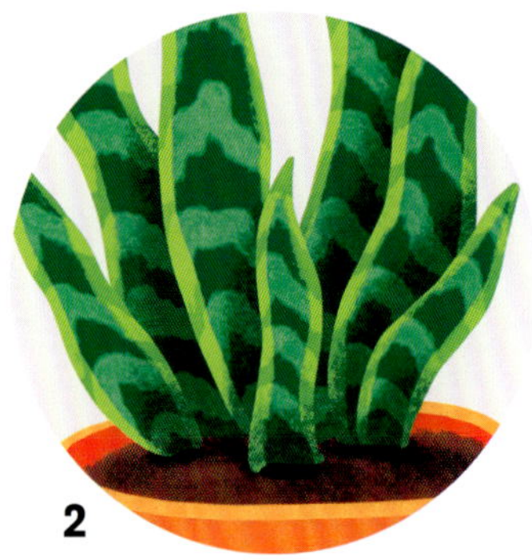

2

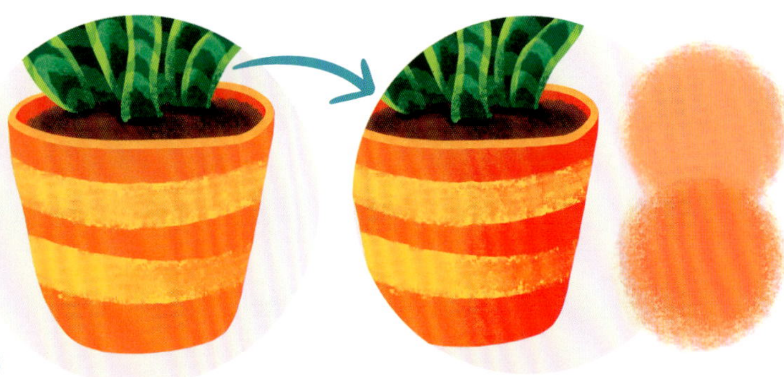

3

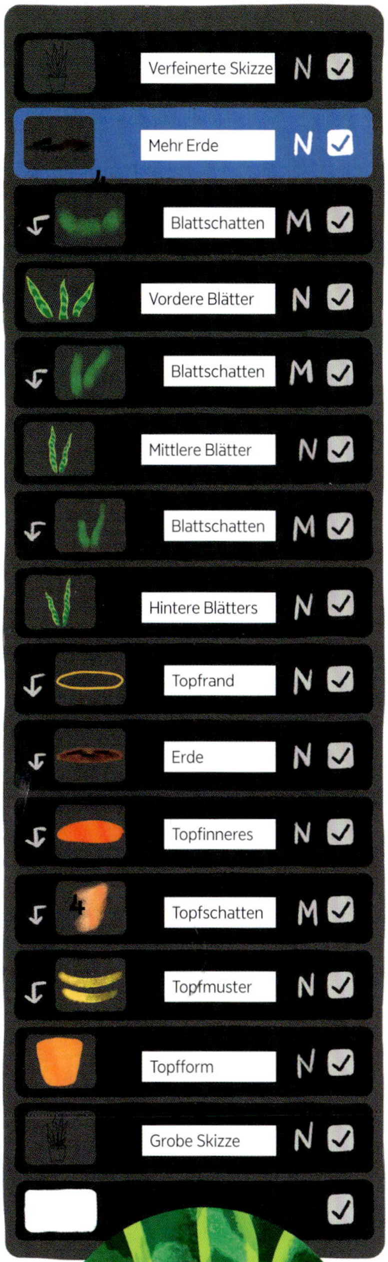

4

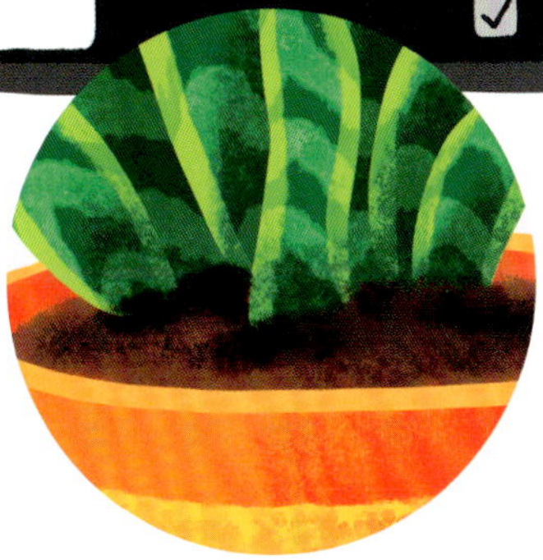

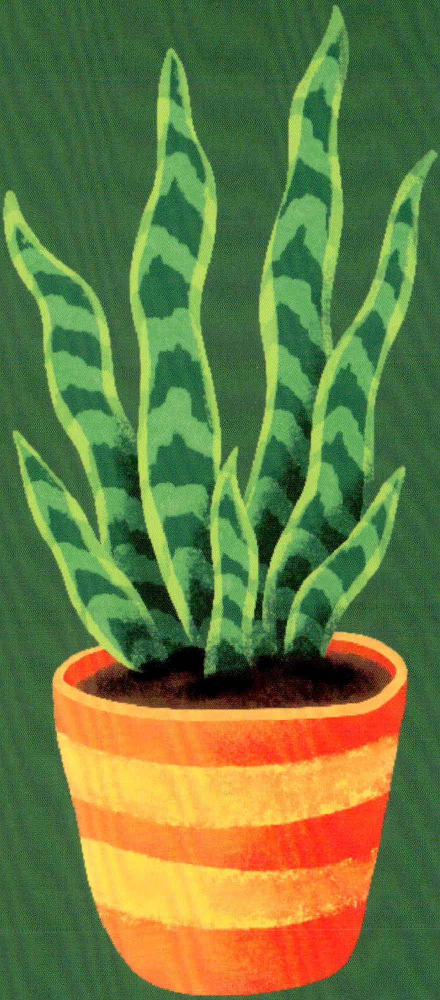

Dein fertiger Bogenhanf im Topf!

Projekt: Kolorierte Strichzeichnung

Das Erstellen kolorierter Strichzeichnungen ist mit der Ebenenfunktion Referenz ganz einfach. Lerne sie beim Zeichnen einer Kakteengruppe kennen.

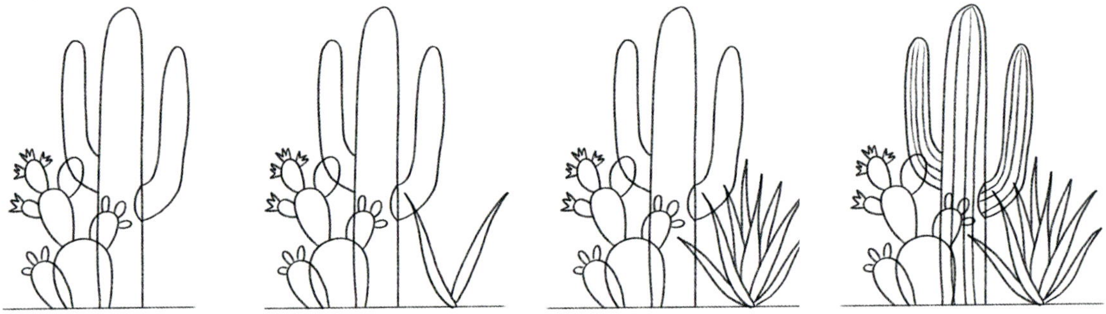

1

Skizze erstellen

1. Skizziere im Bild nacheinander deine Pflanzen. Es macht nichts, wenn sich etwas überlappt.

Ebenen für klare Linenzeichnung

2. Zeichne auf einer neuen Ebene über deine Skizze die Umrisse eines Elements deiner Illustration. In diesem Beispiel verwende ich den Pinsel Monoline (Kategorie Kalligrafie). Eine durchgehende Linie ist leichter zu zeichnen als eine, die beginnt und wieder stoppt. Du legst sich berührende oder überlappende Elemente auf Einzelebenen, während du deine Linien zeichnest. So kannst du zurückgehen und unnötige Linien löschen – ohne Auswirkung auf Linien der anderen Ebenen. So erhältst du sauberere Striche.

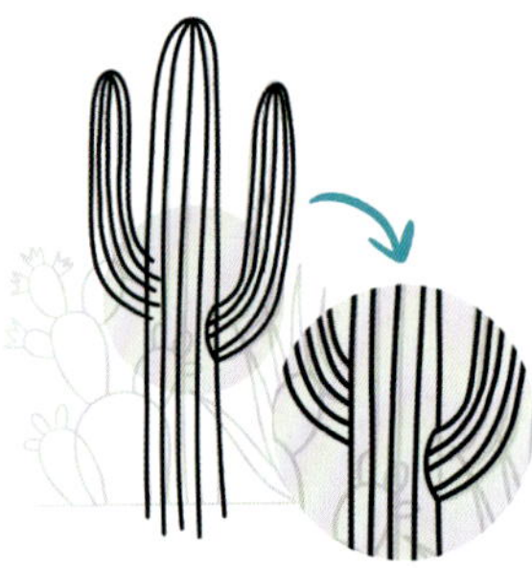

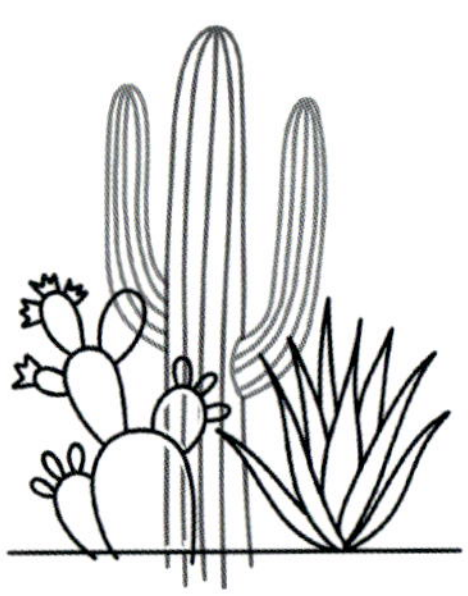

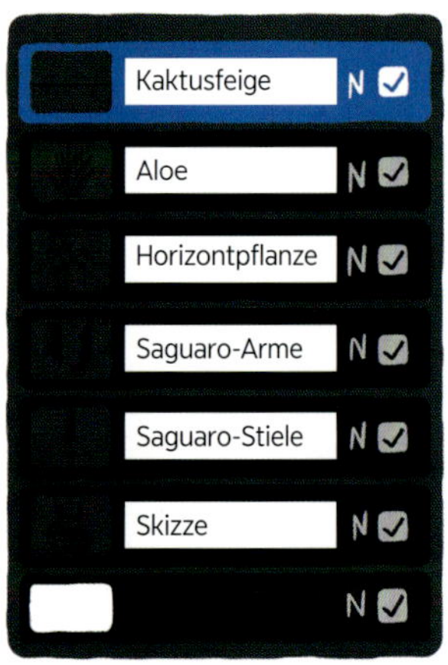

2

HINWEIS: Es ist hilfreich, die Deckkraft von Hintergrundelementen zu reduzieren, um die zu löschenden Linien zu erkennen.

Ebenen bereinigen & kombinieren

3. Nach dem Entfernen unnötiger Linien überführst du die Strichzeichnung in eine Ebene. Eine Möglichkeit ist das Zusammenführen der Ebenen, aber die Procreate-Funktion ist zerstörungsfrei. Schalte die Sichtbarkeit aller anderen Ebenen aus, einschließlich Hintergrund, sodass nur deine Kontur-Ebenen sichtbar sind. Wische mit drei Fingern nach unten, um das Menü Kopieren & Einfügen zu öffnen. Wähle »Alles kopieren«und anschließend »Einfügen«. Deine Linienebenen werden zu einer, während die Einzelebenen bestehen bleiben. Schalte die Hintergrundebene wieder ein.

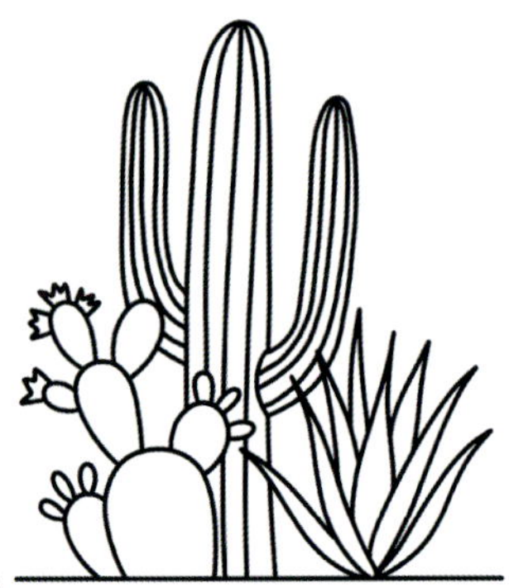

3

Referenz-Funktion einschalten

4. Verbirg alle Ebenen außer der zusammengefügten Strichzeichnungs-Ebene. Tippe auf die Ebene, um das Ebenenmenü zu öffnen und tippe auf »Referenz«. Erstelle eine neue Ebene unter der Strichzeichnungs-Ebene. Bei aktivierter Option „Referenz“ kannst du nun innerhalb der Linien deiner Referenzebene, aber auf einer anderen Ebene, mit Color Drop Farbe einfüllen.

Kaktus kolorieren

5. Fülle mit Color Drop den größten Kaktus mit Farbe.

Pflanzen auf Einzelebenen kolorieren

6. Erstelle eine neue Ebene zum Kolorieren des zweiten Kaktus und eine dritte Ebene für die letzte Pflanze. Setze die verschiedenen Pflanzen oder Farben auf Einzelebenen, dann ist später einfacher, Textur und Details einzufügen.

Textur und Details einfügen

7. Da du Referenz aus dem Ebenenmenü verwendet hast, liegen die verschiedenen Kakteen nun auf Einzelebenen, sodass du mit der Alphasperre oder einer Clipping-Maske den flächigen Farben Textur verleihen kannst. Ich verwende hier Trockener Pinsel (Kategorie Malen) für die Textur, Kreide (Kategorie Kalligrafie) für Linien und Monoline (Kategorie Kalligrafie) für die Stacheln der Kaktusfeige.

TPP: Um mehrere Formen mit gleicher Farbe zu füllen, tippe nach Verwendung von Color Drop auf »Füllen fortsetzen« oben auf der Leinwand. Nun kannst du die Formen durch Antippen weiter mit derselben Farbe füllen.

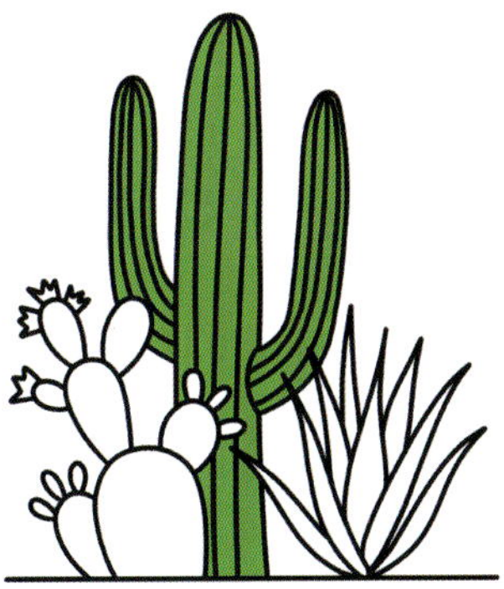
5

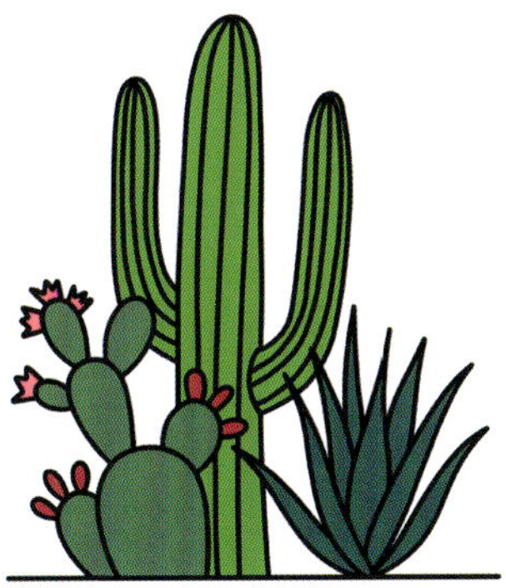
6

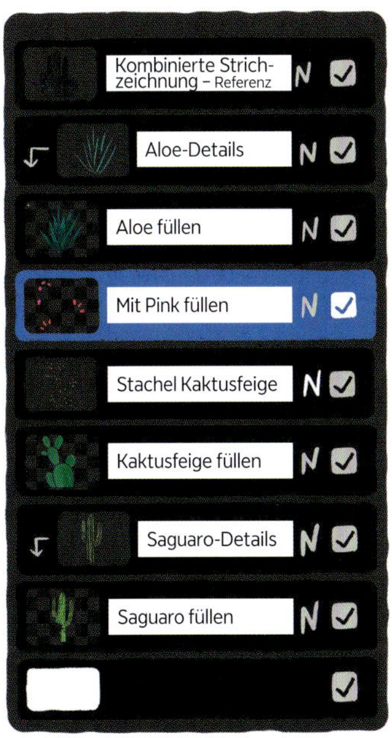

7

Deine fertigen Kakteen!

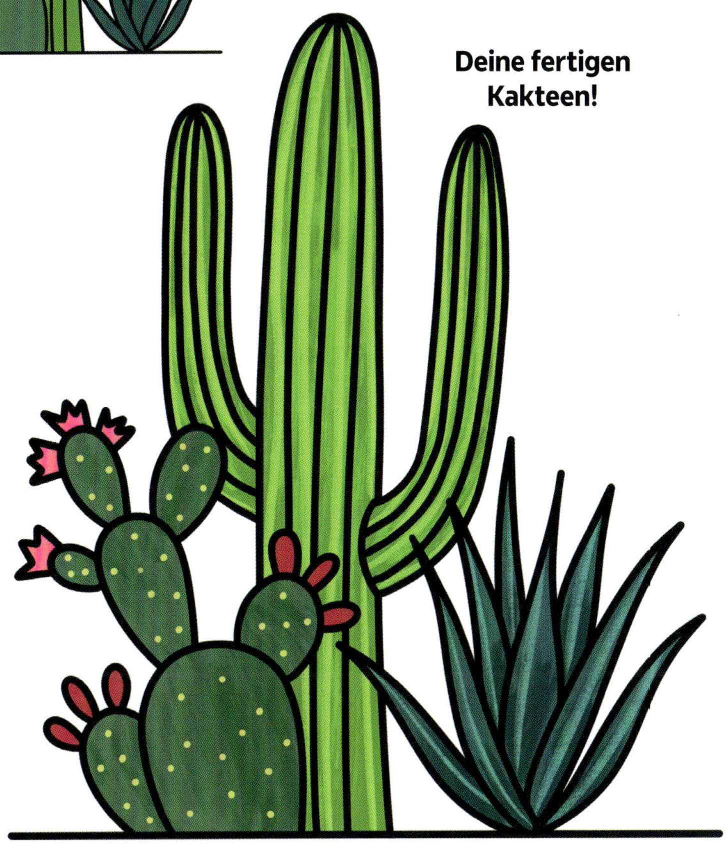

Projekt: Malerische Bäume im Gras

Lerne den malerischen Arbeitsablauf durch das Zeichnen von Bäumen und Gras kennen. Ich verwende den Pinsel Blackburn (Kategorie Zeichnen). Drücke mit Blackburn etwas fester auf, um die borstige, trockene Textur des Pinsels zu betonen.

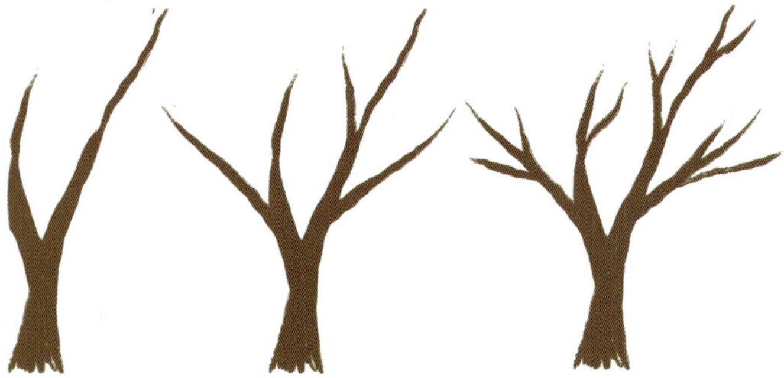

1

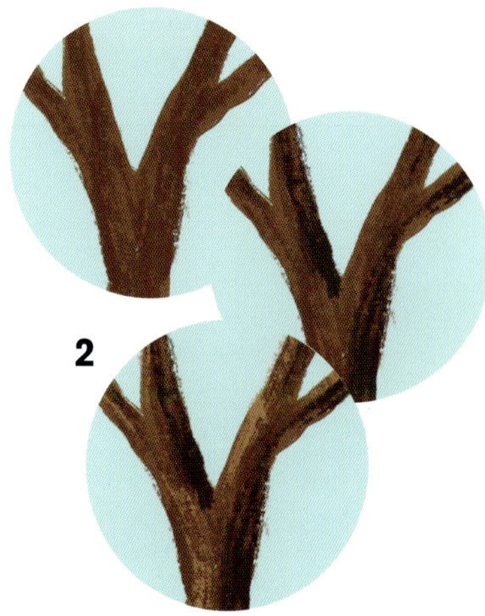

2

Stamm und Äste malen

1. Drücke den Pinsel etwas fester auf und zeichne eine hohe, spitz zulaufende Form mit unregelmäßigen abzweigenden Linien.

Baumrinden-Textur erstellen

2. Lege in einem etwas dunkleren Braun eine feine Rindentextur auf Stamm und Äste. Schaffe mit Dunkelbraun Schatten auf einer Seite und mit Hellbraun Glanzlichter auf der anderen Seite.

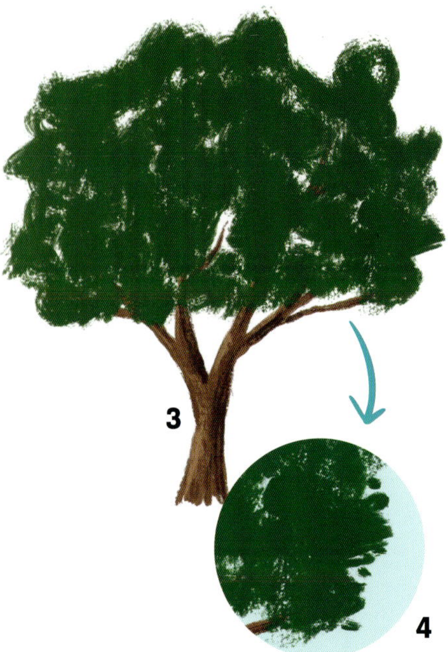

3

4

Laub gestalten

3. Erstelle eine neue Ebene und wähle ein Dunkelgrün. Male für das Laub mit einem großen Pinsel kleine Tupfer und unregelmäßigen Striche auf. Lasse Löcher, damit der Hintergrund sichtbar bleibt.

4. Male mit einem feineren Pinsel kleinere Details an den Rand des Laubs.

Farbtipp

Die dunkleren Grüntöne sollten kälter und stärker gesättigt sein, hellere Grüntöne sollten dagegen wärmer sein.

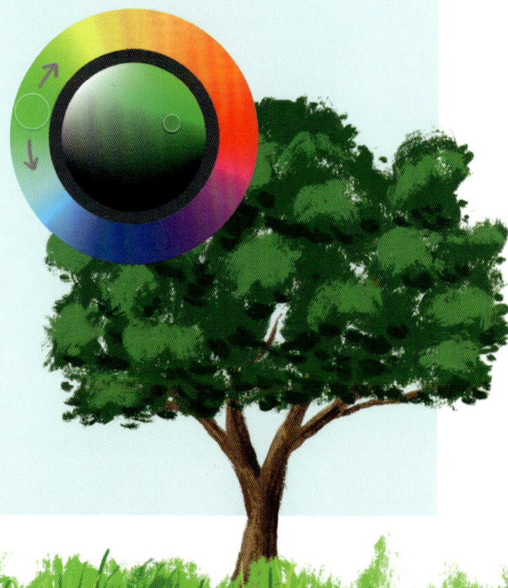

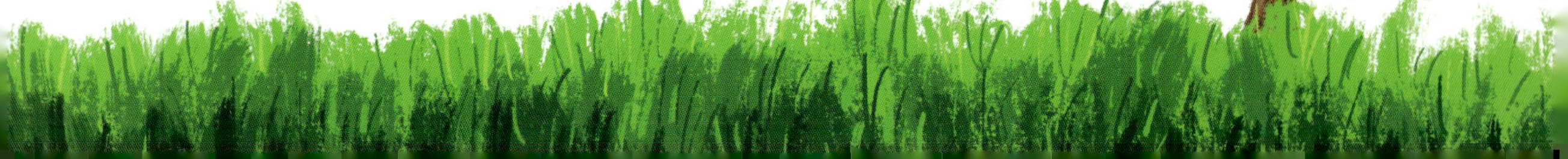

Dimension durch Farbschichten

5. Trage mit einem dunkleren Grün winzige Striche auf und tupfe mit einem größeren Pinsel breite Striche in einem mittleren Grün auf. Setze nun mit einem kleineren Pinsel kleinere Striche um die mittelgrünen Tupfen, um einzelne Blätter anzudeuten.

Mit hellerem Farbton schichten

6. Wiederhole den vorherigen Schritt mit einem helleren Grünton, wobei die Striche kleiner und feiner werden.

Fleckige Glanzlichter setzen

7. Setze zum Schluss kleine Akzente in Hellgrün. Diese sollten sich auf der gleichen Seite wie die Lichtquelle befinden.

Gras malen

1. Beginne mit Hellgrün. Trage mit großem Pinsel viele schnelle Striche nach oben auf. Nun setze mit kleinerem Pinsel feine Striche in der hellsten Farbe, um die einzelnen Grashalme hervorzuheben.

2. Trage mit breiten und feinen Pinselstrichen einen dunkleren Grünton auf. Die vorherige Farbe sollte oben sichtbar bleiben.

3. Wiederhole den Vorgang mit dem dunkelsten Grün.

4. Male mit zwei helleren Farben einige Grashalme über das dunkelste Grün.

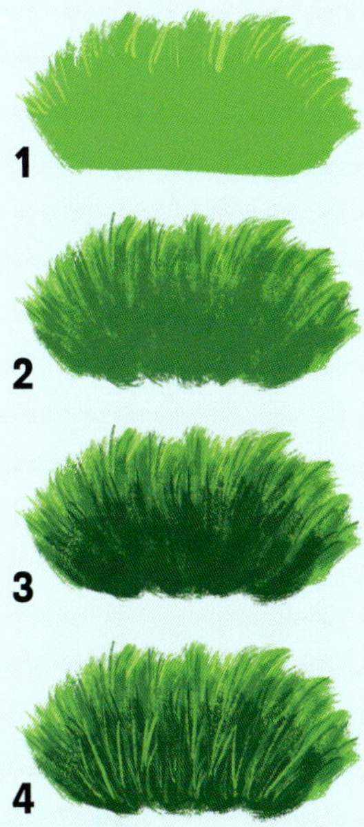

5

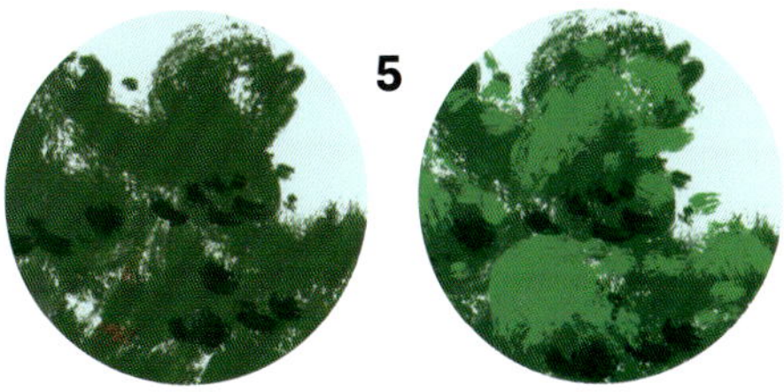

Dunkleres Grün

Mittelgrün

6

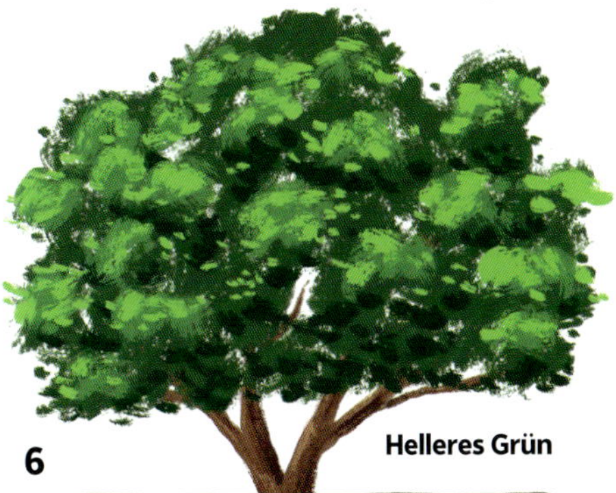

Helleres Grün

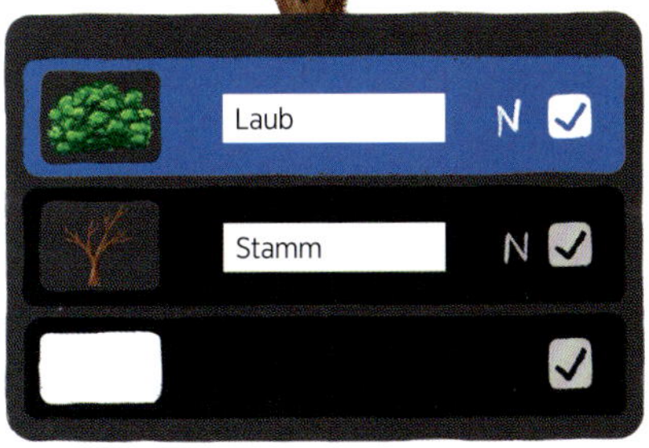

7

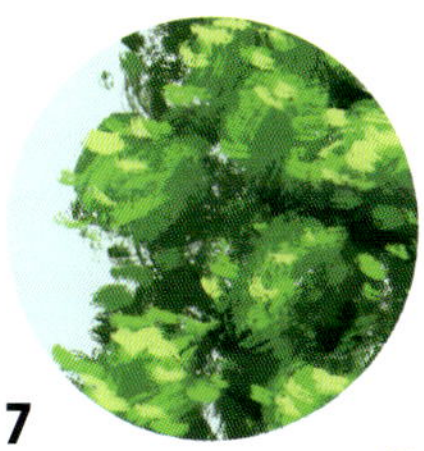

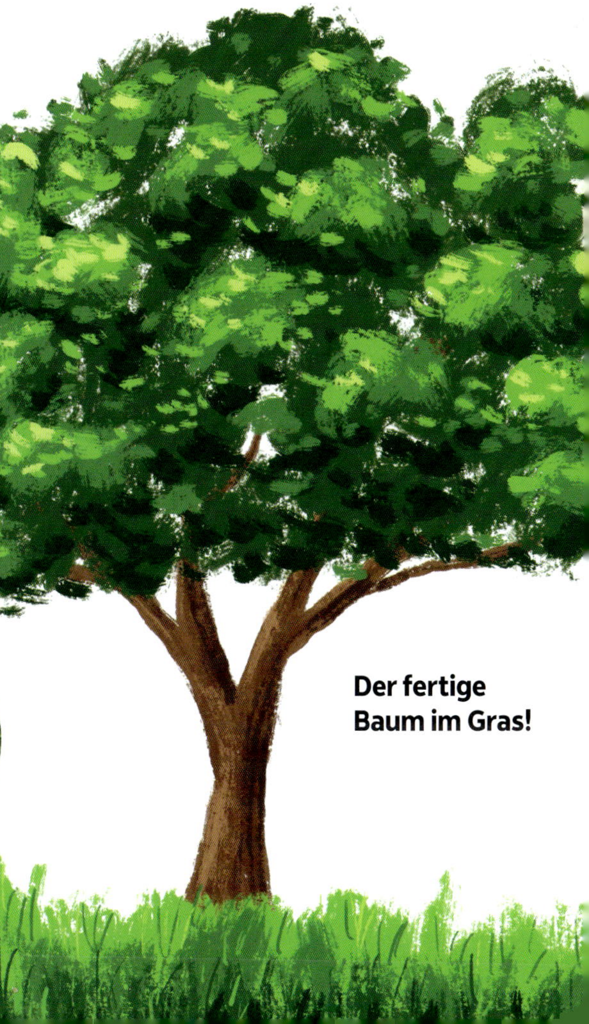

Der fertige Baum im Gras!

4

Blumen

Farbe & Stil

Blumen bringen Farbe, Leben und Heiterkeit in unser Leben. In diesem Kapitel lernst du, Blumen zu zeichnen, aber auch, wie du deinen eigenen, unverwechselbaren Stil in deine Bilder bringst. Du lernst die Grundregeln der Farbenlehre kennen und erfährst, wie du Farbton, Sättigung und Tonwert für ästhetisch ansprechende Paletten nutzt. Zudem lernst du, dass Recherche, Übung und Spielerei nötig sind, um den »eigenen Stil« zu finden, was in etwa so aussehen könnte:

»Ich weiß nicht, wie man eine Blume malt.«

Du möchtest etwas Neues lernen und einüben ...

»Okay, ich weiß jetzt, wie ich eine Blume zeichne.«

... dann fängst du an zu experimentieren ...

»Ich könnte eine Blume so zeichnen, oder auch so, oder auf diese Weise.«

... bis du meinst, dass es richtig wird ...

»Es fühlt sich natürlich an, eine Blume so zu zeichnen.«

... du optimierst deinen Prozess, bis ...

»Diese Art, eine Blume zu zeichnen, fühlt sich nach mir an.«

... du deinen Stil findest.

Fangen wir an!

Digitale Farbenlehre

Wir haben in diesem Buch bereits mit Farben gearbeitet, aber wir schauen uns nun die Farbenlehre genauer an – Regeln und Prinzipien für die Kombination von Farben in ästhetisch ansprechender Weise. Du bekommst dadurch ein besseres Verständnis dafür, wie kleine Änderungen bei Farbton, Sättigung und Tonwert deine Arbeit beeinflussen. Natürlich ist die Farbenlehre noch wesentlich komplexer, als hier beschrieben, aber es lohnt sich, sich mit den Grundlagen vertraut zu machen und zu verstehen, was sie für die Digitalkunst bedeutet.

Drei Farbeigenschaften

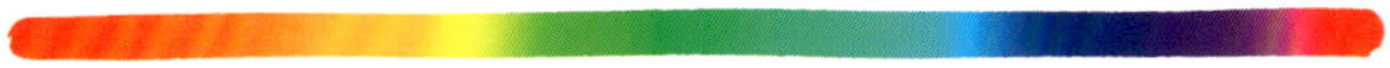

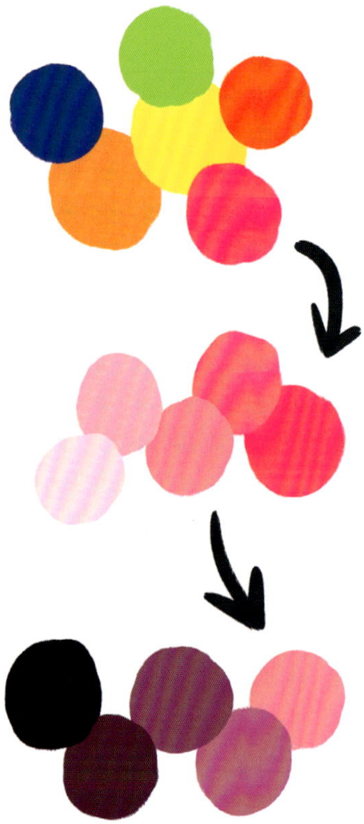

Farbton – Was ist eine »Farbe«?

Der Farbton gibt an, ob eine Farbe rot, blau, grün oder gelb ist. Daran denkst du zuerst, wenn du dir eine Farbe vorstellst. Der Farbton wird in Grad von 0° bis 360° gemessen.

Sättigung – Wie lebendig ist sie?

Die Sättigung bezieht sich auf die Intensität des Farbtons. Eine Sättigung von 0 % bedeutet keine Farbe, während 100 % eine voll gesättigte, reine Farbe beschreibt.

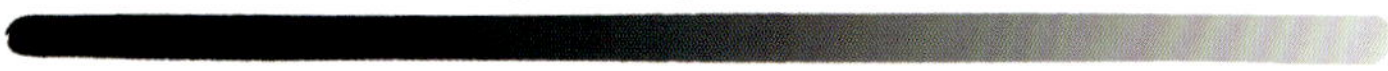

Helligkeit – Wie hell oder dunkel ist die Farbe?

Die Helligkeit steht für den Tonwert, also wie hell oder dunkel eine Farbe ist. Die Abstufungen reichen von 0 % Helligkeit = schwarz bis 100 % = weiß.

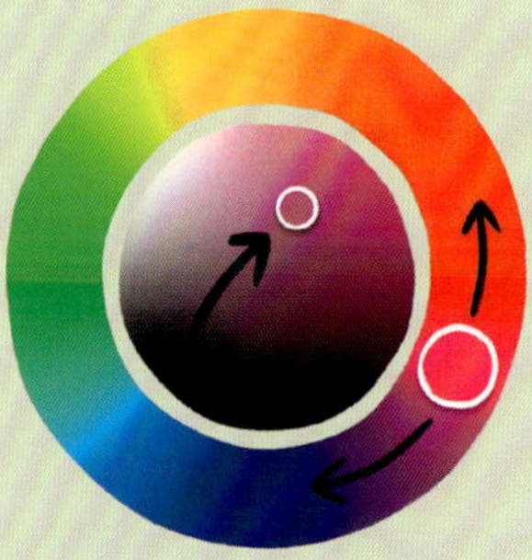

Farben auswählen in Procreate

Diese drei Eigenschaften definieren alle Farben in der Digitalkunst. Wenn du unter Farben im Farbbereich den Ring antippst, kannst du mit dem äußeren Farbring den Farbton wählen und Sättigung und Helligkeit der Farbe mit dem inneren Farbkreis bestimmen.

Warme und kalte Farben

Farben sind warm oder kalt. Warme Farben liegen auf der roten/orangen/gelben Seite des Farbkreises und kalte Farben auf der violetten/blauen/grünen Seite. Außerdem kann ein einzelner Farbton warm oder kalt sein. Zum Beispiel wird ein Grün wärmer, wenn du den Farbton in Richtung Gelb, oder kälter, wenn du ihn in Richtung Blau verschiebst.

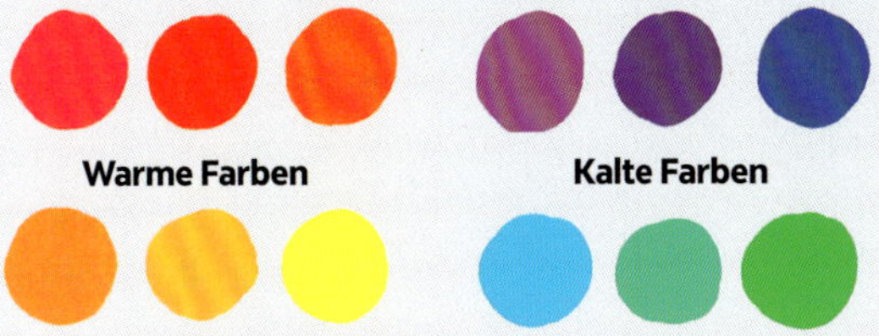

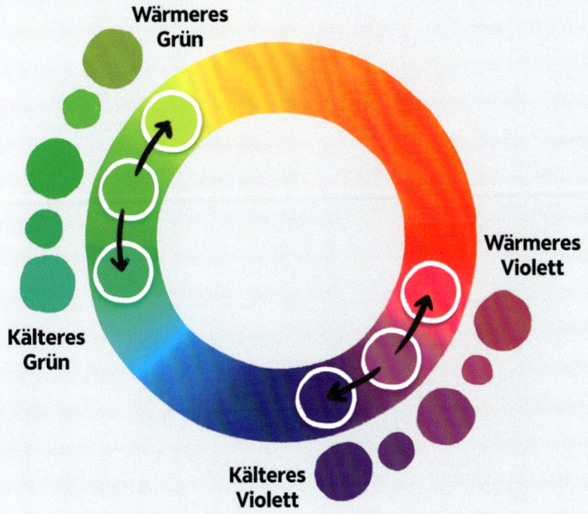

Farben in Procreate bearbeiten

Zur Feinabstimmung oder zum Experimentieren mit Farben kannst du unter dem Auswahlmenü Anpassungen (Zauberstab) Farbton, Sättigung, Helligkeit einstellen. Verwende die Regler, um Farbton, Sättigungsgrad oder Farbwerte in einer bestimmten Ebene oder Auswahl zu ändern.

Farbton- und Sättigung in Schattierung verschieben

Es ist kaum verwunderlich, dass Licht warm ist und Schatten kalt sind. Wenn du den Tonwert abdunkelst, um Schatten einzufügen, wähle einen kälteren Farbton. Verschiebe auch die Sättigung – Schatten sind oft lebendiger als ihre helleren Gegenstücke. Diese Regel gilt nicht immer, aber meist sind Schatten dunkler, kühler und stärker gesättigt. Glanzlichter sind heller, wärmer und weniger gesättigt.

Achte auf die Unterschiede der Farbtöne bei den beiden Blumen. Beim Kolorieren der Blume links ist nur die Helligkeit der Farbe anders, nicht der Farbton. Das Ergebnis wirkt etwas trüb und stumpf. Bei der Blume rechts wurde der Farbton für die dunkleren und helleren Stellen kühler oder wärmer eingestellt und die Sättigung erhöht. Die rechte Blume sieht strahlender aus als die linke.

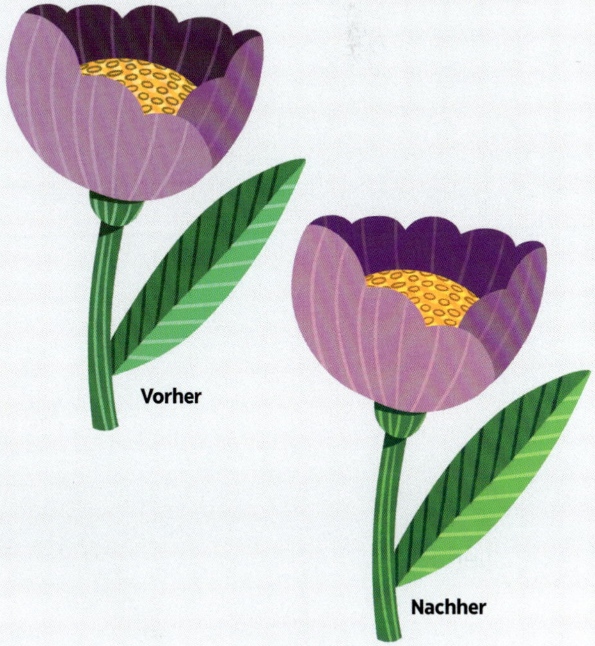

Farbe & Tonwert

Der Tonwert bezieht sich auf die Helligkeit oder Dunkelheit einer Farbe. Du kannst den Tonwert ändern, indem du Schwarz oder Weiß hinzugibst, aber wusstest du, dass bestimmte Farbtöne erheblich unterschiedliche Tonwerte haben können, auch ohne etwas hinzuzufügen?

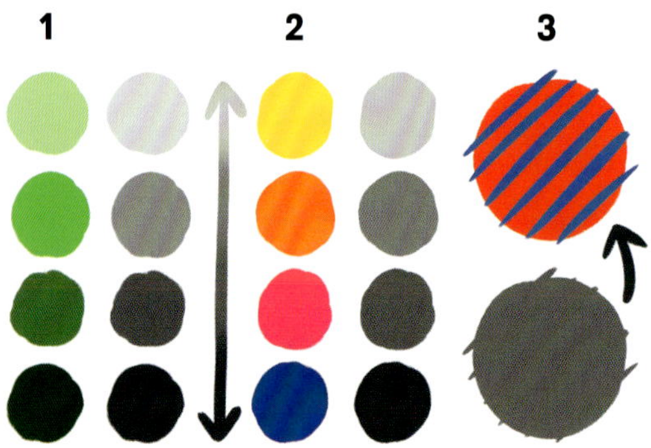

1. Spalte 1 zeigt ein einziges Grün in vier verschiedenen Tonwerten.
2. Spalte 2 zeigt vier vollständig gesättigte Farben, denen kein Schwarz hinzugefügt wurde. Beachte, wie viel heller der Tonwert des Gelbs im Vergleich zum Blau ist, wenn es vollständig gesättigt ist. Du musst den Tonwert einer Farbe verstehen, wenn du Farben für einen starken Kontrast nebeneinandersetzt.
3. Nebeneinander »vibrieren« kontrastierende Farben mit ähnlichen Tonwerten und wirken auf die Betrachtenden beunruhigend. Achte also auf den Tonwert der Farbe.

Wenn wir die Farbe entfernen, sehen wir, dass dieser Blumenstrauß Tonwerte von Hell bis Dunkel umfasst.

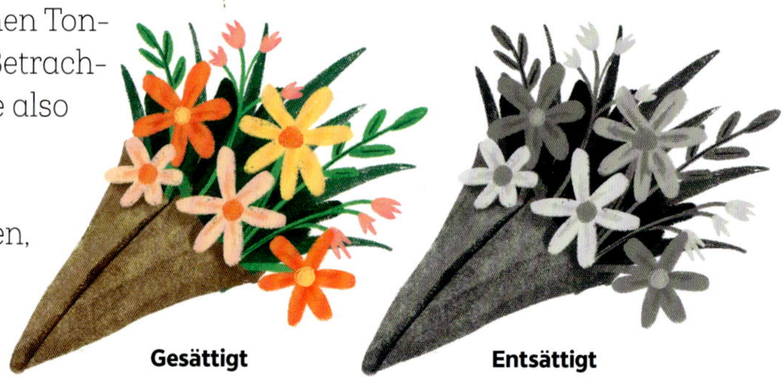

Gesättigt

Entsättigt

Helle, gedämpfte und dunkle Töne

Du solltest mit unterschiedlichen Farbwerten und Farbnuancen arbeiten – nur intensive, voll gesättigte Farben zu verwenden, wirkt oft schrill. Abschattierungen und Aufhellungen machen das Bild interessant.
1. Eine Schattierung wird durch Hinzufügen von Schwarz zu einer Farbe erzeugt. Es entsteht ein Farbton, der tief, gesättigt und intensiv ist.
2. Helle Töne entstehen, wenn du Weiß zu einer Farbe gibst, die dadurch heller und blasser wird.
3. Dazwischen liegen die Farbtöne, die durch die Zugabe eines neutralen Graus entstehen. Diese Töne sind weicher und gedämpfter als ihre voll gesättigten Gegenstücke.

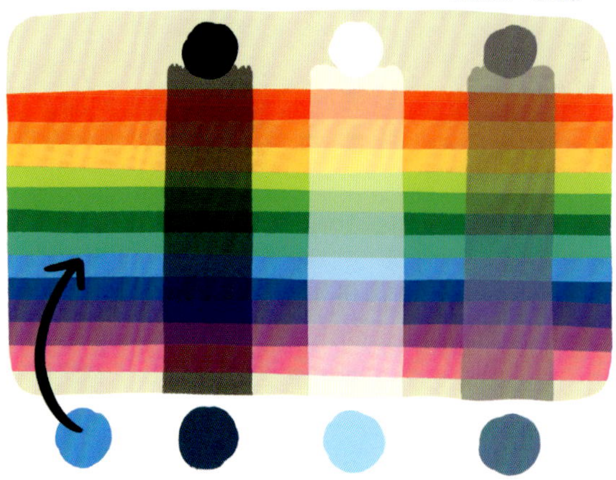

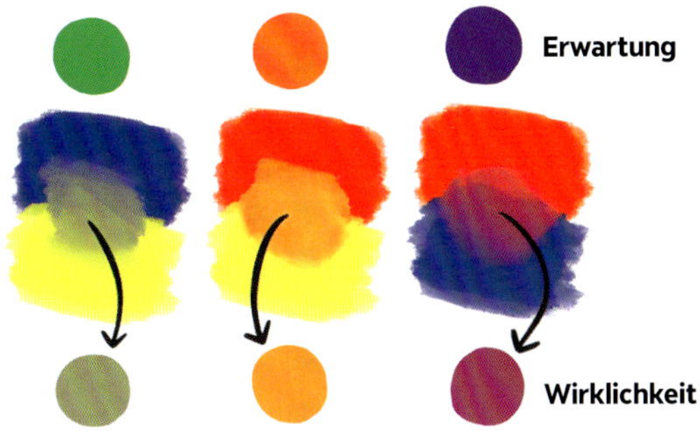

Verwischen ≠ Farben mischen

In der Digitalkunst wird die Farbe nicht »gemischt« wie bei physischen Medien. Der Wischfinger eignet sich hervorragend für weiche Übergänge zwischen Farben, aber wundere dich nicht, wenn durch das Verwischen Farben schmutzig wirken. Es ist besser, die gewünschte Farbe auszuwählen und mit dem Pinsel aufzutragen, als sie durch Mischen zu erzielen. Die große Ausnahme ist hier die Verwendung von Mischmodi (mehr dazu auf den Seiten 55-57). Um beim Mischen gute Resultate zu erzielen, solltest du dich etwas mit Primärfarben beschäftigen.

Primärfarben neu denken

Wie auf Seite 56 gezeigt, kannst du mit dem Mischmodus Multiplizieren Farben übereinanderlegen und neue Farbtöne schaffen. Du hast wahrscheinlich gelernt, dass Rot, Gelb und Blau die Grundfarben sind. Wie du oben rechts siehst, führt das Mischen dieser drei Farbtöne nicht zu den zu erwarteten Ergebnissen. Bleibe bei Cyan, Gelb und Magenta für das Mischen von Farben und du erhältst strahlendere Ergebnisse! Beachte, wie sich die Farben in dieser Blumenillustration mischen.

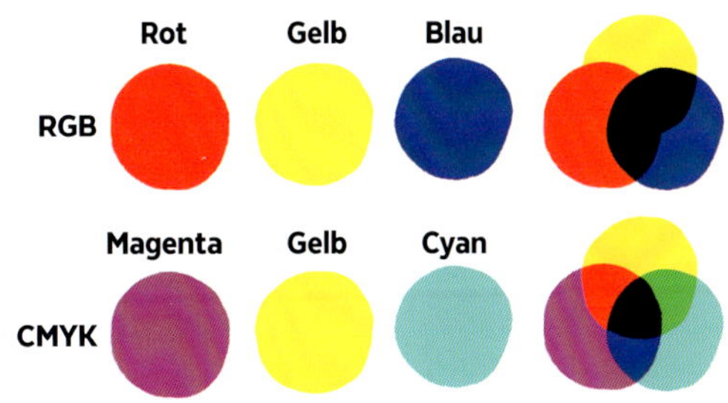

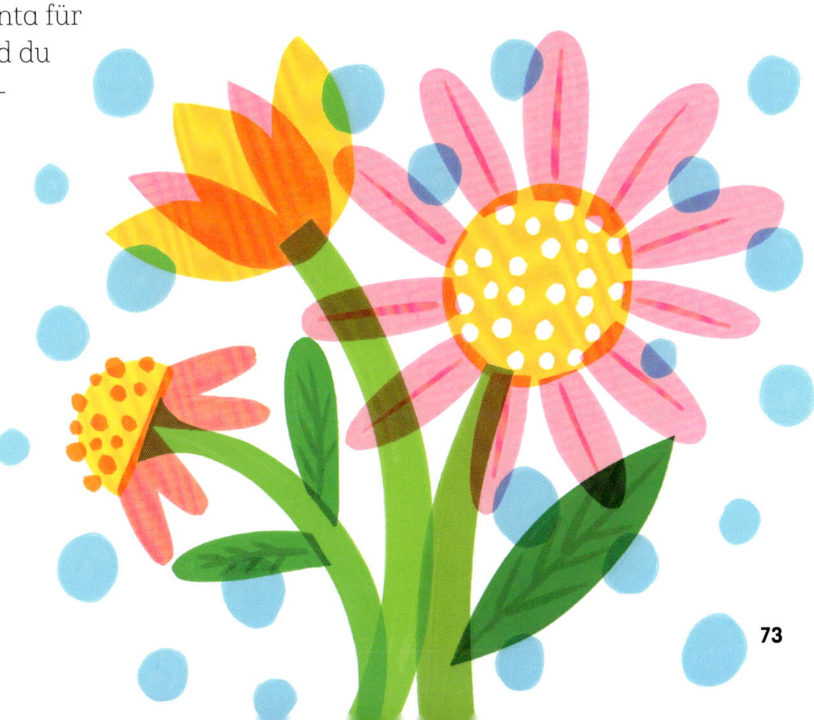

Mit Farbpaletten arbeiten

Wie wählt man Farben aus, die gut harmonieren? Woher weißt du, wie viele Farben du verwenden sollst? In der Digitalkunst stehen fast 17 Millionen Farben zur Auswahl, sodass es hilfreich ist, diese auf wenige Farben einzugrenzen. Eine Farbpalette – eine begrenzte Auswahl von Farben – vereinfacht den Farbgebungsprozess und sorgt für ein harmonisches und einheitliches Erscheinungsbild deines Kunstwerks.

Farbharmonien

Bei der Entscheidung, welche Farben gut zusammenpassen, empfiehlt es sich, auf bewährte Farbharmonien zurückzugreifen, die Beziehungen zwischen Farben auf dem Farbkreis darstellen. In den folgenden Beispielen siehst du, dass die von mir aus diesen Farbschemata erstellten Paletten Farben mit unterschiedlichen Sättigungen und Helligkeitsstufen enthalten.

TIPP: Tippe auf »Farbharmonie« unter Farben, um einfach Farbharmonien zu erstellen.

1

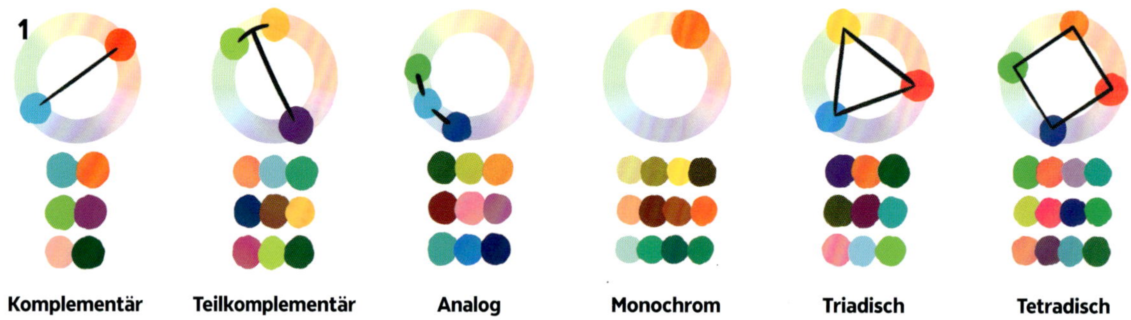

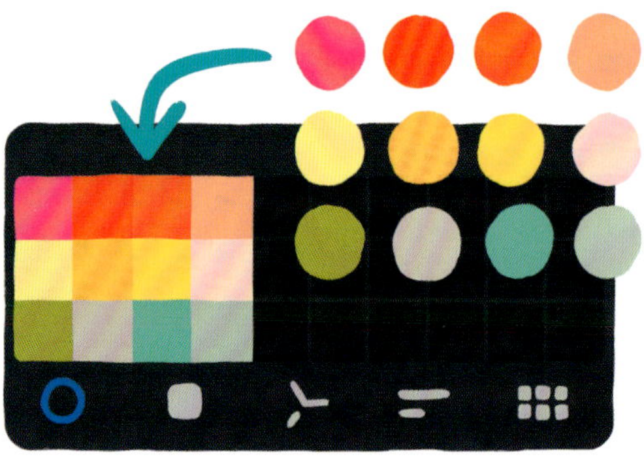

Farbpalette anlegen

Wenn du eine schöne Palette erstellt hast, speichere sie mit der Funktion »Palette«. Tippe auf »Paletten« im Farbwähler und tippe auf das »+« oben rechts, um eine neue Palette zu erstellen. Tippe auf die Quadrate, um jede Farbe zu speichern. Jetzt kannst du die Farben immer wieder aufrufen.

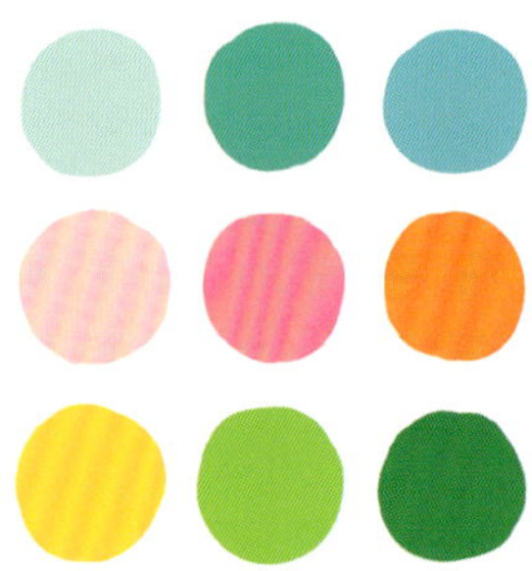

Ich liebe leuchtende, gesättigte Farben, deshalb verwende ich oft diese Art von Palette, vor allem Türkis, Blau und Rosa.

Eine bewährte Farbpalette

Wenn du deine künstlerischen Fertigkeiten weiter verbesserst, kehrst du vielleicht immer wieder zu einer bestimmten Farbpalette zurück.

Paletten aus Fotos erstellen

Eine meiner Lieblingsmethoden zur Erstellung einer Farbpalette ist die Verwendung von Fotos. Wann immer ich ein Foto sehe, dessen Farben mir gefallen, importiere ich es in Procreate. Mit der Pipette entnehme ich Farben aus dem Bild und male Farbfelder auf meine Leinwand. Eine Palette kann auch automatisch erstellt werden, indem ein Foto direkt in die Paletten in Procreate importiert wird, aber ich mache das gern manuell, weil ich so die Farben optimieren kann.

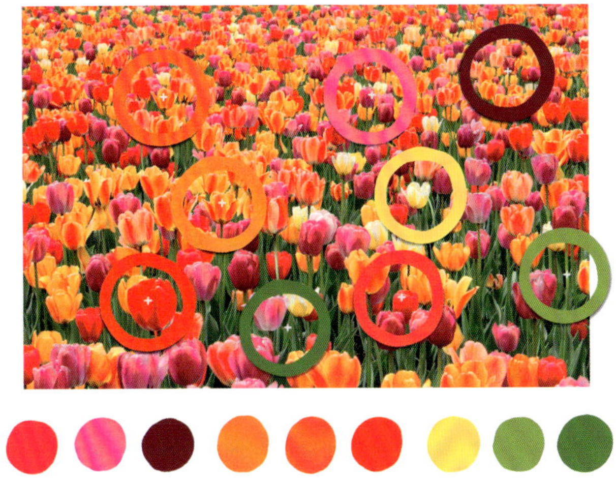

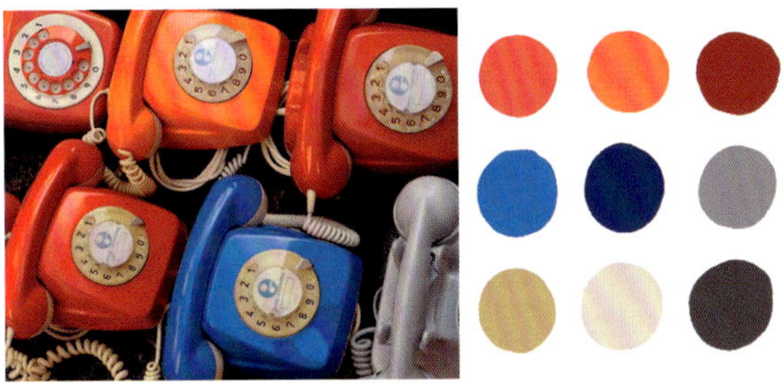

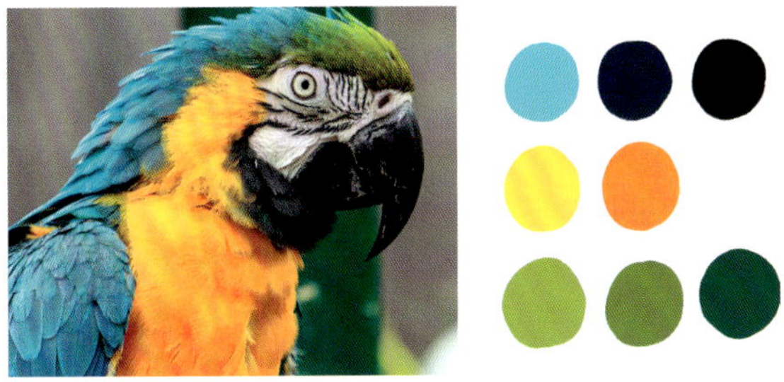

Hier siehst du einige Beispiele für Paletten, die aus Fotos erstellt wurden.

Mit einer Farbpalette arbeiten

Das Arbeiten mit einer begrenzten Farbpalette hilft dir, elegantere und einheitlicher wirkende Bilder zu schaffen – und führt dazu, dass du Farben völlig neu einsetzt. Wenn du mit einer begrenzten Farbpalette arbeitest, betone eine oder zwei Farben und integriere eine Reihe unterschiedlicher Tonwerte. Mit einem Farbhierarchieplan kannst du festlegen, wie die Farben im Bild angeordnet werden.

Welche Farben in der Palette sind dominant? Hier sind es Rosa und Grün (Komplementärfarben!). Zeichne große Farbfelder in diesen Farben und füge kleine Felder der anderen Farben hinzu. Mit nur wenigen Farben wirkt das Gesamtbild einheitlicher.

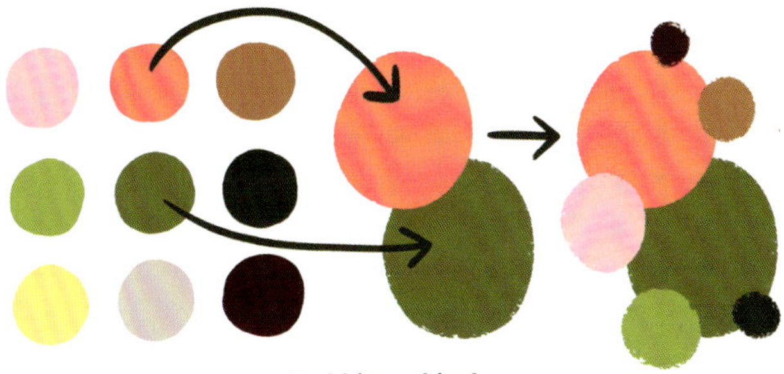

Farbhierarchieplan

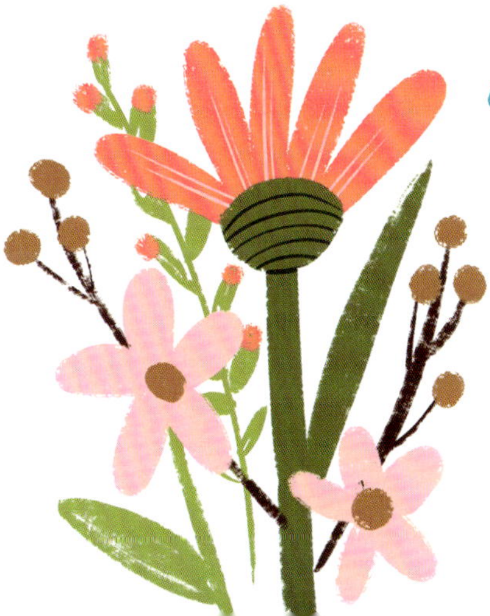

Diese Palette umfasst nur drei Farbtöne: drei Tonwerte von Rosa, drei Tonwerte von Grün und ein gedämpftes Orange.

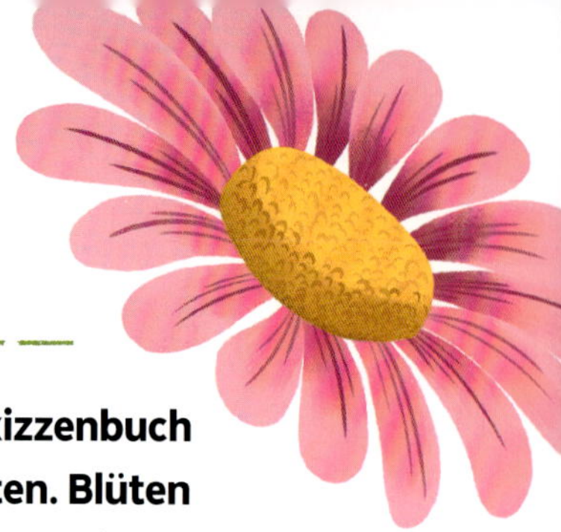

Blüten zeichnen

Das Zeichnen von Blüten ist eine super Möglichkeit, das digitale Skizzenbuch zu verschönern, Zeichenkünste zu üben und die Kreativität zu testen. Blüten sehen kompliziert aus, aber aus einfachen Formen gelingen komplexe Bilder.

Übung mit Blütenblättern

Zuerst solltest du lernen, ein einzelnes Blütenblatt zu zeichnen. Bei einer einzelnen Blüte musst du ein Blütenblatt eventuell von vorn, von hinten, von oben, von unten oder von der Seite abbilden, mit den Enden nach oben oder unten gerichtet, gekräuselt, gebogen oder flach. Übe das Zeichnen von Blütenblattformen aus mehreren Winkeln und Positionen.

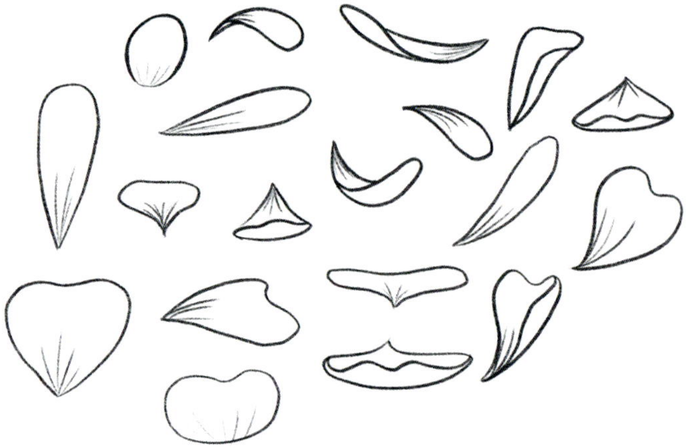

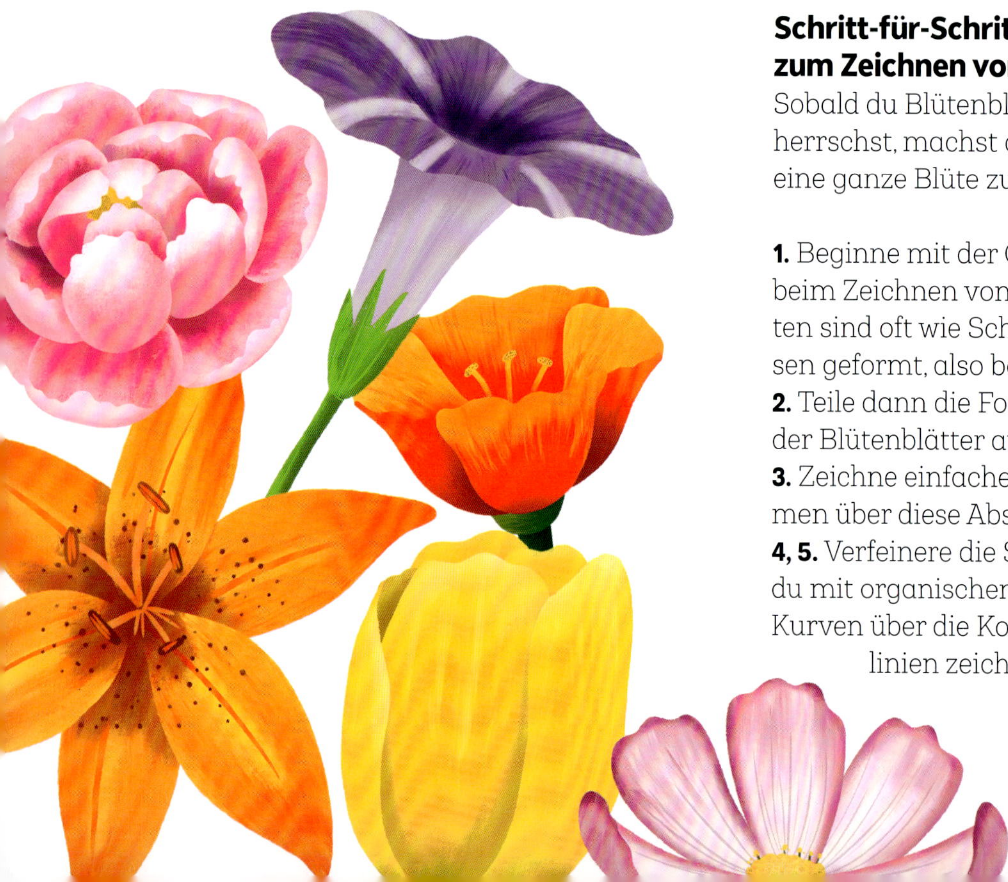

Schritt-für-Schritt-Anleitung zum Zeichnen von Blüten

Sobald du Blütenblätter beherrschst, machst du dich daran, eine ganze Blüte zu zeichnen.

1. Beginne mit der Grundform, wie beim Zeichnen von Objekten. Blüten sind oft wie Schalen oder Tassen geformt, also beginne damit.
2. Teile dann die Form in die Anzahl der Blütenblätter auf.
3. Zeichne einfache Blütenblattformen über diese Abschnitte.
4, 5. Verfeinere die Skizze, indem du mit organischen Linien und Kurven über die Konstruktionslinien zeichnest.

1 2 3 4 5

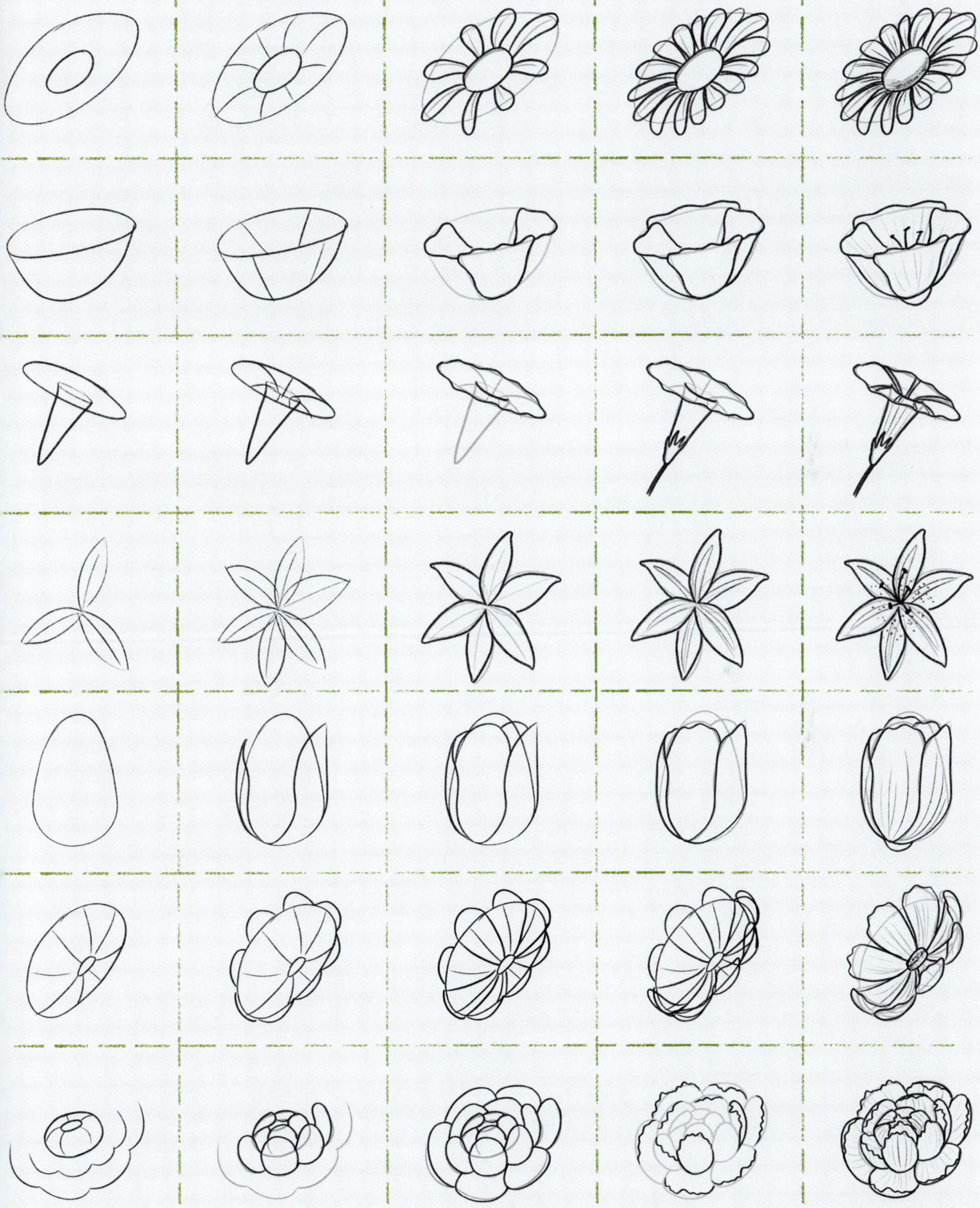

Projekt: Mohnblume ausarbeiten

Dieses Projekt zeigt dir, wie mit Hilfe von Ebenen das Kolorieren und Ausarbeiten deiner Blütenskizzen gelingt und wie du Alphasperre und Wischfinger nutzt. Ganz nebenbei lernst du, was zu tun ist, wenn dein Bild flach aussieht.

Blütenblätter in Ebenen zeichnen

1. Führe die Schritte zum Skizzieren der Mohnblume aus, um sie dann weiter auszuarbeiten. Zeichne die einzelnen Blütenblätter und setze alles, was sich mit etwas anderem überschneidet, auf Einzelebenen. Ich habe zum Zeichnen den Pinsel »Getrocknete Tinte« (Kategorie Tinte) eingesetzt.

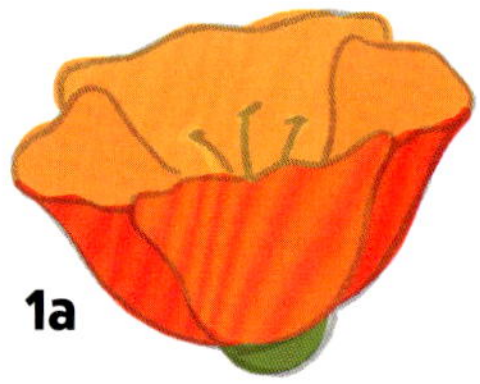

1a

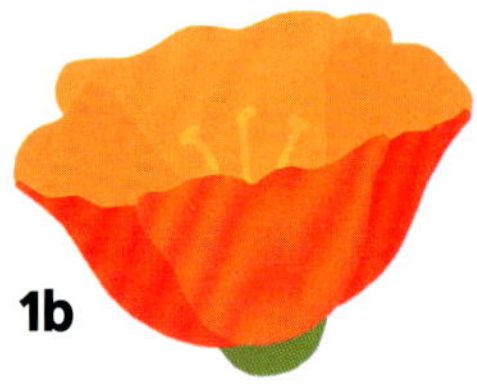

1b

Farbverlauf erstellen

2. Aktiviere die Alphasperre auf einer Blütenblattebene. Wähle einen Pinsel mit weichen Kanten wie »Weicher Pinsel« (Kategorie Airbrush) und male Farbvariationen auf das Blütenblatt. Wähle für dieses Blütenblatt oben ein helleres Gelborange und an der Unterseite ein dunkleres, gesättigteres Orangerot.

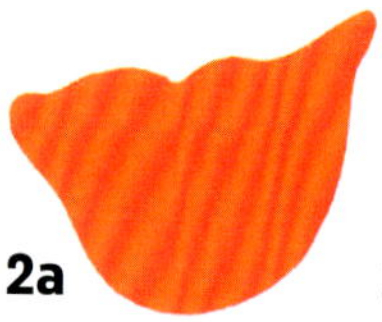

2a

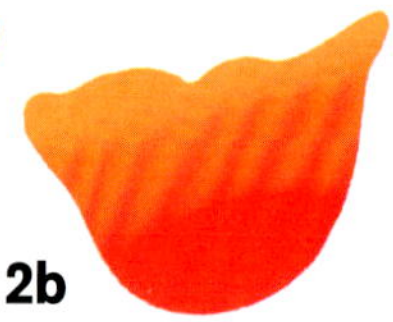

2b

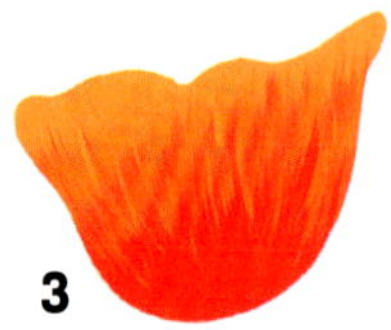

3

Richtungstextur erstellen

3. Erstelle mit dem Wischfinger eine Richtungstextur. Wähle einen borstigen Pinsel für den Wischfinger wie »Trockener Pinsel« (Kategorie Malen). Führe Striche in einer Auf- und Abwärtsbewegung aus und folge den Konturen des Blütenblatts. Die hellen Werte gehen in die dunklen Bereiche über und umgekehrt, wodurch eine schöne Blütenblatttextur entsteht.

4. Wiederhole die Schritte 2 und 3 für die anderen Blütenblattebenen.

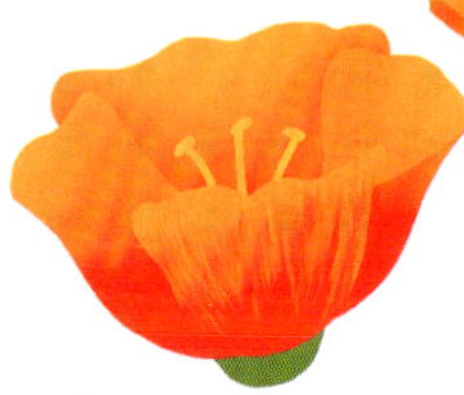

4a

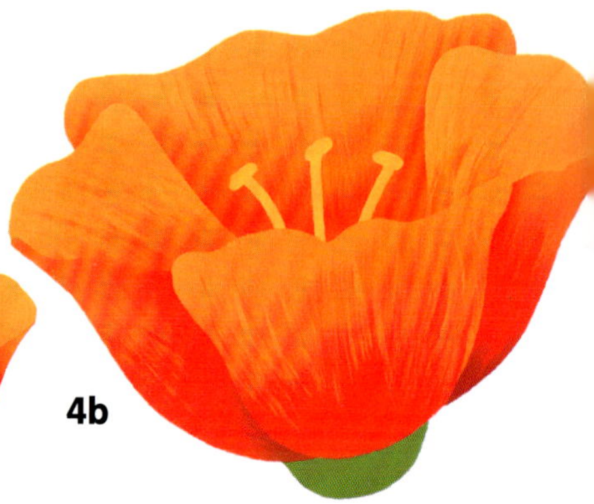

4b

Kontrast

Ein Kontrast ist das Gegenüberstellen zweier gegensätzlicher Elemente und betont Unterschiede in Farbe, Tonwert, Form, Textur, Symbol und mehr. Je größer die Unterschiede, desto größer der Kontrast. Dunkel und hell, groß und klein, rau und glatt, einfach und komplex: Der Kontrast ist ein wichtiges künstlerisches Prinzip, das jedes Bild verbessern kann.

Ich würde sagen, dass diese Blüte noch ein wenig flach aussieht. Wenn ich mir eine meiner Zeichnungen ansehe und das Gefühl habe, dass etwas fehlt, ist meine erste Reaktion, den Kontrast zu verstärken.

Hier fällt auf, dass alle Tonwerte in der Mitte sehr ähnlich sind. Alles vermischt sich und nichts sticht hervor. Also sollten wir ein paar Anpassungen vornehmen.

Anpassungen vornehmen

Es gibt mehrere Möglichkeiten, um Farbe oder Tonwert in deinem Digitalbild zu bearbeiten. Du findest sie im Menü Anpassungen (Zauberstab-Symbol). Die Anpassungen ändern alles auf der ausgewählten Ebene oder innerhalb deiner Auswahl.

Farbton, Sättigung, Helligkeit anpassen

Mit der Anpassung Farbton, Sättigung, Helligkeit (FSH) kannst du diese Parameter auf deiner Ebene oder Auswahl ändern. Diese Funktion ist ideal, um mit Farbtönen zu experimentieren und Tonwertanpassungen an Volltonfarben vorzunehmen.

Durch mehr Helligkeit wird alles heller, auch der untere Teil des Blütenblattes. Jetzt sieht es noch ein wenig verwaschen aus. Ändern wir also diese Farben auf andere Weise.

Regler FSH-Anpassungen

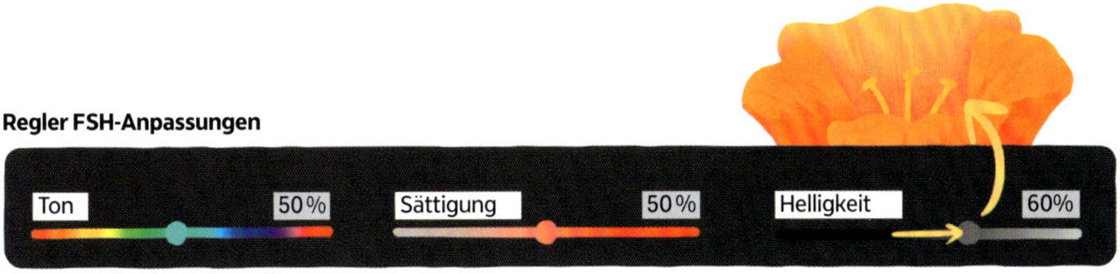

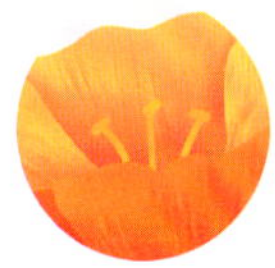

Mit FSH-Anpassungen

Kurvenanpassungen

Mit Kurvenanpassung nimmst du eine individuelle Feinabstimmung der Tonwerte innerhalb deiner Auswahl vor. In Procreate ist die Kurvenanpassung das beste Werkzeug, um Kontraste zu verstärken.

Bewege die blauen Punkte, um die Helligkeit der Tonwerte anzupassen. Oder tippe auf die Linie und ziehe den Finger, um einen neuen Punkt hinzuzufügen, sodass die Linie zur Kurve wird.

Ein Kurvenmuster wie das rechts abgebildete würde den Kontrast verstärken, da die dunklen Tonwerte dunkler und die hellen Tonwerte heller werden.

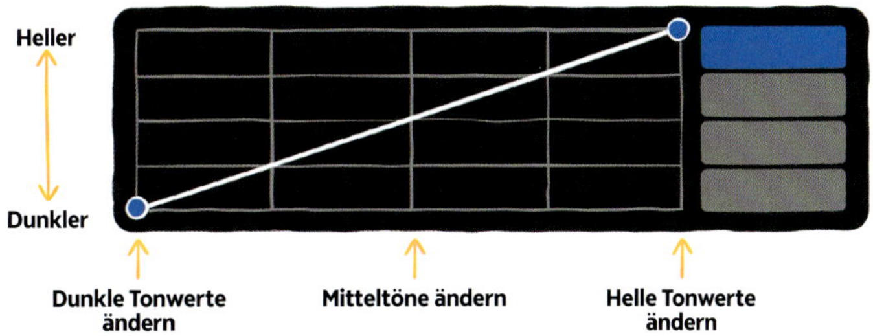

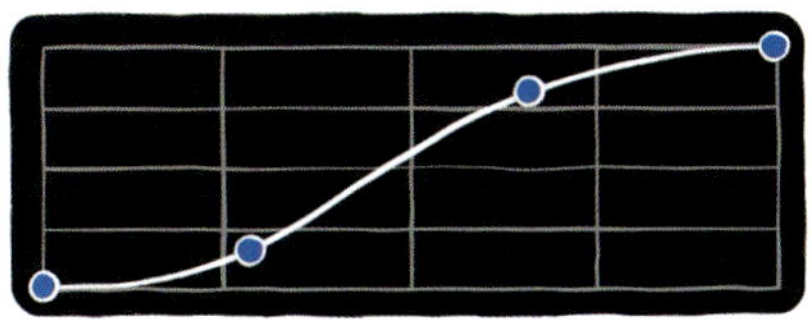

Kontrast verstärkendes Kurvenmuster

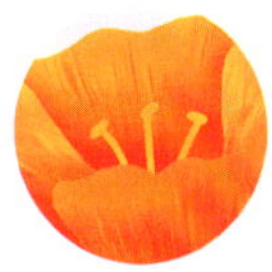

Mit Kurvenanpassungen

6

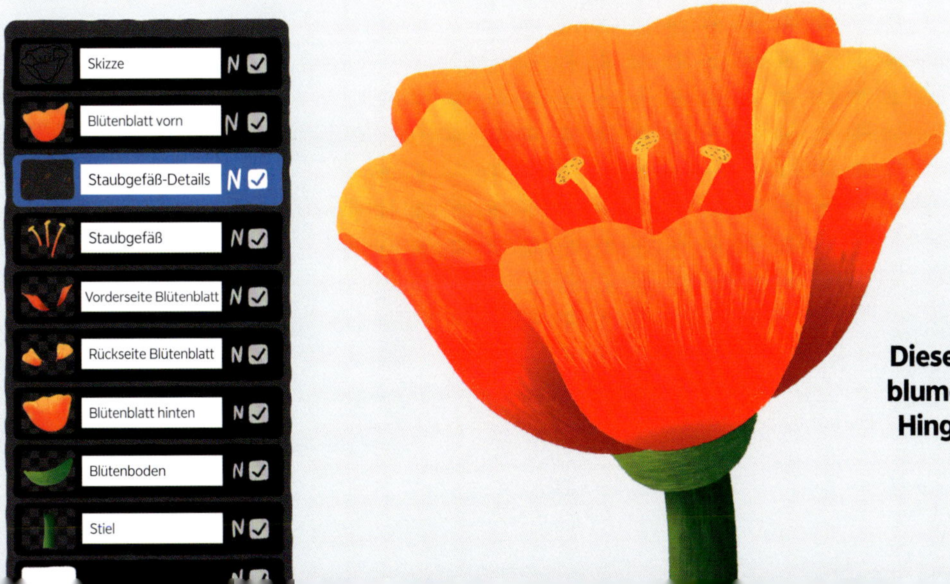

Diese Mohnblume ist ein Hingucker!

Was ist Stilisierung?

Stilisierung bedeutet, sich beim Zeichnen kreative Freiheiten zu nehmen und Motive nicht realistisch darzustellen. Jeder künstlerisch schaffende Mensch hat seine eigene Art, etwas zu stilisieren. Dies wird oft als individueller Stil bezeichnet – eine erkennbare Ästhetik, mit der er sich von anderen Kunstschaffenden unterscheidet. Natürlich musst du erst einmal deine Fertigkeiten einüben, bevor du deinen Werken eine eigene Handschrift gibst. Es macht also nichts, wenn du deinen eigenen Stil noch nicht gefunden hast – du lernst schließlich noch!

Du kannst deinen Stil durch Experimentieren und konsequentes Üben entwickeln. Anfangs ist es hilfreich, Werke deiner Lieblingskünstler:innen anzuschauen und zu erkennen, wie sie Dinge auf ihre Art stilisieren. Lass dich inspirieren, aber versuche nicht, sie zu kopieren – Plagiate sind niemals in Ordnung. Du kannst dir deine fertigen Arbeiten anschauen und überlegen, was dir daran gefällt und was nicht. Du kannst deine Werke bewerten und dir notieren, was du bei zukünftigen Arbeiten anders machen würdest. So verbindest du dich mit deinen künstlerischen Instinkten, die dich auf dem Weg zum eigenen Stil begleiten.

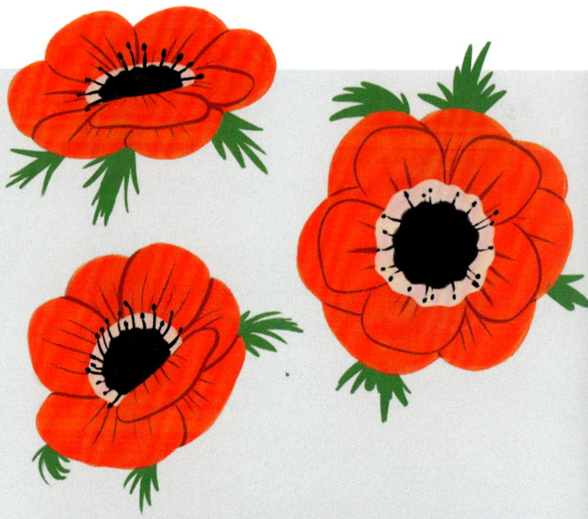

Wie du mit drei Übungen lernst, besser zu stilisieren

Wie weit kannst du gehen?

1. Wähle ein Motiv – in meinem Beispiel ist es eine Anemonenblüte. Zeichne sie mit möglichst wenig Details. Reduziere die verwendeten Farben. Glätte komplexe Formen. Lösche Linien. Wirkt die Blüte immer noch so wie diese Blüte? Ähnelt sie überhaupt noch einer Blüte? Wenn nicht, welche Details solltest du wieder hinzufügen?

TIPP: Bei der Stilisierung ist es wichtig, auf deine Vorlieben zurückzugreifen, um so ein Gleichgewicht zwischen Realismus und allernötigsten Details zu finden.

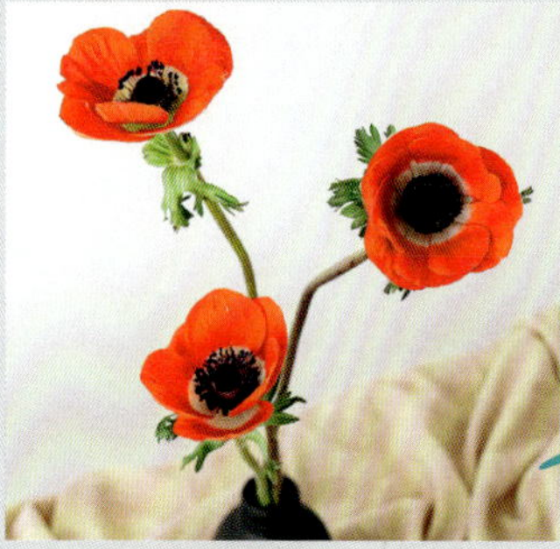

1

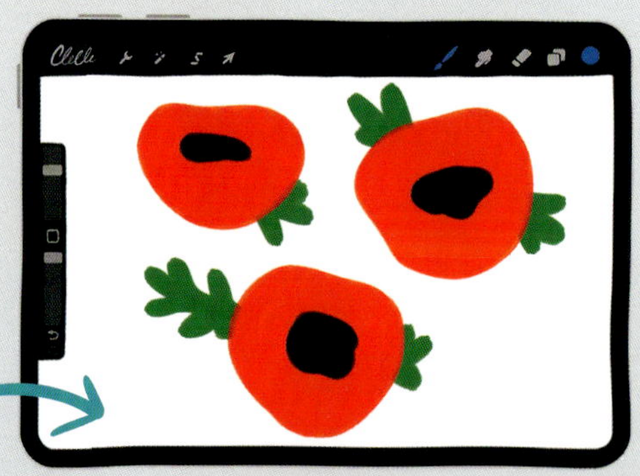

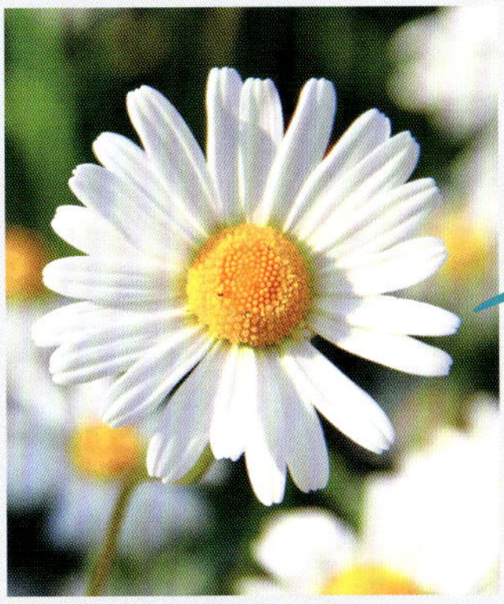

2

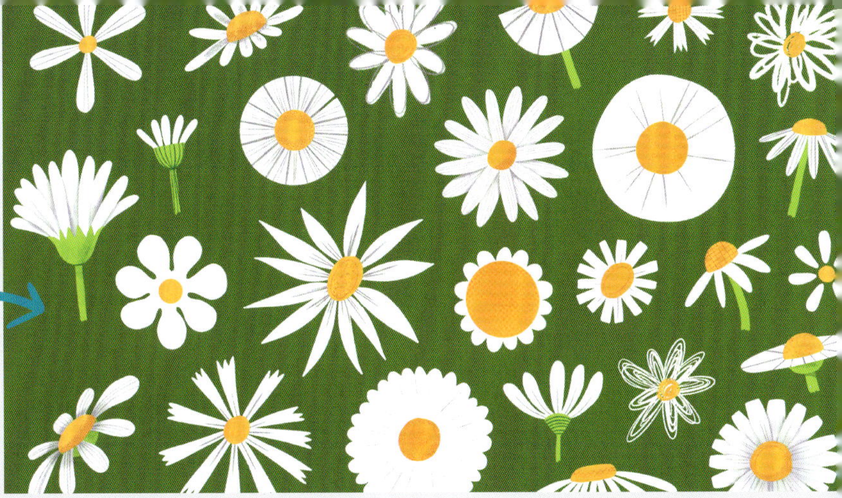

Den eigenen Stil reflektieren

2. Besorge dir Referenzen wie Fotos oder echte Gänseblümchen und zeichne die Blüten auf unterschiedliche Weise. Wie weit kannst du gehen, um die Blüte noch zu erkennen? Probiere diese Ideen:

- Reduziere sie auf einfache Formen
- Spiele mit Verhältnissen und Proportionen
- Sei locker und ausdrucksstark oder präzise und symmetrisch
- Zeichne runde Ecken kantiger oder umgekehrt
- Spiele mit Mustern innerhalb der Form
- Experimentiere mit Pinseln
- Entferne Details oder füge sie hinzu
- Verwende Linien statt Schattierungen
- Zeichne aus anderem Blickwinkel

Versuche die gesamte Leinwand zu füllen. Welche Varianten gefallen dir am besten?

Noch einmal (und noch einmal) zeichnen

3. Beginne mit einem Referenzfoto des Motivs. In meinem Beispiel ist es eine Protea-Blüte. Zeichne die Blüte zuerst so, wie du sie siehst. Betrachte sie genau und zeichne so viele Details wie möglich.

Wenn du fertig bist, lege das Foto zur Seite. Zeichne die Blüte noch einmal, wobei die vorherige Zeichnung als Vorlage dient.

Als Nächstes zeichne deine vorherige Zeichnung.

Jedes Mal, wenn du sie zeichnest – bei mir waren es insgesamt vier Mal – stehen dir weniger Informationen zur Verfügung, sodass du bestimmte Details, die dir in der vorherigen Zeichnung auffielen, einarbeitest. Es geht darum, das Motiv jedes Mal einfacher zu zeichnen und Details auszuwählen und diese kreativ zu illustrieren.

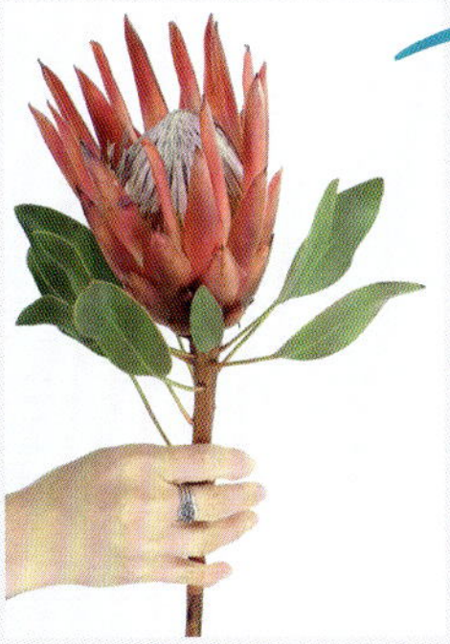

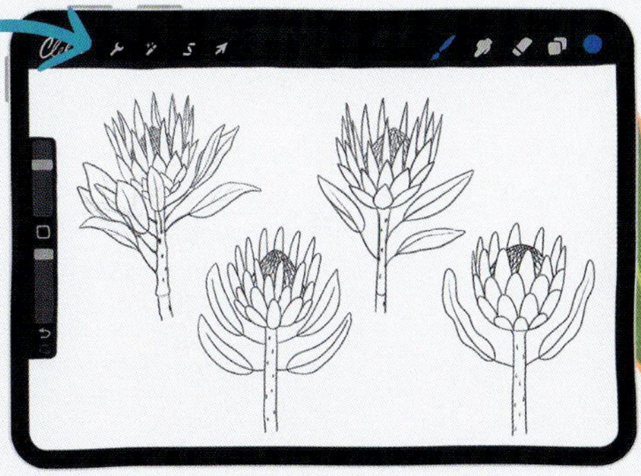

3

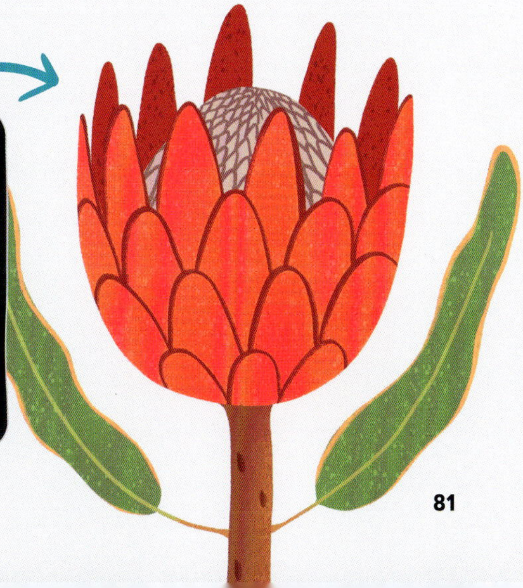

Projekt: Vase mit Blumen

Sobald du im Zeichnen von Blüten geübt bist, einen visuellen Stil entwickelt und mit Farbpaletten experimentiert hast, ist es an der Zeit, alles zusammenzufügen, um eine vollständige Blumenkomposition zu illustrieren: eine Vase mit Blumen.

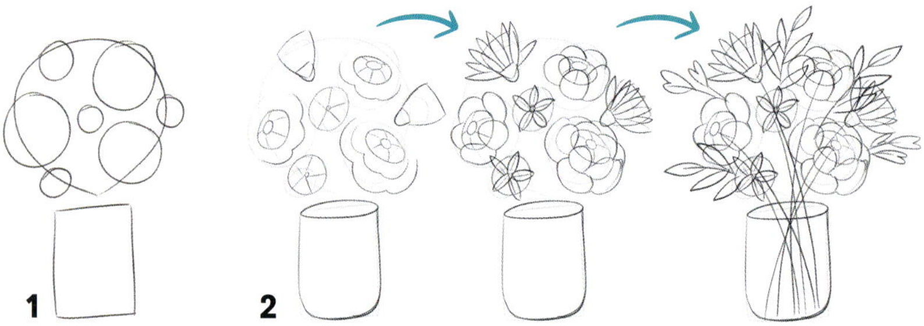

1 2

TIPP: Florist:innen verwenden für einen schönen Strauß immer eine ungerade Anzahl von Blumen.

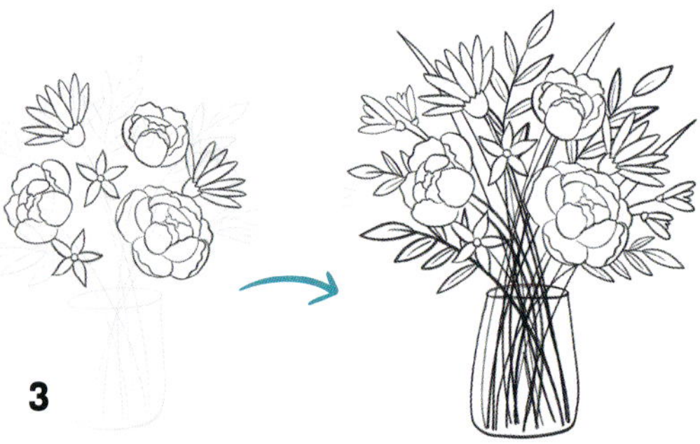

3

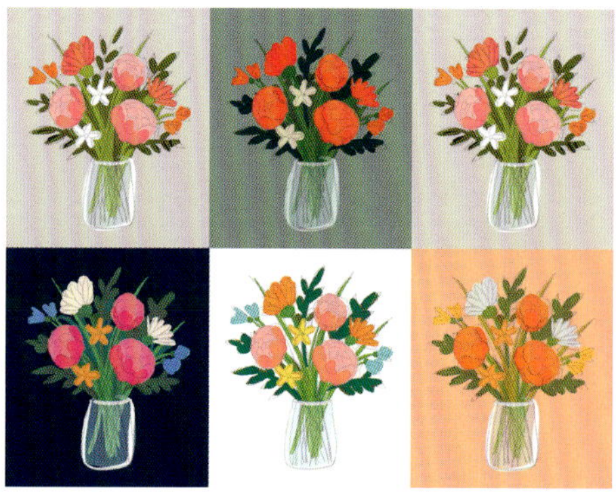

4

Entwurf festlegen

1. Bestimme die Proportionen des Bildes und lege die Anordnung der Blumen mit Hilfe einfacher Formen fest. Zeichne ein Rechteck für die Vase und einen Kreis für die Gesamtform des Straußes. Zeichne drei große Kreise für die Blumen und einige weitere Kreise, um den Zwischenraum zu füllen.

Grobe Skizze mit allen Elementen erstellen

2. Reduziere die Deckkraft der Grundskizze. Skizziere auf einer neuen Ebene die Form der Vase als 3D-Form und zeichne Hilfslinien für die Blütenblätter. Skizziere die Blütenformen mitsamt der Blütenblätter. Mach dir keine Gedanken, du könntest zu viele organische Details hinzufügen. Skizziere Blattgrün sowie Zweige mit Blättern und kleinere Blüten.

Verfeinerte Skizze erstellen

3. Reduziere die Deckkraft der groben Skizze und schalte die Sichtbarkeit der ersten Skizze aus. Erstelle eine neue Ebene für eine verfeinerte Skizze. Zeichne die Blumen mit organischen Linien und Kurven so, wie sie am Ende aussehen sollen. Füge restliche Blätter, Stiele und die Vase hinzu, um die verfeinerte Skizze fertigzustellen. Schalte die grobe Skizzenebene aus.

Farbplan erstellen

4. Nimm dir Zeit, um einige Farbstudien zu erstellen, bevor du mit der endgültigen Ausarbeitung beginnst. Binde die Farben der einzelnen Elemente ein, wobei du dich an der fertigen Skizze orientierst. Verwende Color Drop oder die Anpassung Farbton, Sättigung, Helligkeit, um mit Farbpaletten zu experimentieren.

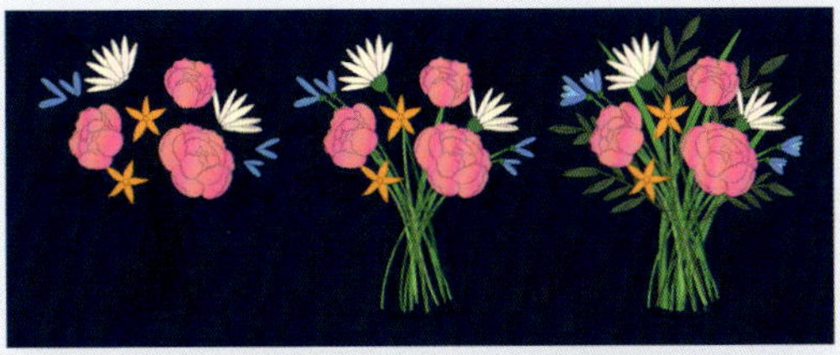

5

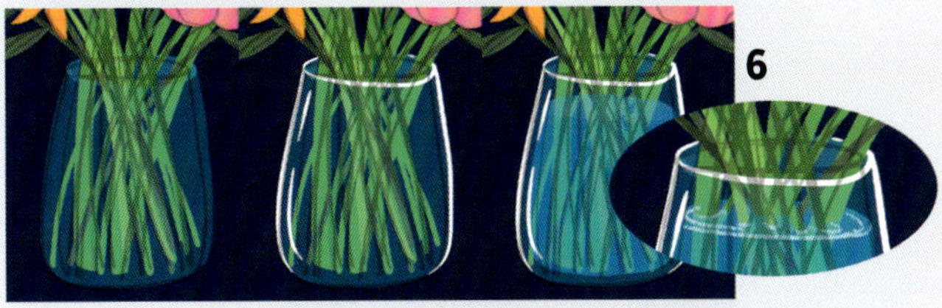

6

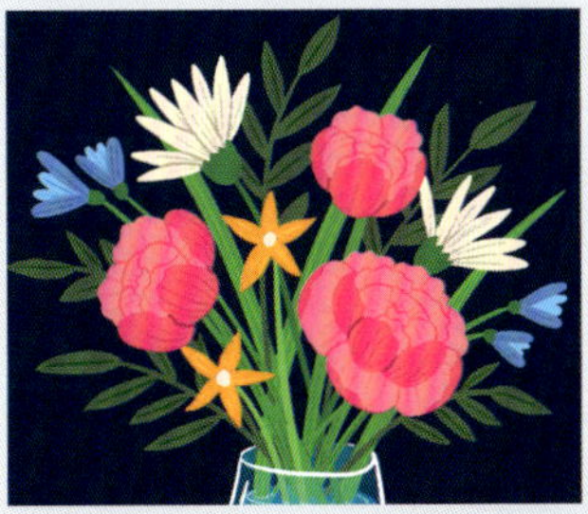

7

Deine fertige Vase mit Blumen!

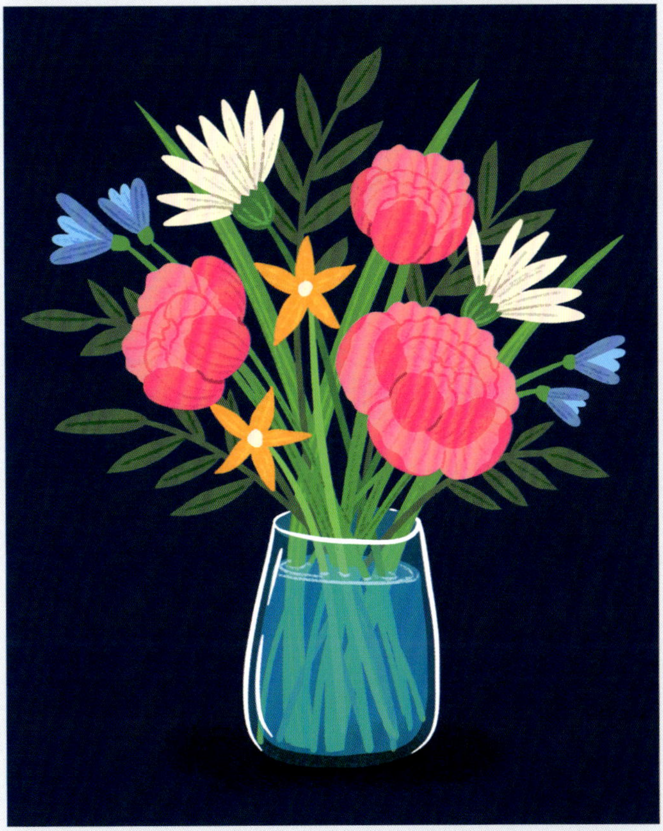

Flache Formen aller Blumenstrauß-Elemente erstellen

5. Lege die Hintergrundfarbe fest, dann reduziere die Deckkraft der Skizze. Arbeite mit der verfeinerten Skizzenebene als oberste Ebene. Zeichne die Blüten mit einfachem Pinsel für Formen ein. Denke daran, überlappende Blumen auf Einzelebenen zu legen, um später leichter Details und Schattierungen hinzuzufügen. Zeichne dann die Stiele auf Einzelebenen ein. Lege schließlich das restliche Grün an. In meinem Beispiel habe ich Einzelebenen für verschiedene Grüntöne erstellt.

Glasvase ausarbeiten

6. Wähle ein Blau und zeichne ein Oval für die Vasenöffnung auf einer Ebene unter allen Blumenebenen. Zeichne den Vasenkörper über alle Stielebenen. Verringere die Deckkraft dieser Ebenen, sodass das Glas transparent wirkt. Als Nächstes füge auf einer neuen Ebene Glanzlichter für den oberen Rand und die Ränder der Glasvase hinzu.

Erstelle für das Wasser in der Vase eine halbtransparente Ebene in Blau. Um den Glaseffekt zu verstärken, lass einen Spalt zwischen Wasser- und Vasenrand. Damit es aussieht, als stünden die Stiele im Wasser, setze einige Wellenlinien um die Stiele herum und radiere einen Teil der die Stiele überlappenden Wasserform aus, so wie gezeigt.

Linien, Schattierung und letzte Details hinzufügen

7. Füge zum Schluss Liniendetails hinzu, um Blütenblätter, Blätter und Stiele festzulegen. Schalte deine Skizzenebene aus, um das Ergebnis zu betrachten. Jetzt kannst du zusätzliche Schattierungen hinzufügen, aber ich entschied mich bei dieser Illustration für einen einfachen, flachen Stil. Setze einen Schlagschatten unter die Vase, um die Zeichnung abzuschließen.

5

Tiere

Typische Merkmale

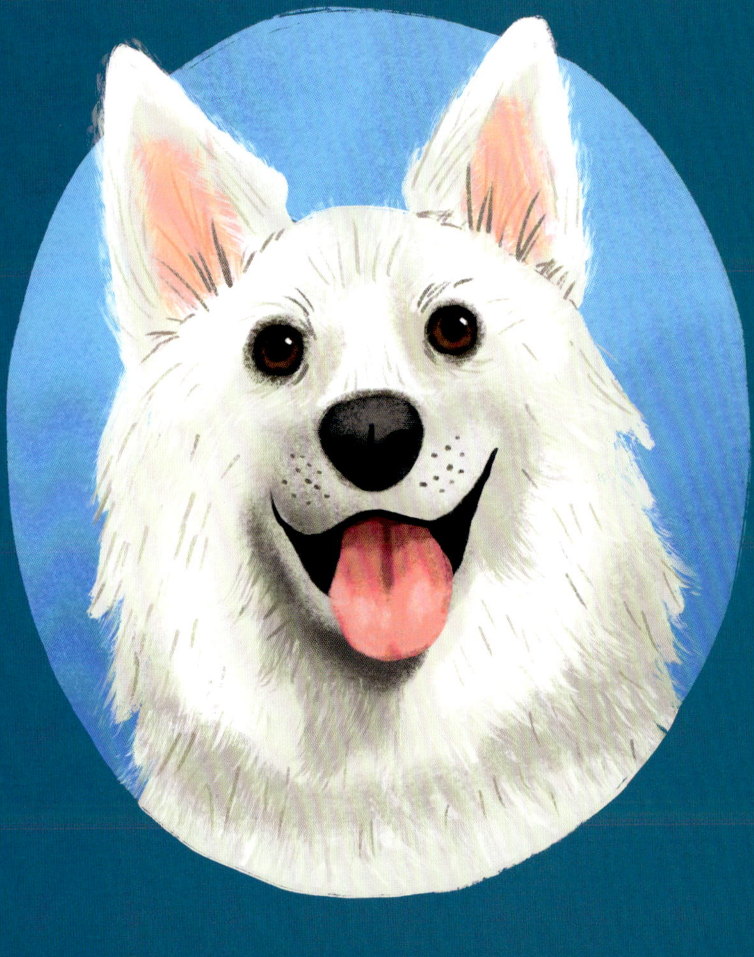

Jetzt geht es um unsere tierischen Freunde! In diesem Kapitel lernst du, wie du die charakteristischen Merkmale von Tieren analysiert und identifizierst, und entdeckst, warum das Zeichnen von Tieren eher eine stärkere Verallgemeinerung als absolute Genauigkeit erfordert. Außerdem erfährst du, wie du diese Methode auf jedes beliebige Motiv übertragen kannst. Du lernst, Tierköpfe und Tierbeine zu zeichnen. Du erforschst, was jedes Tier so einzigartig macht und übst, Proportionen zu übertreiben, um die tierischen Merkmale zu betonen. Im letzten Projekt dieses Kapitels setzt du das Gelernte in die Praxis um und illustrierst den besten Freund des Menschen. Wenn du den richtigen Pinsel auswählst und den Arbeitsablauf erst einmal verinnerlichst hast, kannst du schnell und einfach einen Hund zeichnen.

Mit Referenzen arbeiten

Mein wichtigster Tipp beim Zeichnen von Tieren? Arbeite mit Referenzen! Referenzen sind Bilder, oft Fotos oder Beobachtungen aus dem wirklichen Leben, die eingesetzt werden, um wertvolle Informationen über ein Motiv zu erhalten.

Angehende Künstler:innen verlassen sich beim Zeichnen oft auf ihre Vorstellungskraft und sind frustriert, wenn nichts wirklichkeitsgetreu aussieht. Das eigene Zeichentalent ist stark von der Beobachtungsgabe abhängig. Selbst Menschen, die schon lange zeichnen, sind auf Referenzen angewiesen, um zu verstehen, wie etwas dargestellt wird. Erst wenn du etwas genau beobachtet hast, kannst du deine künstlerischen Fertigkeiten verbessern, um das Gesehene realitätsnah (oder kreativ!) abzubilden.

Schaue dir VIELE Bilder zu einem Thema an, um bestimmte Merkmale zu erkennen. Du kannst auch gezielt suchen! Wenn du einen Bären zeichnen möchtest, suchst du etwa nach »Bärengesicht«, «laufender Bär«, «Bärenfell« und Ähnlichem.

Zeichnest du auf dem iPad, kannst du Referenzen immer parat haben. So gelingt das in Procreate:

iOS-Funktion »Geteilte Ansicht«

Wische von unten nach oben, um das Dock zu öffnen. Suche eine Webbrowser-App und ziehe das Symbol aus dem Dock an die Seite des Bildschirms, um Geteilte Ansicht zu aktivieren. Ich verwende dies, um mir Bild-Suchergebnisse anzeigen zu lassen.

Referenzvorlage in Procreate

Damit lässt du dir ein Bild in einem schwebenden Fenster auf der Leinwand anzeigen. Zum Aktivieren gehe zum Menü Aktionen, wähle »Leinwand« und schalte die Option »Referenz« ein. Tippe auf »Bild« und auf »Importieren«, um ein Bild aus deinen Aufnahmen auszuwählen.

Referenzvorlage in Procreate

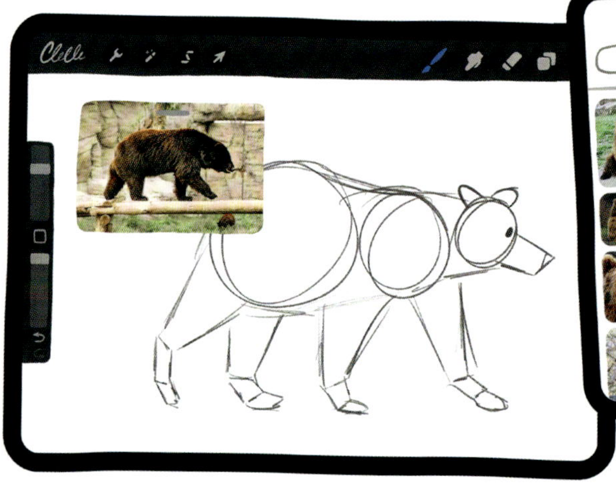

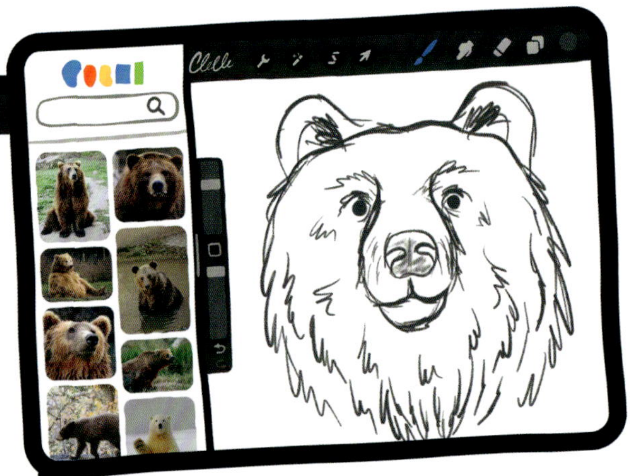

iOS-Funktion »Geteilte Ansicht«

Tierische Merkmale: Was macht einen Fisch zum Fisch?

In dieser Übung untersuchst du Referenzbilder, identifizierst typische Merkmale und erstellst ein System zum Zeichnen von Fischen. Auf die gleiche Art und Weise kannst du jedes beliebige Tier zeichnen – oder jedes beliebige Motiv! Um deinen eigenen künstlerischen Stil zu finden, ist es wichtig, Merkmale verallgemeinern zu können. Je mehr du forschst, beobachtest und übst, desto besser kannst du alles auf deine eigene Art zeichnen.

1. Suche unter Bildern nach einem »Fisch« und schaue dir die einzelnen Teile des Fisches an. Beginne mit Verallgemeinerungen. Die meisten Fische haben einen mandelförmigen Körper, mindestens eine Flosse auf der Oberseite, ein bis drei Flossen auf dem Bauch und eine Flosse auf jeder Seite in der Nähe der Kiemen. Ihre Augen sind Kreise mit schwarzer Mitte. Fische haben Schuppen, also übe, Schuppenmuster zu zeichnen.
2. Zeichne auf ein Blatt Fischkörper, Flossen, Schwänze und Köpfe und skizziere ihre Formen. Die Formen kannst du freihand zeichnen oder von Fotos abzeichnen. Du kannst eigene Formen erfinden und kreativ darstellen. Dies ist eine gute Möglichkeit, deinen eigenen Stil zu entwickeln.
3. Fertige eine grobe Skizze anhand deiner Beobachtungen zu Körperform und Flossenanordnung eines Fisches an.
4. Verfeinere deine Skizze mit den dir nun bekannten Kopf-, Flossen- und Schwanzformen.
5. Füge Details hinzu und der aus dem Gedächtnis gezeichnete Fisch ist fertig.

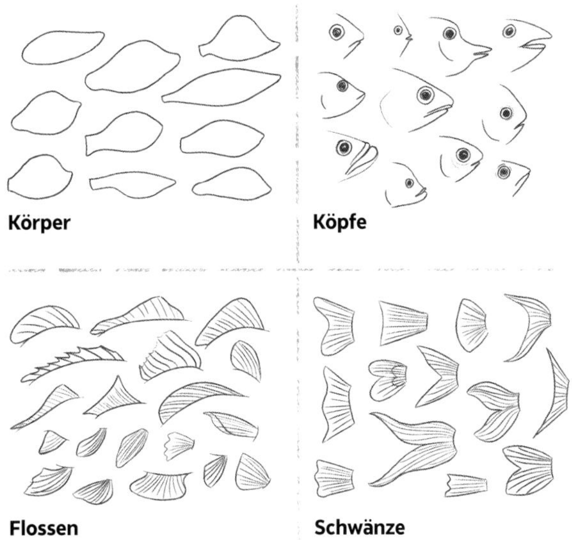

2

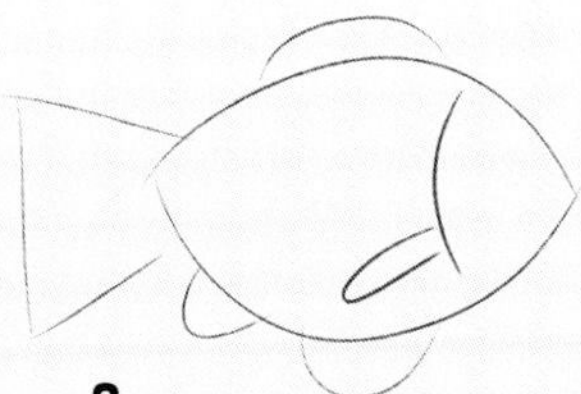

3

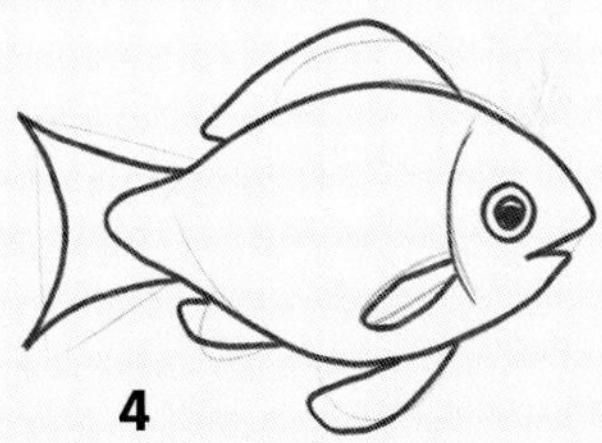

4

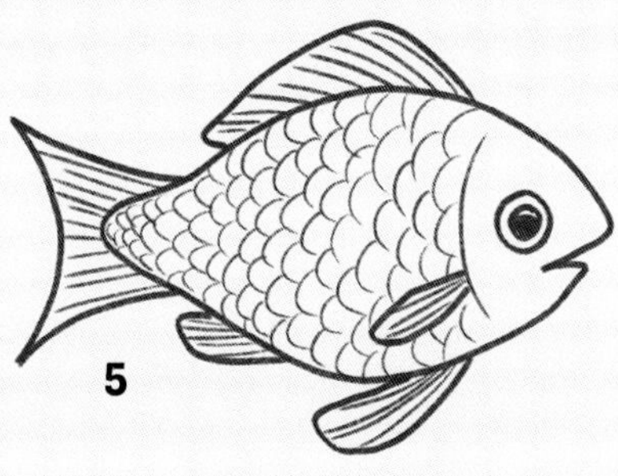

5

Projekt: Fischschwarm

In diesem Projekt entwirfst du einen imaginären bunten Fischschwarm und wendest dabei dein frisch erworbenes Wissen über Fischkörper und -flossen an. Du nutzt deine Pinselsammlung, experimentierst mit Farben und übst die Verwendung von Clipping-Masken und Alphasperre, um deine Fische mit schönen Texturen und Mustern zu verzieren.

Mit einer Skizze beginnen

1. Wähle einen Pinsel und skizziere mehrere unterschiedlich große Ovale auf der Leinwand. Diese Ovale werden später zu Fischen, also lasse zwischen den Formen Platz für die Flossen.

2. Zeichne mit einem dunkleren Grau die Ovale nach und verwandle jedes in einen Fischkörper. Zeichne für den Kopf auf jeden Körper eine gebogene Linie.

3. Nun geht es an die Flossen! Erinnere dich an die Fische, die du auf der vorherigen Seite untersucht hast, und setze Flossen und Schwänze an die Körper.

4. Zeichne zum Schluss Kreise für die Augen. Deine Skizze ist fertig – Zeit zum Kolorieren!

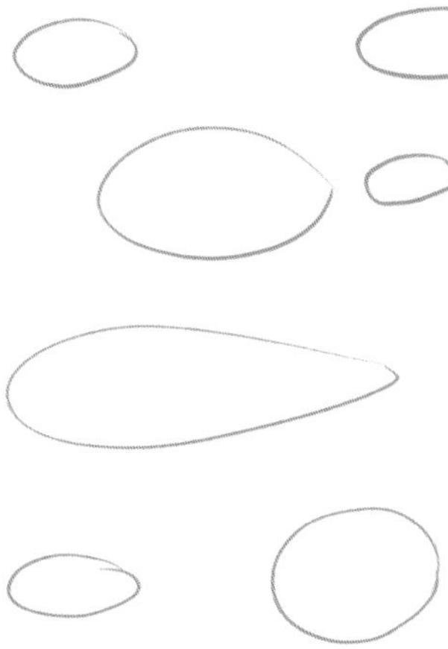

1

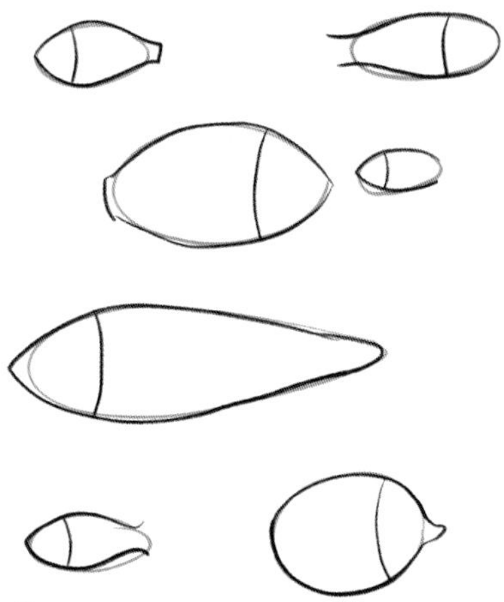

2

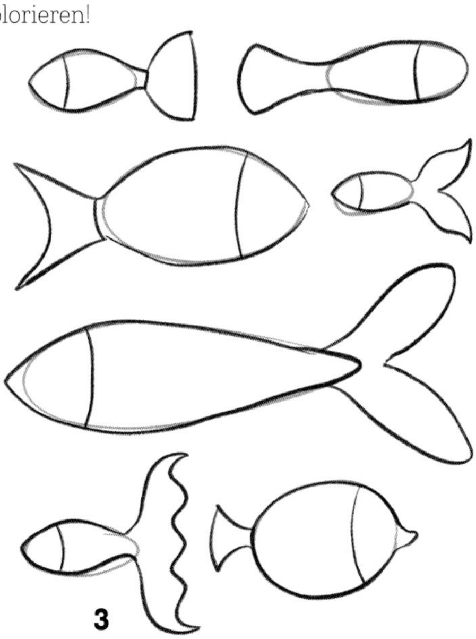

3

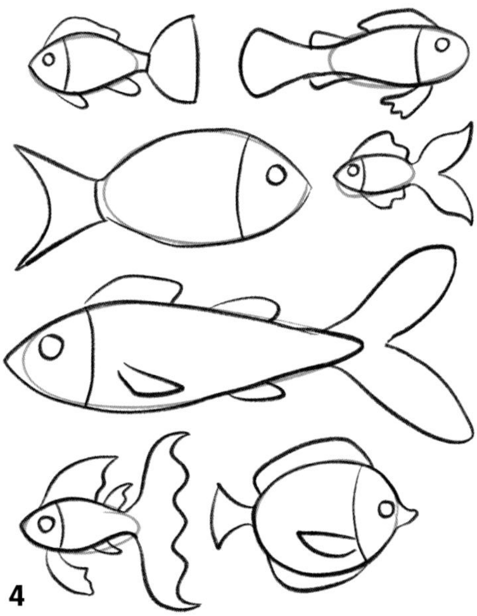

4

Ran an die Farben!

5. Dieses Bild ist ideal, um mit einigen unerwarteten Farbkombinationen zu spielen. Experimentiere nach Lust und Laune, und wenn dir eine Farbe nicht gefällt, kannst du sie mit Color Drop ändern. Jede Farbpalette ist möglich; achte nur auf eine Mischung aus hellen und dunklen Tonwerten.

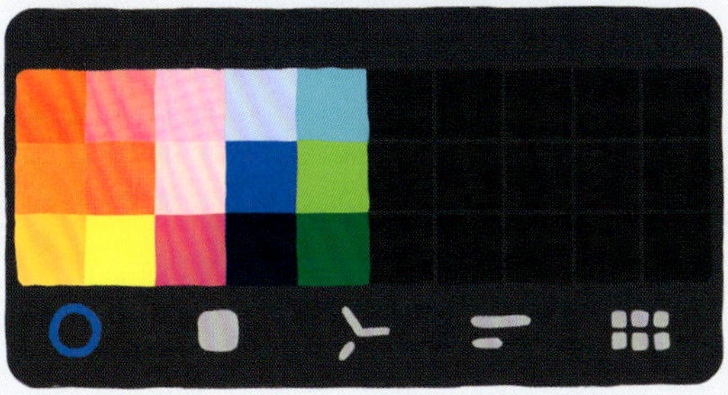

5

6. Reduziere die Deckkraft der Skizzenebene und erstelle eine neue Ebene unter der Skizze. Konturiere mit dem Pinsel Studio Pen (Kategorie Tinte) einen Fischkörper und fülle ihn mit Color Drop. Koloriere so alle Körper. Füge auf dieser Ebene nur Schwänze hinzu, die die gleiche Farbe wie die Körper haben.

7. Erstelle eine Ebene unter der Körperebene, um alle Flossen und Schwänze in kontrastierenden oder ähnlichen Farben zu zeichnen.

8. Erstelle eine Ebene über den Körpern und zeichne die Seitenflossen der Fische. Füge eine Clipping-Maske für die Kopfformen und eine weitere Ebene für die Augen hinzu.

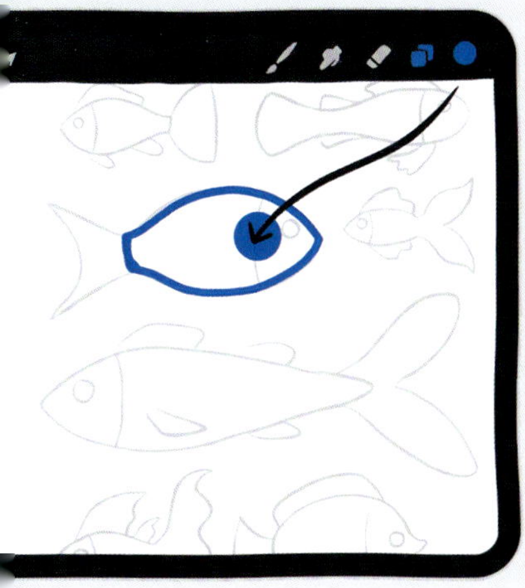

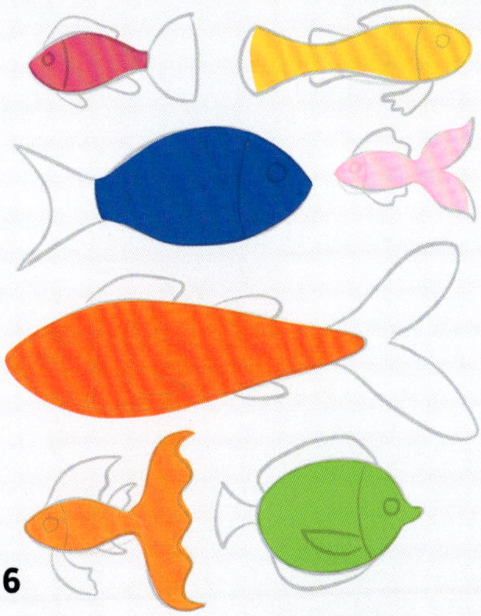

6

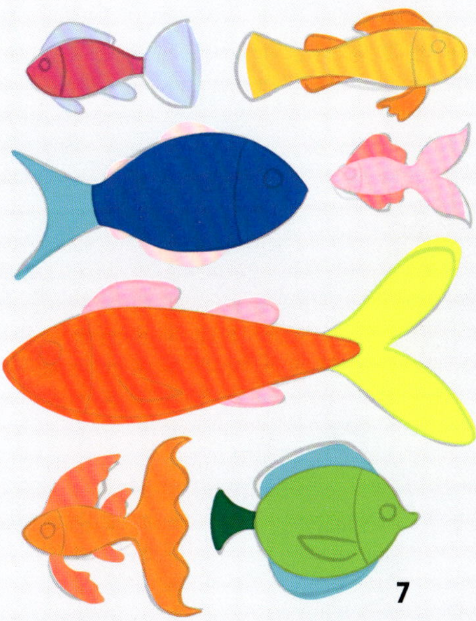

7

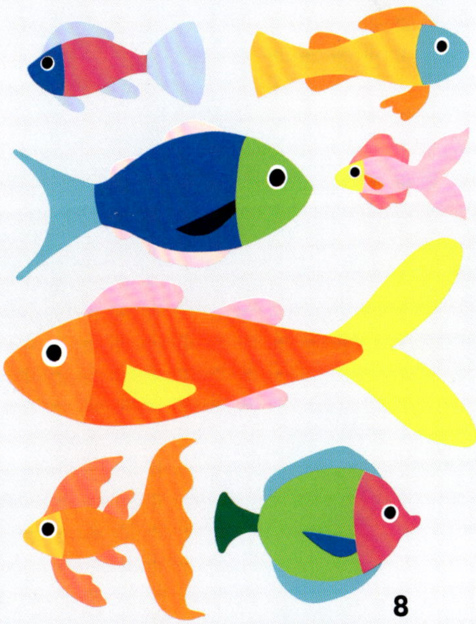

8

9

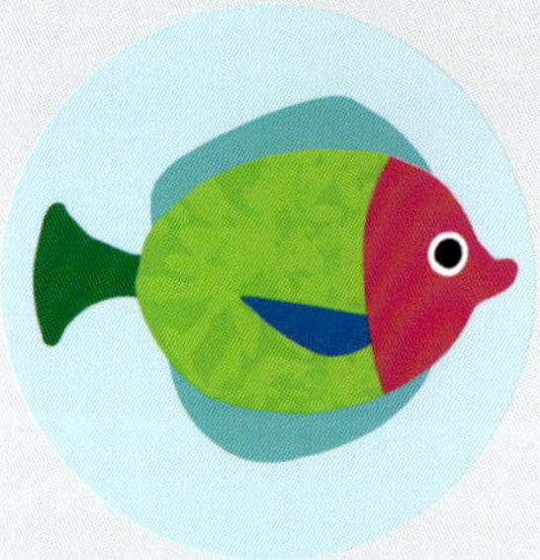

10

11a

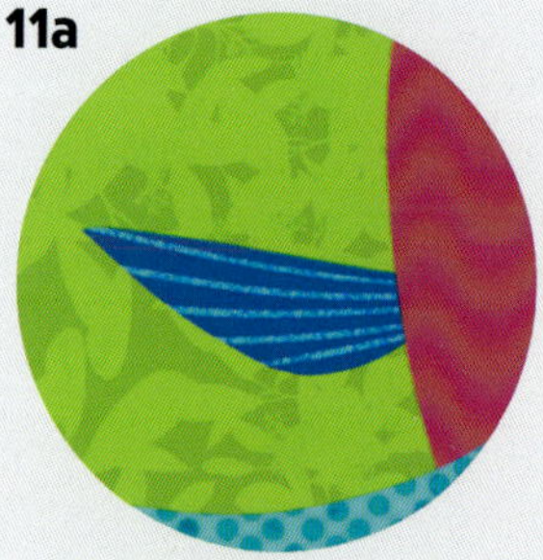

11b

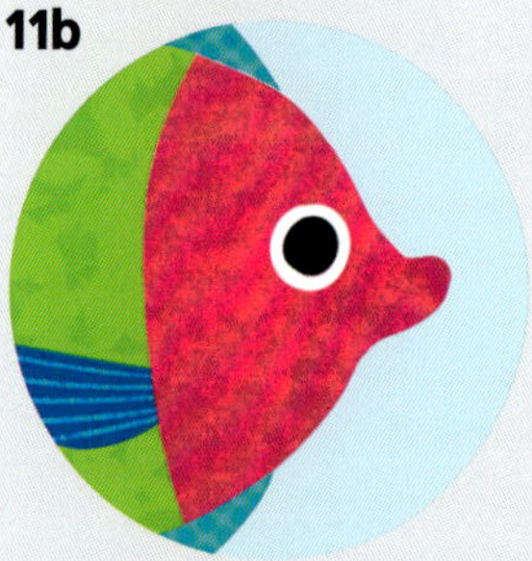

Mit Texturen und Mustern spielen

Gib einigen Fischteilen interessante Texturen, während du verschiedene Pinsel der Pinselsammlung erprobst. Spiele damit und finde heraus, welche coolen Texturen, Muster und Details möglich sind.

9. Beginne mit den Fischkörpern. Erstelle eine Ebene direkt über der Körperebene. Sie sollte sich automatisch in eine Clipping-Maske ändern. Teste die Farbe eines Fischkörpers und wähle dann eine hellere oder dunklere Schattierung. Wähle einen Pinsel und male eine Textur auf den Körper. Wiederhole die Schritte für alle Fische. Teste Pinsel und experimentiere mit Farben und Mustern.

10. Wähle die Flossenebene und erstelle darüber eine Clipping-Maske. Wiederhole den vorherigen Schritt für die Flossen: Zeichne Linien oder Texturen für obere und untere Flossen und Schwänze.

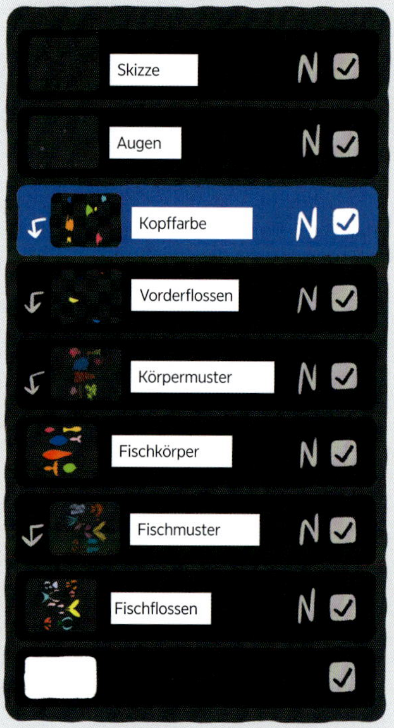

11

11. Wähle die Ebene mit Augen und Seitenflossen und aktiviere die Alphasperre. Zeichne Linien als Details für die Seitenflossen. In meinem Beispiel verwende ich einen HB-Bleistift (Kategorie Skizze) für die Flossen. Wähle die Ebene Fischköpfe und aktiviere die Alphasperre. Da du vielleicht schon viele Muster und Texturen verwendest hast, halte die Köpfe einfach und kreiere eine feine Textur mit dem Pinsel Wachsmalkreise (Kategorie Skizze). Bewundere deinen Fischschwarm.

Verwendete Pinsel

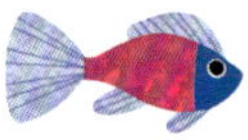

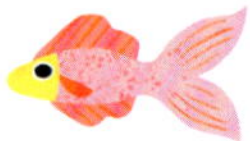

Snow Gum
Natur

Holzkohle
Kohle

Procreate Pencil
Skizze

Spritzer
Sprühen

Little Pine
Zeichnen

Evolve
Zeichnen

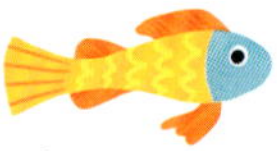

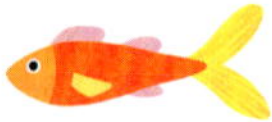

Inka
Tinte

Zerlaufene Tusche
Tinte

Trockener Pinsel
Malen

Pandani
Tinte

Feines Haar
Materialien

Styx
Zeichnen

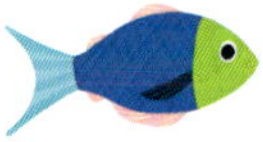

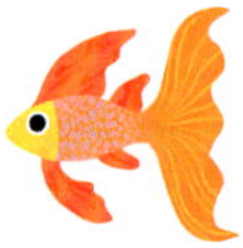

Thylacine
Tinte

Schiefer-Pinsel
Kalligrafie

Kleckse
Kalligrafie

Furneaux
Retro

Peppermint
Skizze

Groovy
Retro

Paper Daisy
Natur

Siebdruck
Retro

Technischer Stift
Skizze

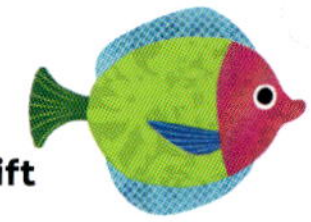

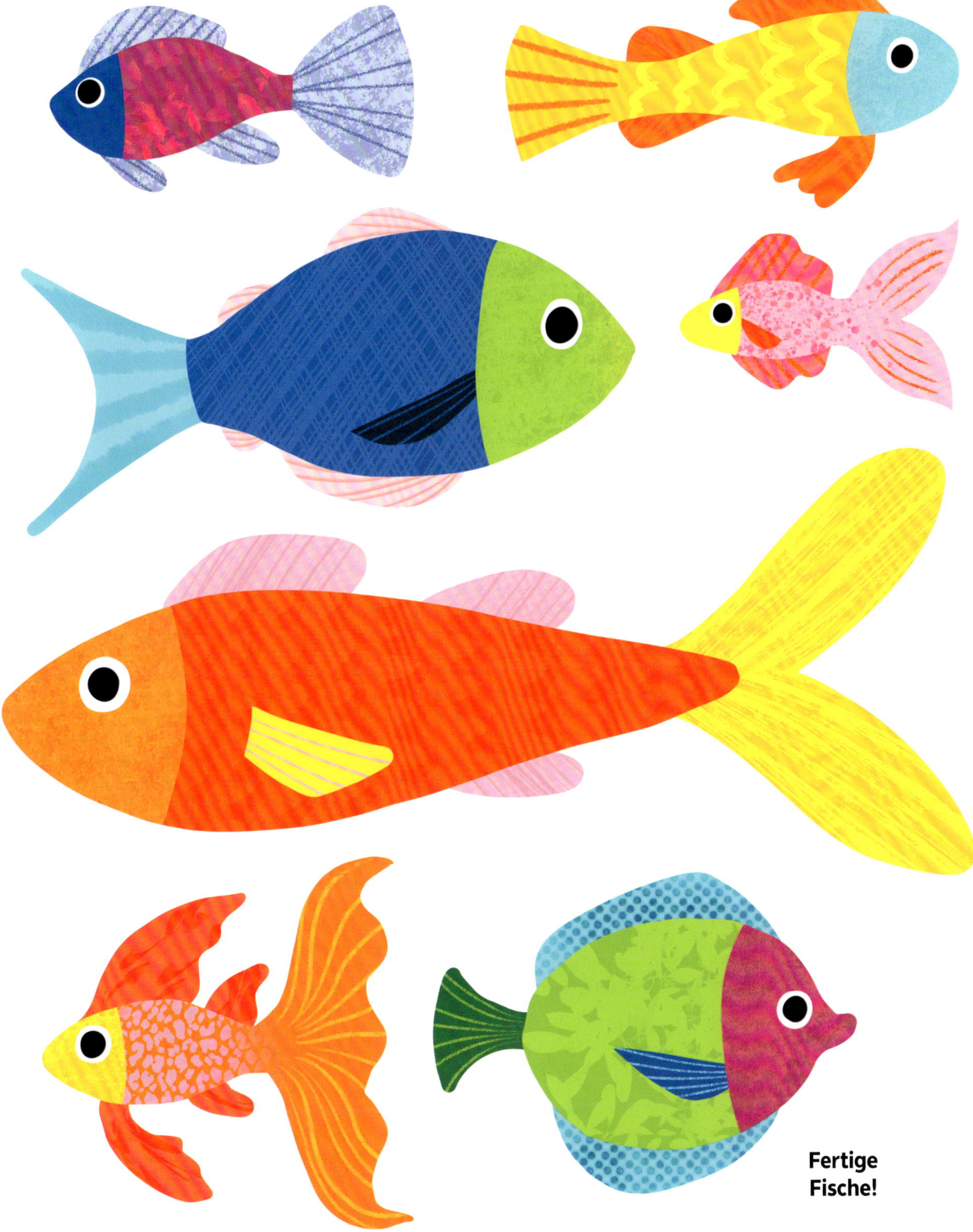

Fertige Fische!

Von oben betrachtet: Tierköpfe

Wenn du Tiere gestaltest, ist es wichtig zu wissen, wie du die Köpfe zeichnest. Egal, was du zeichnest – beginne immer mit den Grundformen. Obwohl Tierköpfe alle möglichen Formen und Größen haben, kannst du viele von ihnen aus nur zwei Formen konstruieren: Kreis und Trapez. Der Kreis bildet den runden Teil des Kopfs, das Trapez stellt Schnauze oder Nase dar. Du kannst mit diesen Formen Köpfe im Profil oder in der Ansicht von vorn zeichnen, und du kannst mit der perspektivischen Version dieser Formen Tiere im Dreiviertelprofil darstellen.

Tierköpfe im Profil

1. Wenn du ein Tier im Profil von der Seite skizzierst, zeichne einen Kreis mit einem Trapez, das nach vorn heraussteht. Schau in deinen Referenzen nach, ob die Schnauze lang oder kurz ist, schräg nach oben oder nach unten steht und zeichne das Trapez entsprechend. Achte auf die Position der Augen – bei vielen Tieren befinden sie sich dort, wo die Schnauze auf den Kopf trifft.

Tierköpfe in der Frontalansicht

2. Du kannst die gleichen Kreis- und Trapezformen verwenden, wenn du ein Tier in der Ansicht von vorn zeichnest. Beginne mit einem Kreis, der der Größe des Tierkopfes entspricht. Wähle eine Trapezform für die Schnauze, wobei die beiden oberen Ecken auf Höhe der Augen des Tieres liegen.

1

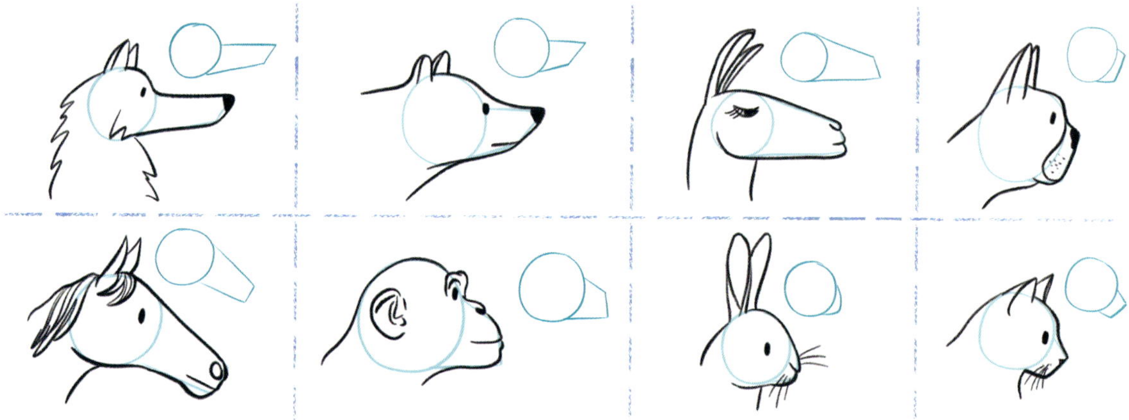

2

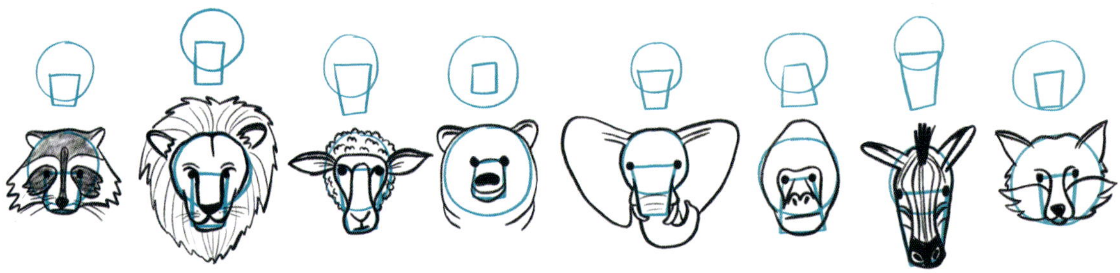

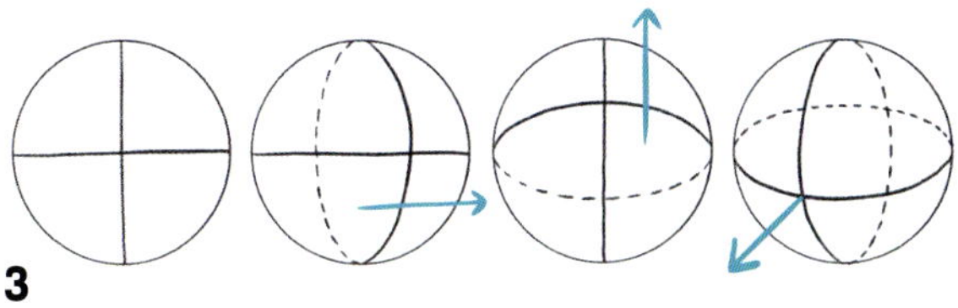

3

Tierköpfe im Dreiviertelprofil

3. Verwende beim perspektivischen Zeichnen eine ähnliche Struktur, allerdings nutzt du dabei 3D-Formen. Mit einer Kugel und einem nach unten schmaler werdenden Zylinder, einem rechteckigen Quader oder einem Kegel lassen sich die meisten Tiere im Dreiviertelprofil konstruieren.

Ein kleiner Tipp zu Kugeln: Das Zeichnen gekrümmter Linien auf dem Kreis hilft, diesen als 3D-Kugel zu definieren. Stelle dir vor, dass die Senkrechte durch die Mitte des Gesichts und die Waagerechte durch die Mitte läuft. Diese Linien krümmen sich beim Drehen der Kugel und zeigen deren Richtung an. Wenn das Tier nach unten und nach links schaut, dann krümmen sich die Linien nach unten und nach links.

Selbst ausprobieren: Tierköpfe zeichnen

Wähle Tiere aus und übe das Zeichnen ihrer Köpfe im Profil, frontal und im Dreiviertelprofil. Konzentriere dich auf die richtige Form und Struktur und lenk dich nicht mit Details ab.

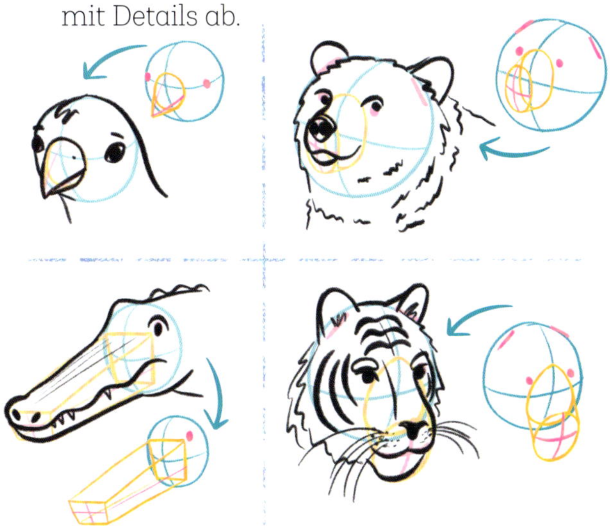

Tierköpfe perspektivisch zeichnen

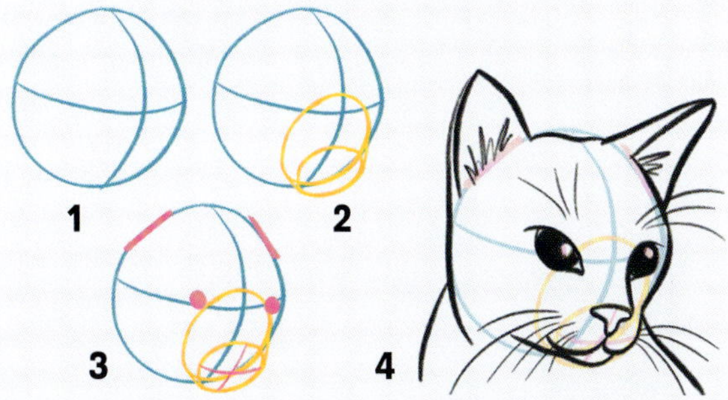

1. Zeichne eine Kugel mit zwei Schnittlinien, die sich in die Richtung krümmen, in die der Kopf zeigt.
2. Setze ein Oval über die Linien und ein Oval an die Stelle, an der das Ende der Schnauze oder Nase liegt. Verbinde die Ovale zu einer zylindrischen 3D-Form.
3. Zeichne Schnittlinien am Zylinderende parallel zu den Linien auf der Kugel. Diese Linien helfen dir, Nase und Mund auszurichten. Setze Markierungen für die Positionierung von Augen und Ohren.
4. Zeichne die Kurven und Details des Tieres auf einer neuen Ebene oder in einer dunkleren Farbe. Verwende die von dir erstellte Struktur, um die Gesichtsmerkmale zu positionieren. Folge zum Beispiel mit der Linie für den Mund der Krümmung des Zylinderendes – die Schnittlinien dienen als Orientierung. Schaue dir Referenzfotos des Tieres an, das du zeichnest, um zu überprüfen, ob die Details richtig sind.

HINWEIS: Setze diese 3D-Konstruktion ein, um verschiedene Tierköpfe zu zeichnen. Passe die relative Größe der Kugel und des Zylinders an die Proportionen des zu zeichnenden Tieres an. Probiere, falls nötig, andere 3D-Formen für die Schnauze. Du kannst zum Beispiel den Zylinder durch einen Kegel ersetzen, wenn du einen Vogel zeichnest.

Aufrecht stehen: Tierbeine

Das Zeichnen von Tierbeinen stellte mich immer vor Rätsel, besonders bei Hunden und Pferden. In welche Richtung soll das Hundebein gebeugt werden? Doch es machte Klick, als ich lernte, dass Tierbeine aus ziemlich genau denselben Knochen bestehen wie menschliche Beine, nur in unterschiedlichen Positionen.

Um Tierbeine zu verstehen, muss man sich mit deren Anatomie beschäftigen. Meist denke ich beim Zeichnen nicht direkt darüber nach, aber es ist von Vorteil, zu verstehen, was unter der Haut vor sich geht, wenn man Lebewesen zeichnet – vor allem dann, wenn Tiere nicht so aussehen sollen, als hätten sie Stöcke als Beine.

Bei Vierbeinern haben die Hinterbeine die gleiche Knochenstruktur wie unsere menschlichen Beine und die Vorderbeine zeigen die gleiche Struktur wie unsere Arme. Um das zu veranschaulichen, habe ich diese etwas befremdlichen Kreaturen mit menschlichen Gliedmaßen in tierischen Proportionen für dich gezeichnet.

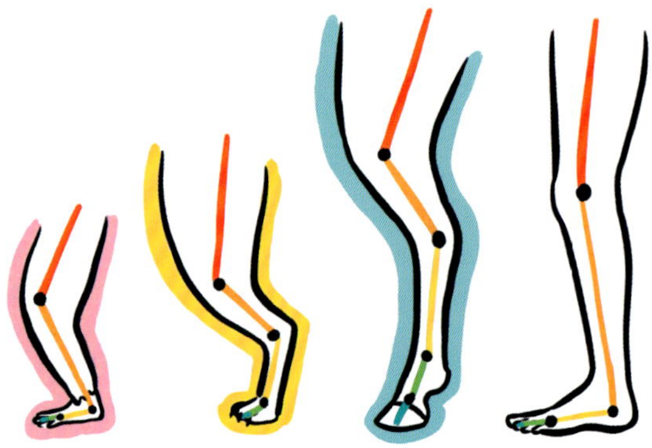

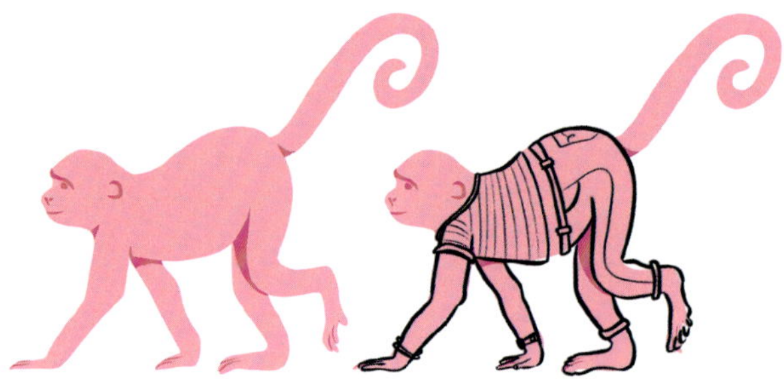

Beine skizzieren

Schau dir auf Fotos verschiedene Tiere an und betrachte die Beine auch im Verhältnis zu den menschlichen Gliedmaßen. Identifiziere die Teile der Vorder- und Hinterbeine, die beim Menschen Ellbogen, Handgelenk, Knie und Ferse entsprechen. Importiere Fotos in Procreate und zeichne die Beine nach, als wären es menschliche Arme und Beine. Wie bewegt sich jedes Tier? Skizziere dann freihand so viele Tierbeine wie möglich, um dich mit dem Zeichnen dieser Formen vertraut zu machen.

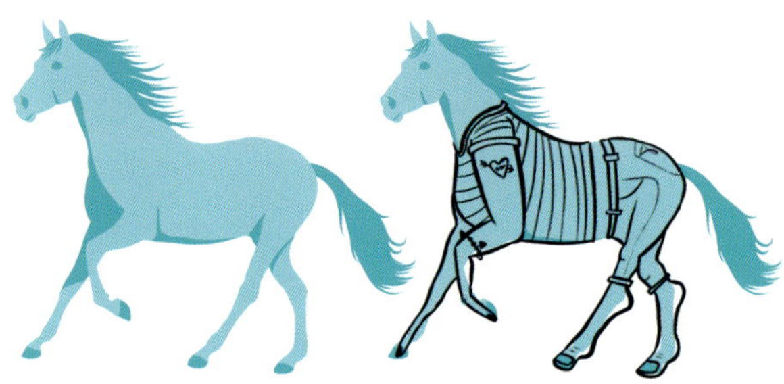

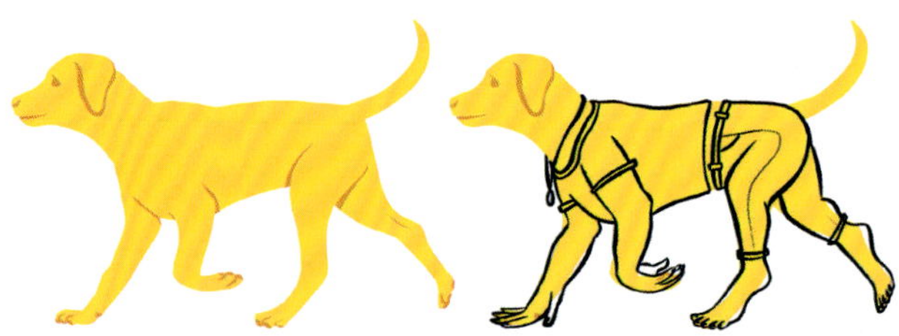

Sohlengänger, Zehengänger und Huftiere

Affe, Hund und Pferd repräsentieren jeweils eine der drei Fortbewegungsarten bei Tieren. Die Klassifizierungen beziehen sich auf den Teil des »Fußes«, auf dem die Tiere laufen.

Sohlengänger treten mit dem ganzen Fuß, einschließlich Ferse, auf dem Boden auf. Menschen sind Sohlengänger, ebenso wie Bären, Primaten, Nagetiere, Frösche und Kängurus.

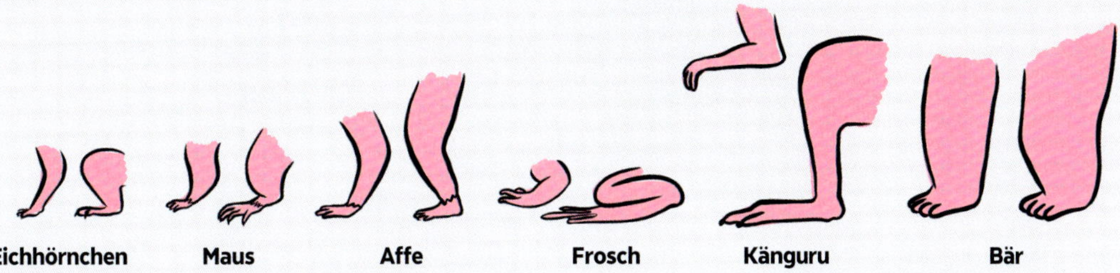

Zehengänger gehen auf ihren Zehen, wobei die Ferse ständig angehoben ist. Hunde und Katzen sind Zehengänger, ebenso wie die meisten Vögel.

TIPP: Wenn du diesen Tiertyp zeichnest, stelle dir die Pfote als Zehen oder Finger vor.

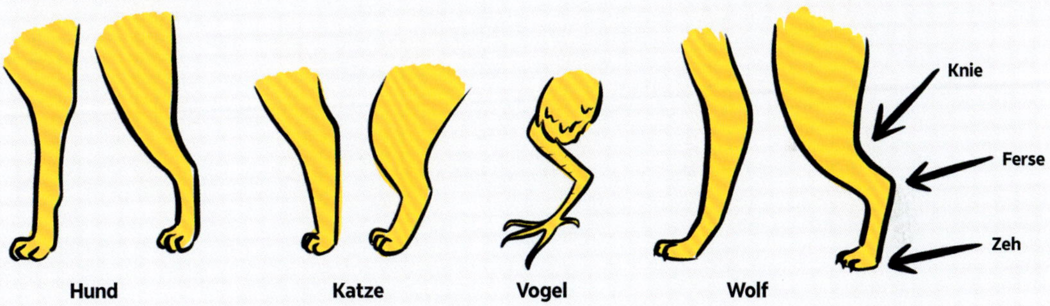

Huftiere gehen auf ihren Hufen, wobei der Rest der Fußknochen angehoben ist, einschließlich Ballen und Ferse. Zu den Huftieren gehören Kühe, Pferde, Hirsche und Kamele.

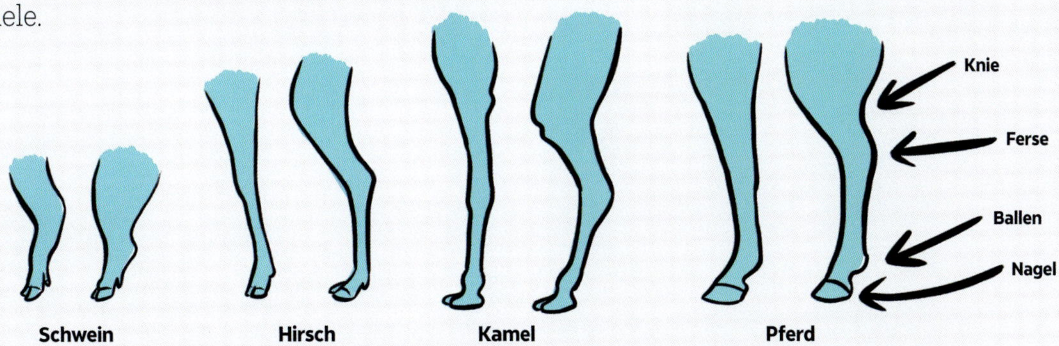

Proportionen und Übertreibung: Eine Kuh zeichnen

Proportionen sind das Verhältnis zwischen den Größen zweier Objekte oder den Teilen eines Gegenstandes. Proportionen sind entscheidend für die Verständlichkeit eines Motivs. Wenn du Proportionen berücksichtigt, ist das der beste Weg, um sicherzugehen, dass dein Tier am Ende nicht wie ein seltsames Giraffen-Kuh-Ungetüm aussieht.

Wenn du Proportionen verstehst, gelingt es dir besser, das Motiv aus dem Gedächtnis zu zeichnen. Schauen wir uns diesen Prozess beim Zeichnen einer Kuh näher an.

Sieh dir ein Referenzfoto genau an. Der Rumpf der Kuh ist das Hauptmerkmal. Unterteile die Kuh mit Linien in zwei Teile: Körper und Beine. Diese Linien zeigen, dass der Körper mehr als die Hälfte der Höhe der Kuh ausmacht. Beachte, dass der Kopf mehr als die Hälfte der Rumpfhöhe ausmacht. Achte auf die Körperformen. Für mich bestehen Körper und Kopf aus Trapezen. Beobachte ganz genau. Nun wird es Zeit, mit dem Skizzieren zu beginnen.

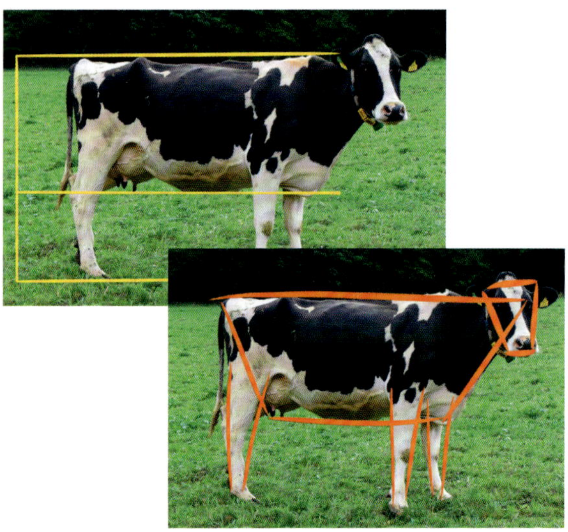

Grundstruktur

1. Skizziere die Struktur des Gesamtkörpers, der Beine und des Kopfes anhand der Proportionen. Zeichne Linien ein, die die Gesamtfigur der Kuh in zwei Teile teilen, um anzudeuten, dass der Körper mehr als die Hälfte der Gesamthöhe ausmacht. Zeichne die verschiedenen Teile der Kuh mit einfachen Grundformen und -linien und vermeide in diesem Schritt alle Details.

Grobe Skizze

2. Zeichne die Kuh erneut mit verfeinerten Formen. Füge gebogene Linien ein, zeichne die Beine dicker und lege die Form des Kopfes und der Ohren fest.

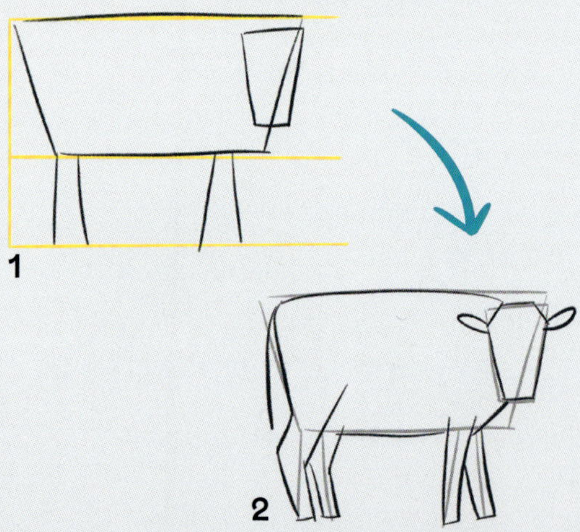

Proportionen bei Bedarf anpassen

3. Schau dir das Referenzfoto noch einmal an, um die Proportionen zu überprüfen. Wenn sie nicht stimmen, verwende die Werkzeuge Auswahl und Transformieren, um Teile der Skizze besser zu positionieren. Die Proportionen sollten in der groben Skizze stimmen, bevor du im nächsten Schritt letzte Details ergänzt.

Verfeinerte Skizze

4. Zeichne für eine verfeinerte Skizze die vorherige Skizze nach. Füge zusätzliche Kurven und Details ein. Schau dir das Referenzfoto an, damit du weißt, wo du Kopf, Beine und Körper zeichnen musst.

Fertige Skizze

5. Füge noch die letzten Details ein, wie zum Beispiel die typischen Flecken der Kuh, und deine Skizze ist fertig.

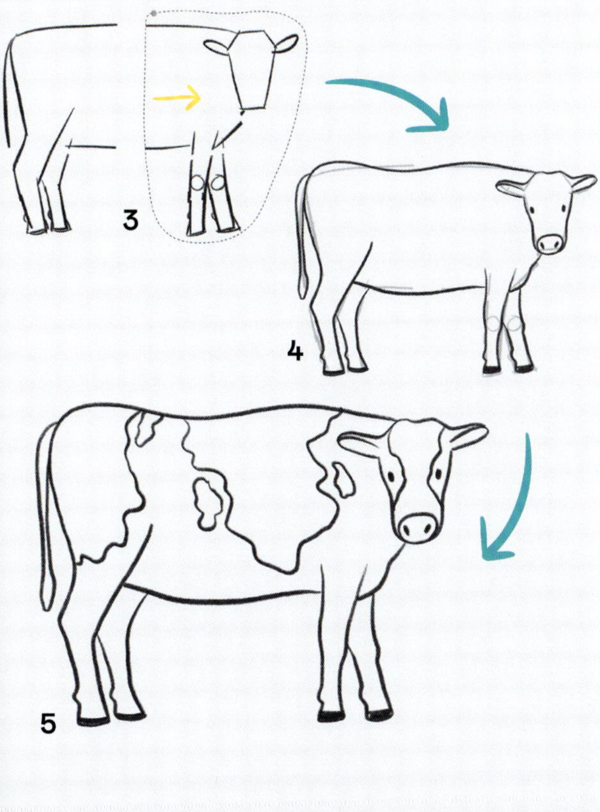

Proportionen übertreiben

Es gibt zwar Regeln für Proportionen, aber manche Regeln sind dazu da, gebrochen zu werden. Du kannst mit Proportionen kreativ umgehen und sie übertreiben, um deine Zeichnung spannender und persönlicher zu machen. Sobald du die Proportionen eines Motivs verallgemeinerst, kannst du dies nutzen, um stilistische Entscheidungen darüber zu treffen, wie du das Motiv zeichnest.

Bei dieser zweiten Kuh betone ich ihren großen Rumpf, indem ich dem Körper mehr Gewicht verleihe. Zudem verkleinere ich den Kopf. Ich vereinfache die Beine und glätte den runden Rücken der Kuh. All diese Entscheidungen führen zu einer stilisierten Kuh, die deinen persönlichen künstlerischen Stil zeigt. Wenn du Proportionen übertreibst, musst du verstehen, was du übertreiben kannst, damit die Zeichnung erkennbar und glaubwürdig bleibt.

Verwendete Pinsel zur Fertigstellung
Hauptformen: Getrocknete Tinte (Tinte)
Textur, Gras: Holzkohle (Kohle)
Schattierung: Feine Naturkohle (Kohle)
Gesichtsdetails: 6B-Stift (Skizze)

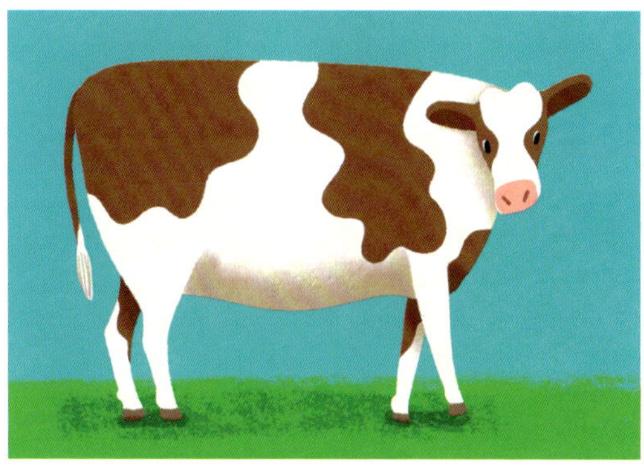

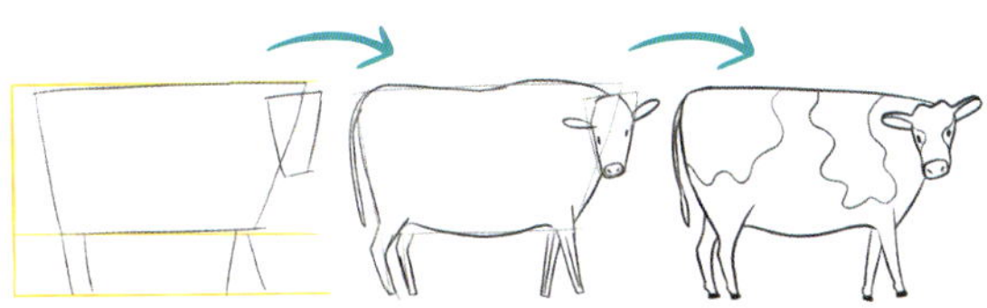

Projekt: Hund mit Fell zeichnen

Es wird Zeit, deine eingeübten Fertigkeiten im Zeichnen von Tieren und in der digitalen Kunst zu bündeln und einige neue zu erlernen. Anhand der Illustration eines niedlichen Border Collies lernst du, einen ganzen Tierkörper zu skizzieren, langes und kurzes Fell in mehreren Farben darzustellen, Schattierungen mit Mischmodi zu erstellen, Ebenen, Clipping-Masken und Farbpaletten anzuwenden und noch vieles mehr.

Teil 1: Hundeskizze erstellen

Proportionen & Haltung

1. Lege die Proportionen fest. Bei diesem Border Collie machen die Beine mehr als die Hälfte seiner Gesamthöhe aus, markiere also eine Linie oberhalb des Mittelpunkts. Zeichne einige Linien für die Länge von Körper und Kopf, positioniere die Beine und füge einen Kreis für den Kopf ein. In diesem Schritt geht es um die richtigen Proportionen und nicht um detaillierte Formen.

Skelettstruktur aufbauen

2. Verringere die Deckkraft dieser Ebene und erstelle eine neue Ebene. Zeichne Ovale für Brustkorb und Hüften und verbinde beides mit einer gekrümmten Linie als Wirbelsäule. Zeichne darüber den Kreis für den Kopf. Setze Kreise an die Beine, um die Gelenke anzudeuten. Platziere die »Knie«-Gelenke vor der Beinlinie und die »Fersen«-Gelenke dahinter. Verbinde diese Gelenke mit Linien.

Figur verdichten

3. Füge der skelettartigen Figur nun weitere Kurven und Linien hinzu. Lege Körperform und Beine fest.

4. Beginne für den Kopf mit einer Kugel und füge einen zulaufenden Zylinder hinzu. Der Hund hat ein dichtes Fell, also zeichne einige gezackte Linien vom Körper weg, um Form und Volumen des Fells anzudeuten.

1

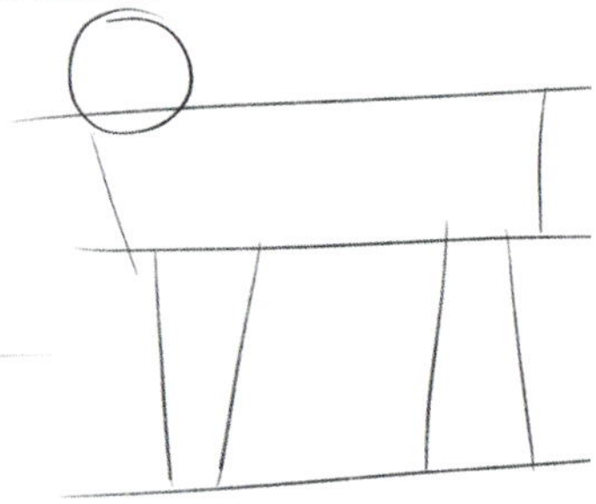

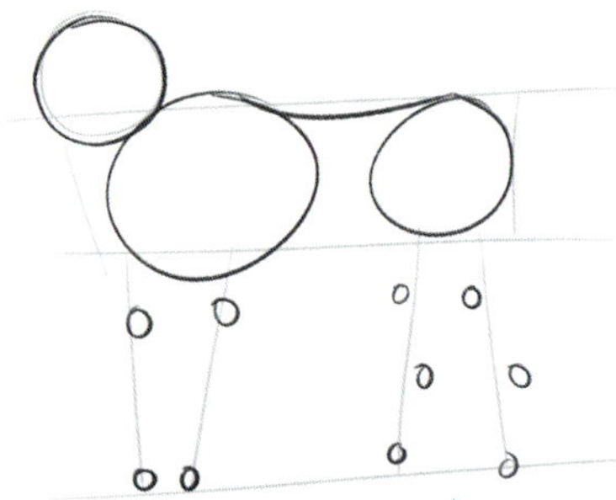

2

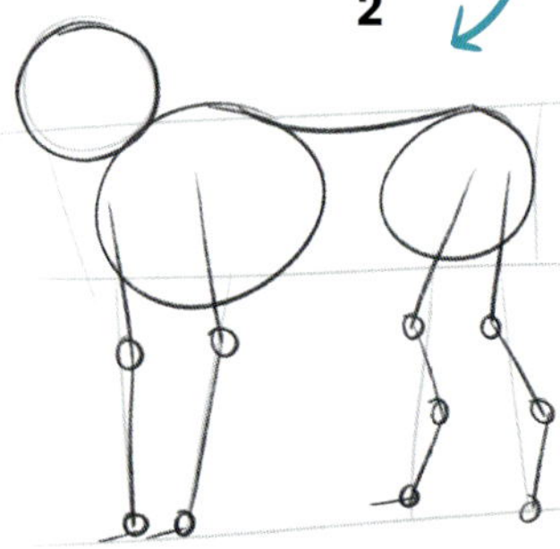

Mehr zum Zeichnen von Beinen von Zehengängern wie dem Hund auf Seite 95.

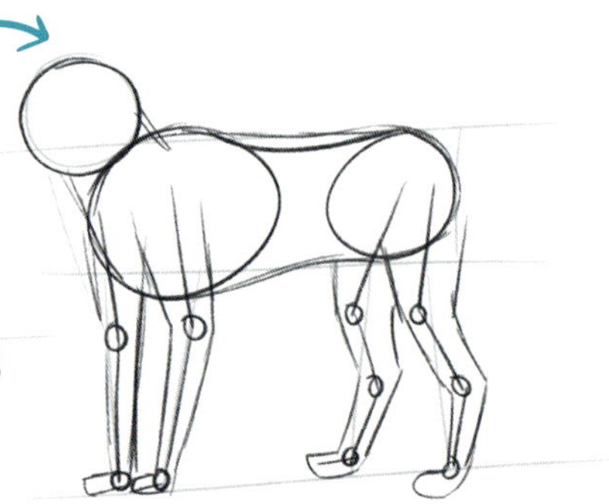

3

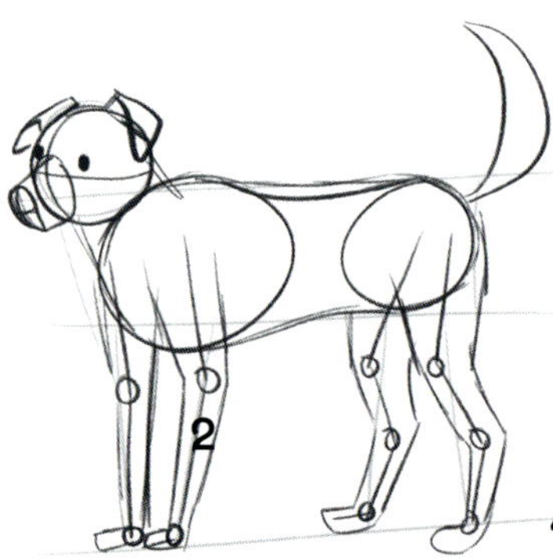

4

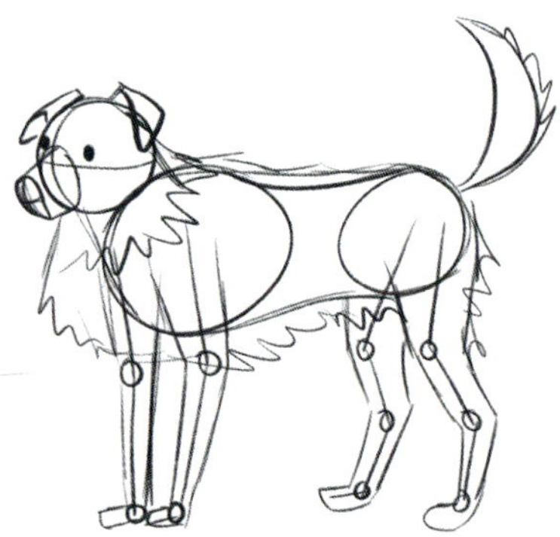

Mehr zum Zeichnen von Tierköpfen auf den Seiten 92–93.

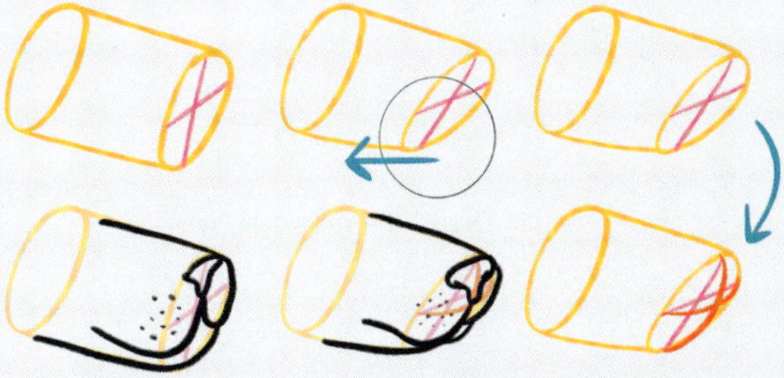

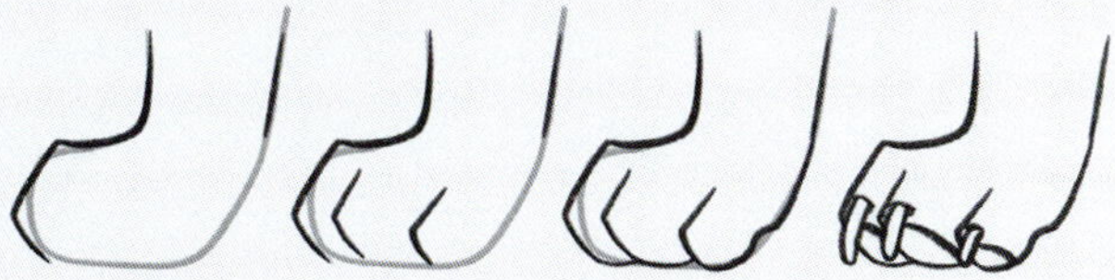

Sieht die Schnauze noch etwas flach aus?

Eine über einen perfekten Zylinder gezeichnete Schnauze sieht oft steif und ungenau aus. Um dies zu korrigieren, winkle das Ende des Zylinders ab.

1. Das Zeichnen eines abgewinkelten Zylinders kann schwierig sein. Du kannst ihn mit Verflüssigen unter Anpassungen positionieren.

Zeichne die Schnauze auf einer eigenen Ebene, um die Kugelform nicht zu verflüssigen. Du kannst beide Ebenen später wieder zusammenführen.

2. Füge vorn am Zylinder einige gebogene Linien ein, um die vordere Schnauze »aufzublähen«. Zeichne eine Schnauze, die mehr wie eine Schnauze und weniger wie eine Getränkedose aussieht.

So gelingen Pfoten

Starte unten am Bein und ziehe eine Linie nach unten und außen, die die Spitze der Pfote bildet. Zeichne anschließend eine abgewinkelte Linie ein, ähnlich einer Pfeilspitze. Füge eine weitere abgewinkelte Linie nah bei der ersten und eine weitere mit etwas Abstand ein. Verbinde zum Schluss diese Linien mit kleinen Bögen zur Unterseite der Pfote. Das ist detailliert genug für unsere Skizze, aber wenn du weitermachen möchtest, kannst du noch die Krallen und Ballen einzeichnen.

Skizze verfeinern & Fell definieren

5. Schalte die Ebene mit den Proportionslinien aus und reduziere die Deckkraft der Skelettebene. Erstelle eine neue Ebene für deine verfeinerte Skizze. Zeichne über deine grobe Skizze, um die Details des Hundes festzulegen. Füge zum Schluss einige Linien hinzu, die zeigen, wo jede Fellfarbe platziert wird.

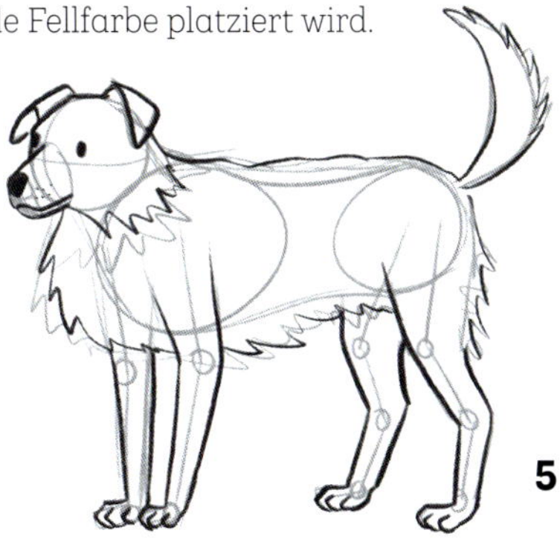

5

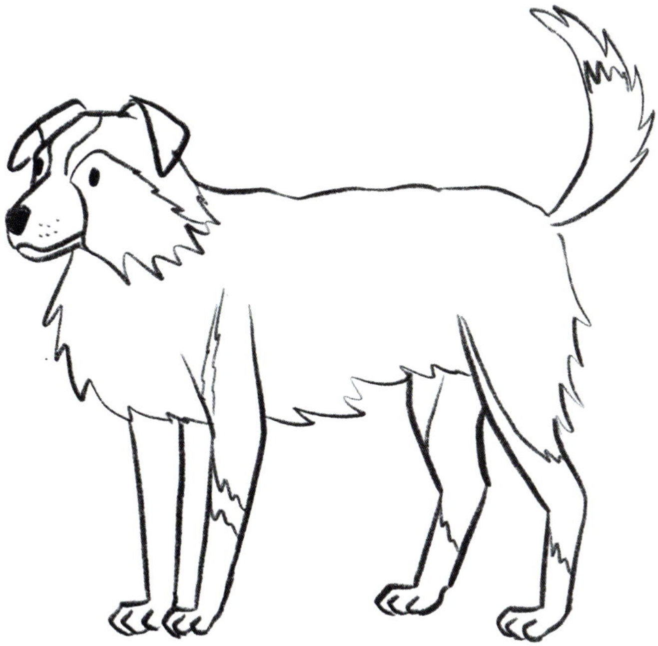

Hund mit dichtem Fell: Fell ausarbeiten

Bevor du mit dem Zeichnen des Hundes fortfährst, nimm dir Zeit, um die für diese Illustration verwendete Methode kennenzulernen. Studiere das Fell. Du kannst dir die folgenden Schritte immer wieder ansehen. Gehe zurück zur Galerieansicht und erstelle für diese Studie eine neue Datei.

Die Fellbasis erstellen

1. Beginne beim Zeichnen von Fell mit einer Farbe, die dunkler ist als das eigentliche Fell. Soll das Fell weiß werden, beginne mit einer dunkleren, gebrochen weißen Grundfarbe. Zeichne mit einem kleinen Pinsel Blackburn (Kategorie Zeichnen) einen Kreis in gebrochenem Weiß/Hellbraun. Setze einige kurze Striche entlang der Unterseite, um unregelmäßige Ränder anzudeuten. Wechsle zum Wischfinger und wähle als Wischfinger-Pinsel Copperhead (Kategorie Zeichnen). Mit leichtem Druck und abgerundeten Bewegungen lockerst du nun die Fellränder des Kreises auf. Du kannst, falls nötig, mit dem Pinsel Copperhead zusätzliche Fellstriche aufmalen.

Mehrere Fellfarben erstellen

2. Füge weitere Fellfarben ein. Erstelle eine Clipping-Maske über der Kreis-Ebene. Wähle ein Orange für das rötlich-braune Fell. Entscheide dich auch hier für einen dunkleren Ton als die endgültige Fellfarbe. Übermale den Kreis, erstelle eine grobe Felltextur entlang des sichtbaren Rands, so wie in Schritt 1. Softe mit dem Wischfinger den Fellrand ab. Am besten gelingt das mit Strichen nach unten, die von Orange zu Hellbraun verlaufen. Erstelle eine weitere Clipping-Maske und wiederhole diese Schritte, um eine Fellschicht in Dunkelgrau (nicht in Schwarz) hinzuzufügen.

Felltextur hinzufügen

3. Aktiviere die Alphasperre auf der Kreis-Ebene. Wähle Copperhead als Pinsel und Weiß als Farbe. Reduziere die Deckkraft des Pinsels auf die Hälfte. Beginne am unteren Kreisrand, füge kurze, abgerundete Striche in Fellrichtung hinzu. Arbeite dich nach oben vor, bis die gesamte hellbraune Fläche mit weißer Felltextur gefüllt ist. Wähle die orangefarbene Fellebene und wiederhole den Vorgang mit einem helleren Orange. Die Strichrichtung sollte leicht variieren und die dunklere Basisfarbe sollte noch sichtbar sein. Wähle für das schwarze Fell ein helleres Grau in kälterem Ton. Setze weitere Fellstriche auf die Fläche. Beginne unten und arbeite dich bis zum »Scheitel« im Haar vor. Beachte, wie ich die Fellstriche dachziegelartig aufgetragen habe, sodass Teile der dunkleren Grundfarbe zu sehen sind.

TIPP: Beim Wechsel zwischen Pinseln in verschiedenen Kategorien sparst du mit der Procreate-Funktion »Kürzlich verwendet« am oberen Rand des Pinsel-Bedienfelds Zeit. Wische nach links über einen kürzlich verwendeten Pinsel und tippe auf Anpinnen, damit er dauerhaft oben in der Gruppe »Kürzlich verwendet« bleibt.

Schattierung hinzufügen

4. Füge zum Schluss Schattierungen ein. Erstelle eine weitere Clipping-Maske über den anderen und stelle den Mischmodus dieser Ebene auf Multiplizieren. Wähle den Pinsel Mittlere Düse (Kategorie Sprühen) und reduziere die Deckkraft des Pinsels auf die Hälfte. Wähle ein warmes Mittelgrau – aus diesen beiden Farben besteht der links abgebildete Schatten – und male über eine Seite des Kreises gegenüber der imaginären Lichtquelle. Da der Pinsel nur schwach deckt, erzeuge durch übereinander aufgetragene Pinselstriche Dunkelheit. Verwende für die dunkelsten Schattenpartien eventuell eine dunklere Farbe.

Glanzlichter setzen

5. Wähle den Copperhead-Pinsel als Radiergummi und reduziere die Deckkraft des Pinsels. Radiere einige Striche am oberen Schattenrand aus, um die Form in die Felltextur zu verblenden. Um der Schattenpartie Dimension und Glanz zu geben, radiere einige Striche in der Mitte der Schattenform aus. Gehe zurück zur schwarzen Fellebene und wähle ein warmes Dunkelgrau, das heller ist als das für die Felltextur verwendete. Male mit einigen Strichen Glanzlichter auf die hellste Fellpartie in Richtung der imaginären Lichtquelle. Setze eventuell einige Glanzlichter in die anderen Fellfarben.

1

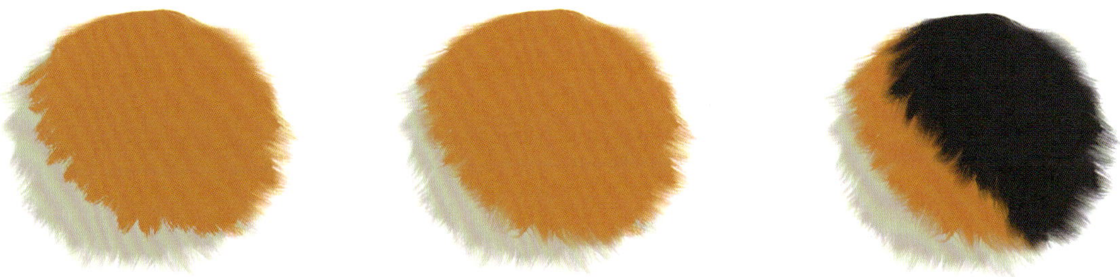

2

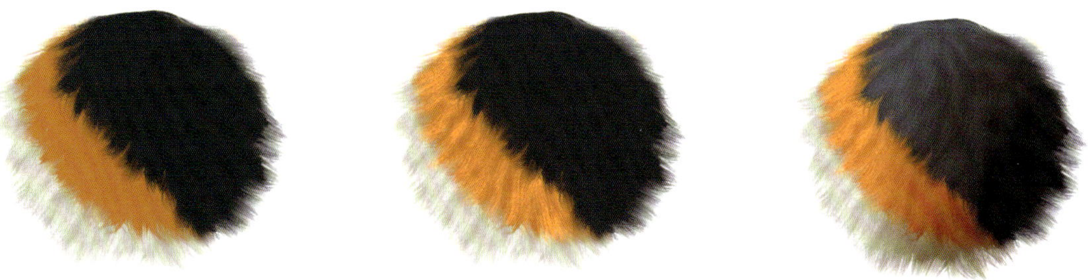

3

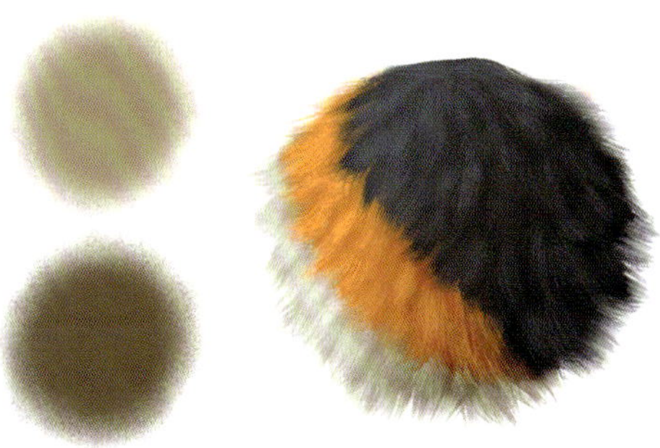

4

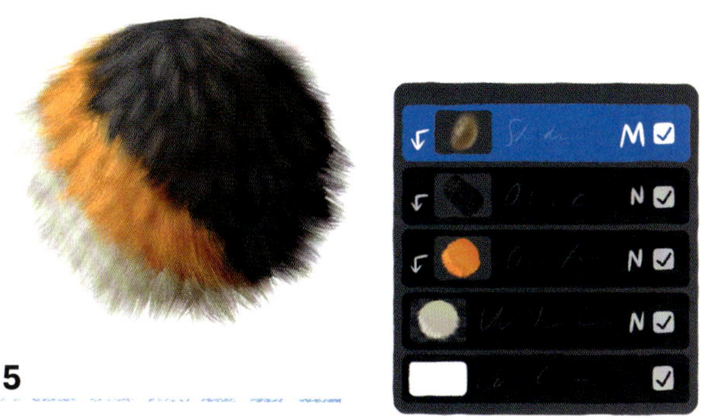

5

Teil 2: Hundekörper mit Fell ausarbeiten

Nachdem du gelernt hast, Fell zu zeichnen, mache dich nun an die Ausarbeitung des Fells bei diesem Hund. Du konzentrierst dich immer nur auf einen Teil der Hundeillustration, bevor du zum nächsten Schritt übergehst. Reduziere die Deckkraft deiner Skizze und erstelle eine neue Ebene unter der Skizzenebene.

Fellfarben als Ebenen einrichten

1. Wähle ein Hellbraun und den Pinsel Blackburn und zeichne Körperform und Vorderbeine.

2. Zeichne mit Blackburn kurze Striche für einen groben Fellrand.

3. Verwende Copperhead als Wischfinger für ein weicheres Fell.

4. Erstelle eine Clipping-Maske, male die orangefarbenen Fellpartien und verwische die Ränder mit nach unten verlaufenden Strichen.

5. Erstelle eine weitere Clipping-Maske und wiederhole den Schritt für die schwarze Fellpartie. Verwende Dunkelgrau und kein Schwarz.

Dem Fell Textur geben

6. Tippe auf die hellbraune Ebene und aktiviere die Alphasperre. Wähle den Pinsel Copperhead, reduziere seine Deckkraft und beginne unten an den Pfoten, um mit kurzen Strichen die Felltextur aufzutragen. Bei sehr kurzen Haaren wie hier wähle eine kleinere Pinselgröße. Je kürzer das Fell, desto kleiner die Pinselgröße. Arbeite weiter bis zum Brusthaar.

Arbeite dich mit Abwärtsstrichen zum oberen Ende der Form vor, bis diese ausgefüllt ist. Male dann mit einem helleren Orange die Felltextur auf die orangefarbene Ebene. Arbeite dann an der schwarzen Fellebene mit einem helleren, kälteren Grau, einer größeren Pinselgröße und längeren Pinselstrichen.

7. Fülle das schwarze Fell, variiere dabei die Strichrichtung. Die Grundfarbe sollte noch durchscheinen.

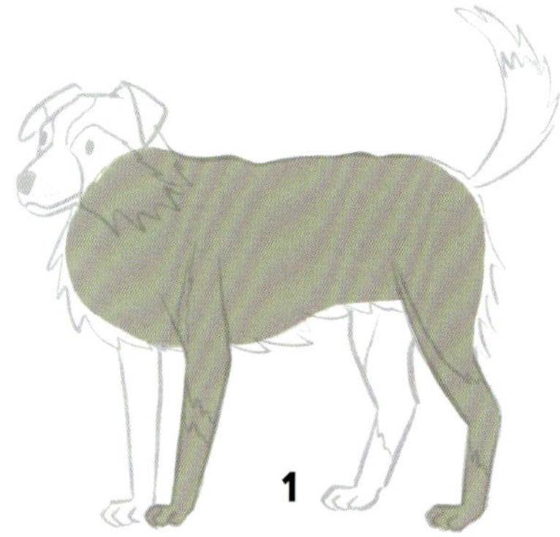

1

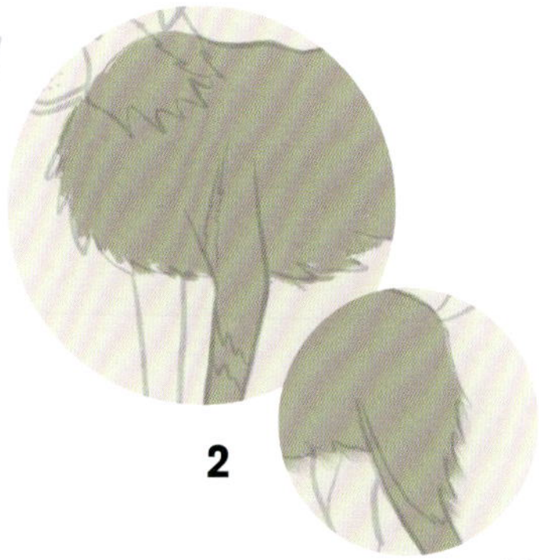

2

3

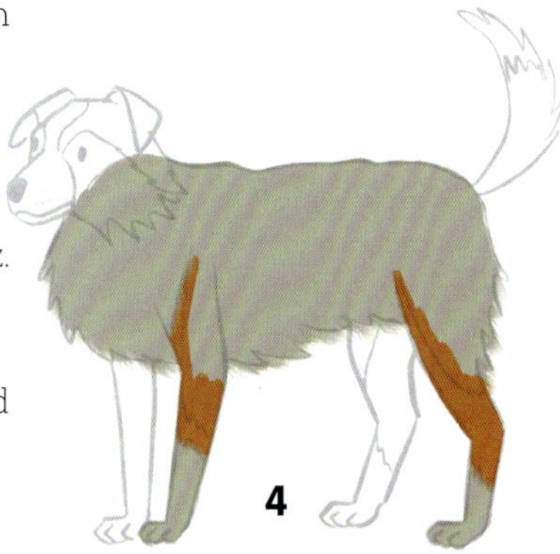

4

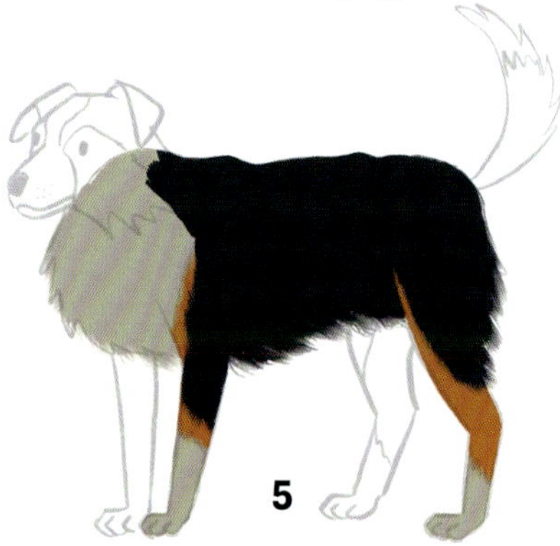

5

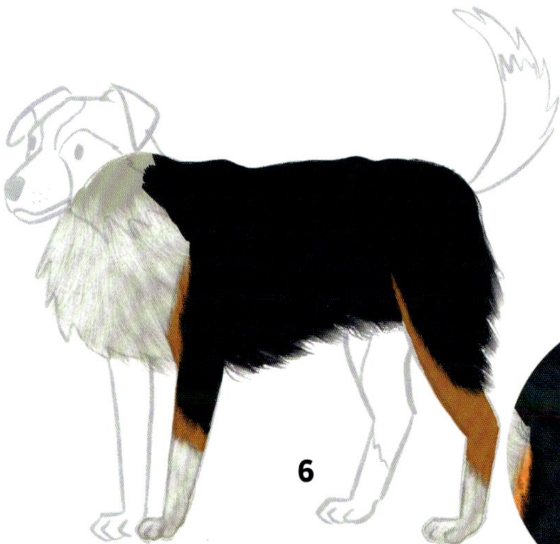

6

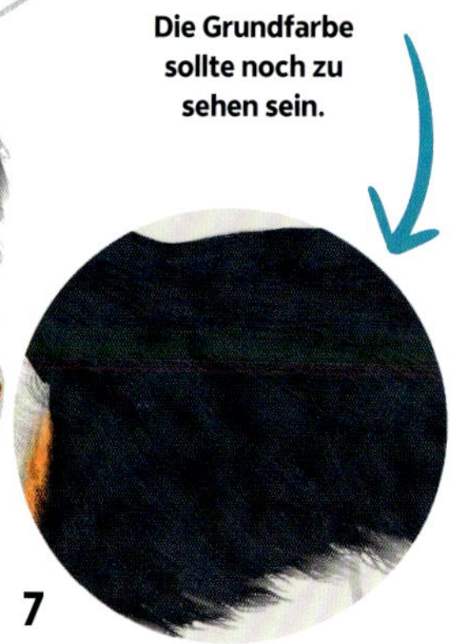

7

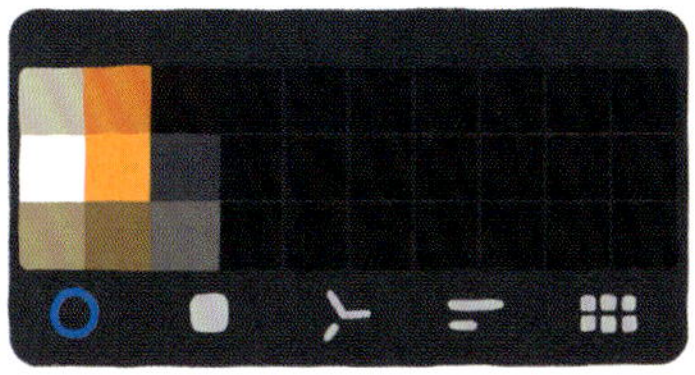

TIPP: Da du die gleichen Farben mehrmals nutzt, speichere sie am besten in einer Farbpalette. Dann bleiben sie immer gleich und lassen sich einfach aufrufen.

Schattierungen malen

8. Erstelle eine weitere Clipping-Maske, die du auf den Mischmodus »Multiplizieren« stellst. Mit dem Pinsel Mittlere Düse malst du einen Schatten entlang des Unterbauchs und der Rückseite der Beine. Verwende für die Beine eine kleinere Pinselgröße, um den Schatten präziser zu gestalten. Dann nimm Copperhead als Radiergummi, um einen Teil des Schattenrandes auszuradieren, und setze gut platzierte Glanzlichter in den Schatten.

Gehe zurück zu den Fellebenen und trage mit Copperhead leichte Striche für Glanzlichter auf.

Arbeitsschritte bei Beinen im Hintergrund und Schwanz wiederholen

9. Erstelle eine neue Ebene unter der Körperebene. Male die Formen der Beine im Hintergrund und des Schwanzes. Erstelle eine Clipping-Maske und male damit das Orange des Hinterbeins. Verwende diese Ebene auch für das Schwarz im Schwanz, da sich diese beiden Bereiche nicht berühren oder überlappen. Verwische die Fellränder, damit das Fell weicher aussieht.

10. Male so wie im vorigen Abschnitt die gesamte Felltextur auf das weiße, orangefarbene und schwarze Fell.

11. Erstelle eine Clipping-Maske mit Multiplizieren für Schattierungen an den Beinoberseiten und der Schwanzrückseite. Gib der Schattierung mit dem Radiergummi Textur und setze Glanzlichter.

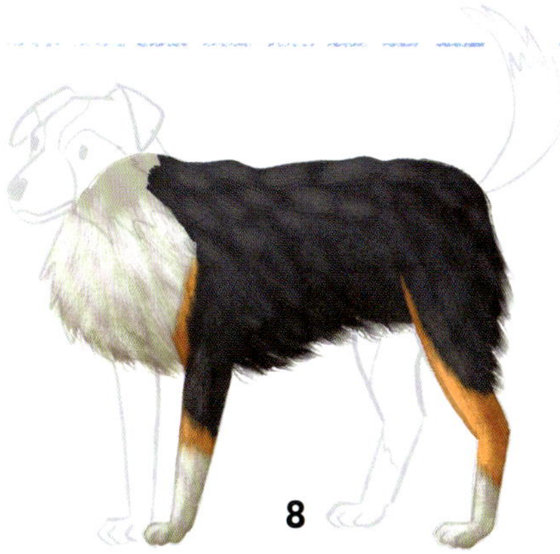

8

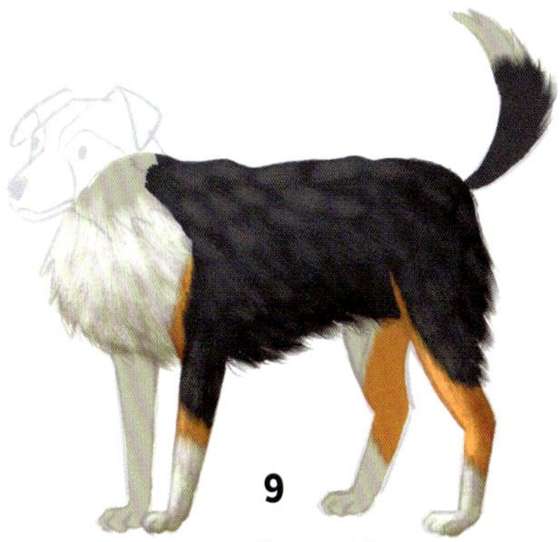

9

Grundform zeichnen

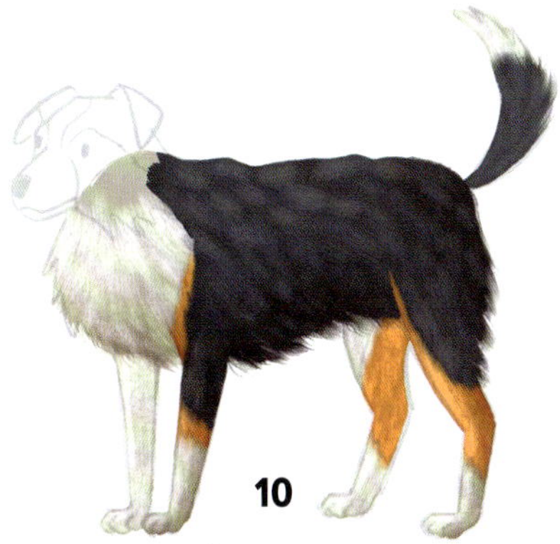

10

Gesamttextur hinzufügen

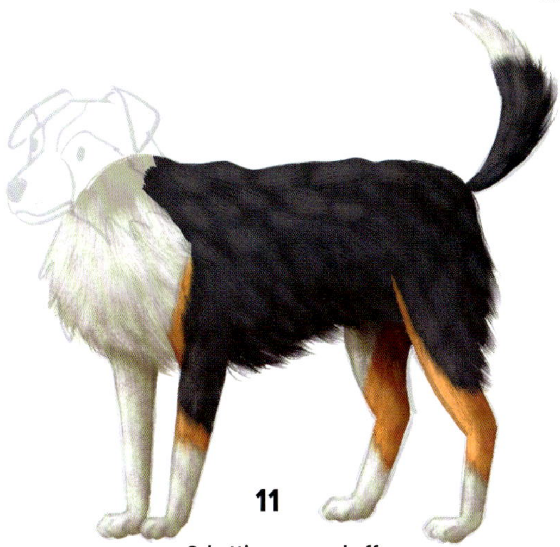

11

Schattierungen schaffen

Teil 3: Der Hundekopf

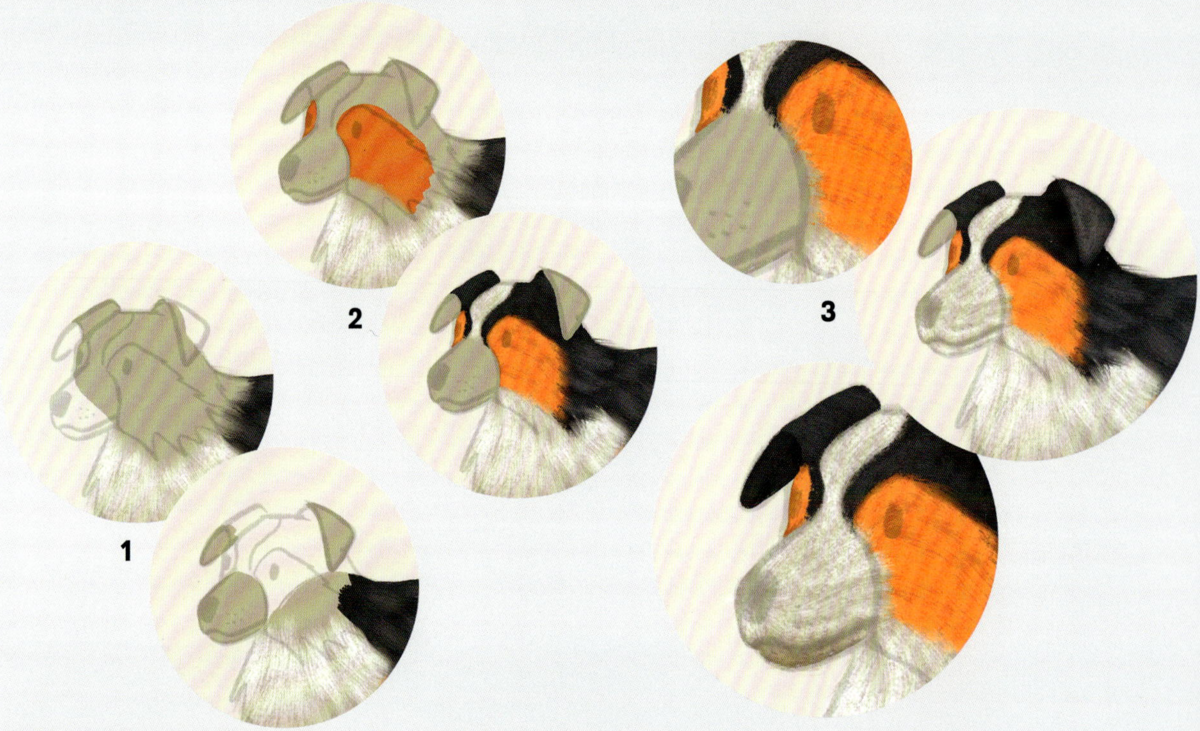

1 2 3

Neue Ebenen für die Kopfform erstellen

1. Erstelle eine Ebene über der Körperfell-Ebene. Zeichne die Form des Kopfes ohne Schnauze, Spitze des Vorderohrs und Rückseite des Hinterohrs – diese Elemente setzt du auf Einzelebenen. Verwische den Fellrand der Kopfform mit dem Wischfinger. Lege eine Ebene über den Kopf und zeichne Schnauze und vorderes Ohr.

TIPP: Schalte vorübergehend die Sichtbarkeit der Kopfebene aus, um besser zu erkennen, was du zeichnest. Verwende die Körperform-Ebene für die Rückseite des hinteren Ohrs, statt noch eine weitere neue Ebene zu erstellen.

Farben und Felltextur hinzufügen

2. Erstelle eine Clipping-Maske über der Kopfebene und koloriere sie in Orange. Gib dem unteren Rand mit dem Wischfinger nach unten Textur. Erstelle eine weitere Clipping-Maske und koloriere sie in Dunkelgrau. Verwische alle Ränder in Fellrichtung. Verwende den Wischfinger in einer kleinen Pinselgröße für den oberen Teil des Kopfes, um kurzes Haar anzudeuten. Gib jeder Farbe eine Felltextur.

3. Tippe auf die Ebene mit der Schnauze und dem vorderen Ohr und ändere das Ohr mit Color Drop in eine graue Grundfarbe. Verwische mit dem Wischfinger den hinteren Rand der Schnauze, wo er auf den Kopf trifft. Aktiviere die Alphasperre auf dieser Ebene und male die Felltextur ein. Beginne an der Nase und male Fellstriche in die gleiche Richtung wie die Umrisse der Schnauze. Gib dem Ohr Textur und setze einige Striche in der Glanzlicht-Farbe hinzu. Verwende eine Clipping-Maske, die auf Multiplizieren gestellt ist, um die Schnauze unten zu schattieren. Koloriere zum Schluss das hintere Ohr, das auf der Hauptkörper-Ebene liegt, und gib ihm Textur.

Teil 4: Gesichtsmerkmale zeichnen

Nase

1. Erstelle eine neue Ebene über den Kopfebenen. Wähle Blackburn und setze die Pinselgröße auf sehr klein. Verwende Dunkelgrau, nicht Schwarz, für die Nasenform. Wähle den Wischfinger in Copperhead, um die Ränder der Nase in die Schnauze zu verblenden. Schalte die Alphasperre ein, wähle den Pinsel Mittlere Düse und ein Braun, um Fellränder zu übermalen. Verwende den Pinsel 6B-Stift (Kategorie Skizze), um Details der Nase einzuzeichnen – Schwarz für die Nasenlöcher und ein helleres Grau für das Glanzlicht am oberen Nasenrand.

Mund

2. Verwende Blackburn in einer kleinen Größe, um die Mundlinie in Braun zu zeichnen. Setze mit dem Wischfinger Striche nach unten über die Linie, damit es aussieht, als sei sie vom Fell ein wenig verdeckt.

Augen

3. Es gibt viele Möglichkeiten, Augen zeichnen, aber ich wähle gern einen stilisierten, comicähnlichen Stil. Verwende die gleiche Ebene wie für die Nase, um das Weiße der Augen zu zeichnen. Da der Kopf ein Dreiviertelprofil ist, wird eines der Augen verkürzt und über den Rand des Kopfes ragen. Du möchtest eine Hintergrundfarbe einstellen, wenn du nur schwer erkennst, was du zeichnest? Erstelle eine Clipping-Maske über der Nasen- und Augenebene. Zeichne dunkelgraue Pupillen. Setze mit dem 6B-Stift einen hellgrauen Fleck fast oben ins Auge und mit Weiß Glanzlichter. Überprüfe die orangefarbene Fellfarbe und wähle eine dunklere, rötlichere Variante dieser Farbe. Trage mit dem Copperhead-Pinsel Fellstriche um das Auge auf.

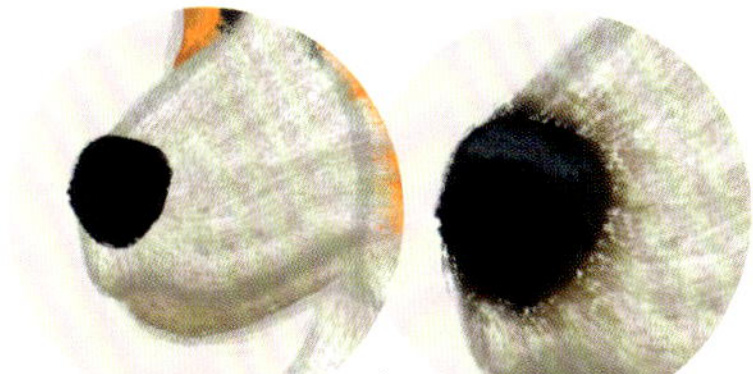

1

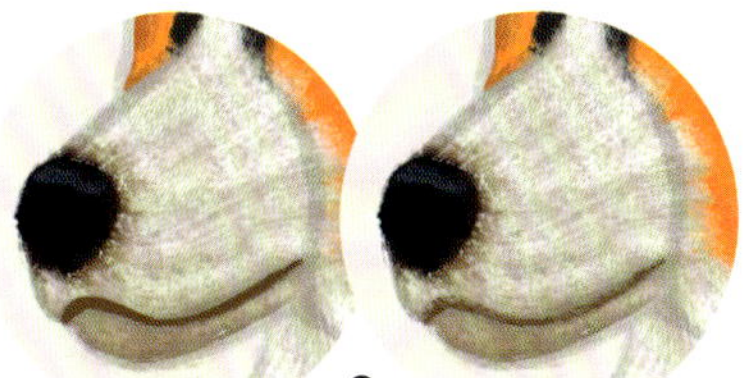

2

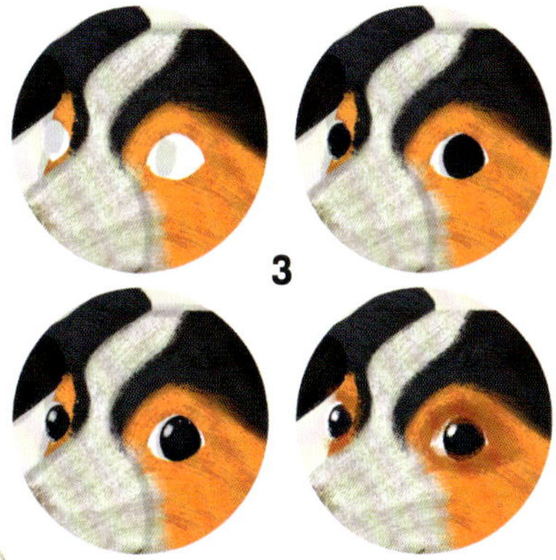

3

Dein Hund ist fertig!

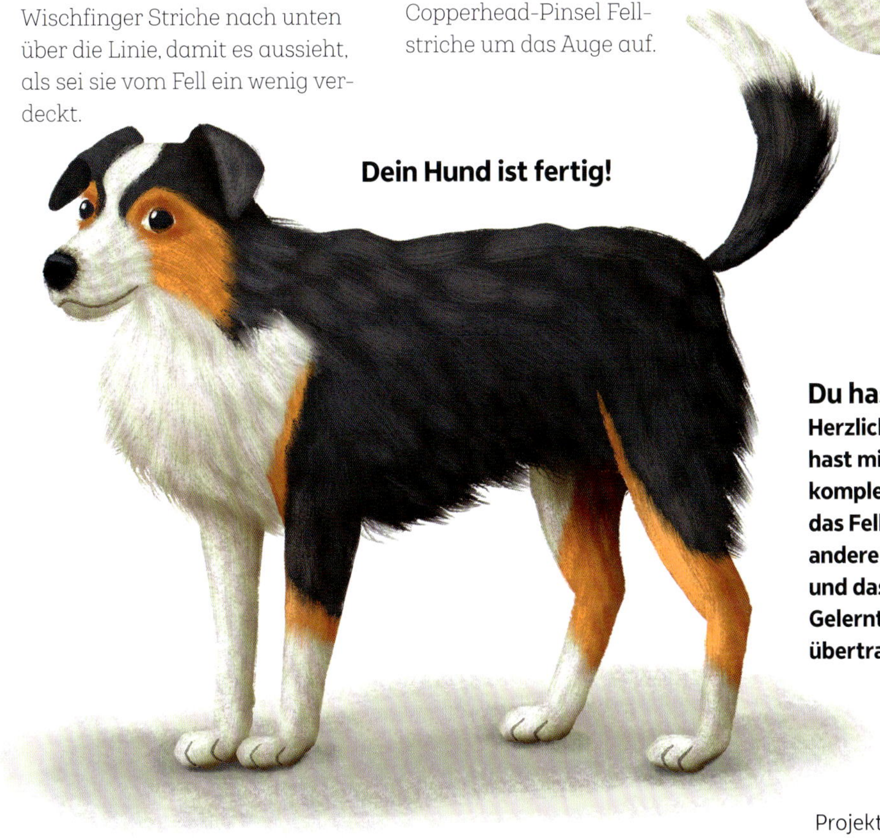

Du hast es geschafft!

Herzlichen Glückwunsch, du hast mit harter Arbeit gelernt, ein komplettes Tier zu zeichnen und das Fell auszuarbeiten. Versuche, andere Hunderassen zu zeichnen und das bei diesem Border Collie Gelernte auf diese Zeichnungen zu übertragen.

6
Menschen & Figuren

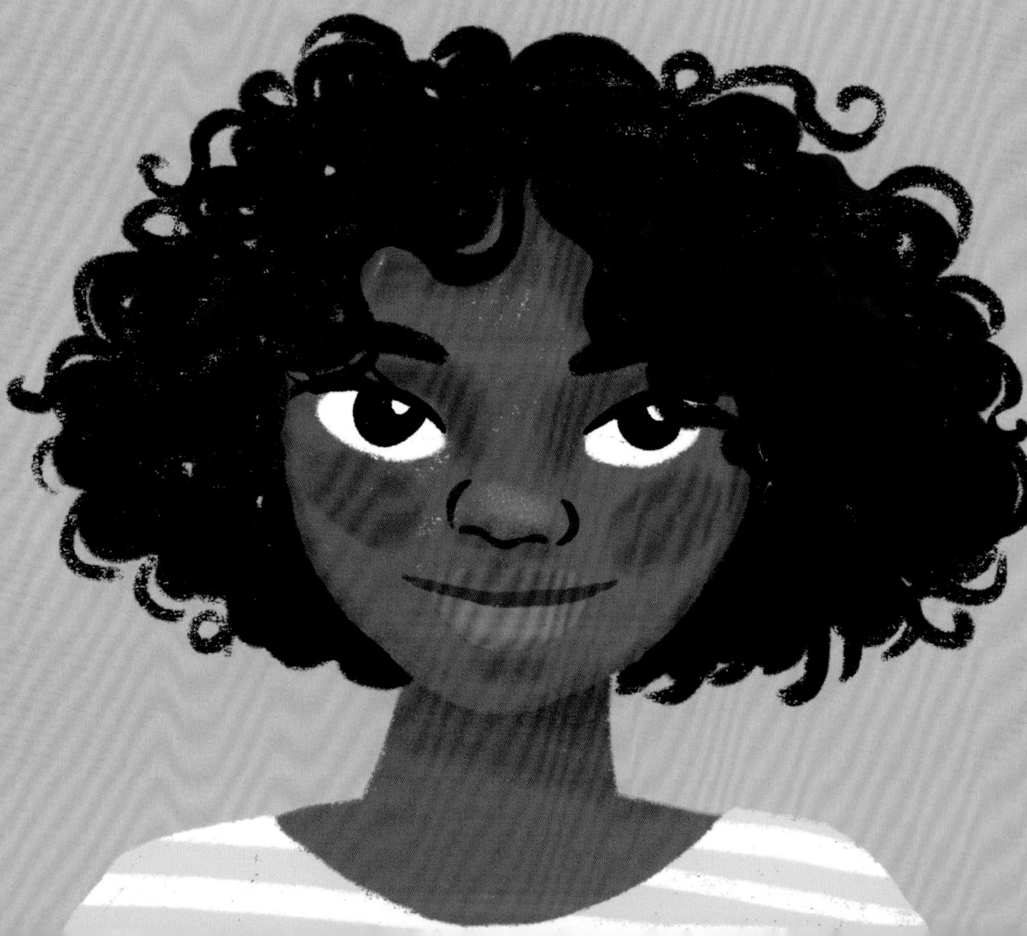

Besitzt du eine gute Menschenkenntnis? Das Zeichnen von Menschen kann sehr abschreckend wirken, besonders auf Anfänger:innen. Ich zeige dir die Grundlagen, damit du Schritt für Schritt deine Fertigkeiten verbesserst, Menschen stilistisch zu zeichnen. Dafür gibt es viele Möglichkeiten – aber um etwas stilisieren zu können, musst du verstehen, wie es in Wirklichkeit aussieht. Dann kannst du in künstlerischer Absicht Details weglassen und eine Stimmung hinzufügen, um eine bestimmte Ästhetik zu erreichen.

Wenn wir beim Zeichnen von Menschen weniger auf kleinere Details wie Gesichtsmerkmale achten, sondern das Gesamtbild betrachten – den Körper mit Haaren und Kleidung – bringt uns das vom halbrealistischen Zeichnen von Menschen zu einem stilisierten und vereinfachten Bild. Ich erkläre dir die Grundlagen der Gesichtszüge, Proportionen, Haare und Kleidungsdetails, damit du eine solide Basis erhältst, um zu experimentieren und deinen eigenen Zeichenstil zu entwickeln.

Legen wir los!

Gesichtszüge betrachten

Zu wissen, wie Körperteile in Wirklichkeit aussehen, ist absolut wichtig, um Menschen in deinem eigenen Stil zu zeichnen. Nimm dir Zeit, Gesichtszüge zu studieren und zu zeichnen. Auf dieser Seite findest du Schritt-für-Schritt-Bilder sowie Zeichentipps. Suche Referenzfotos oder schaue in den Spiegel und zeichne, was du siehst. Je mehr du beobachtest, desto besser gelingt es dir, stilisierte Menschen zu zeichnen!

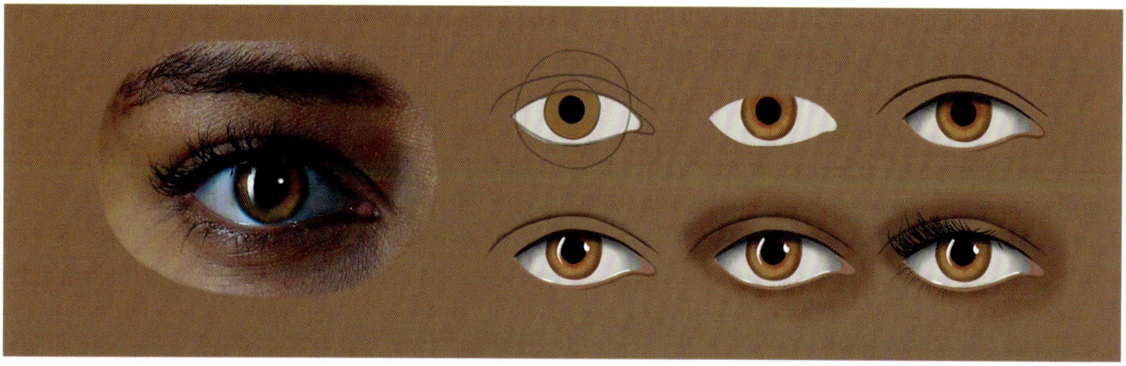

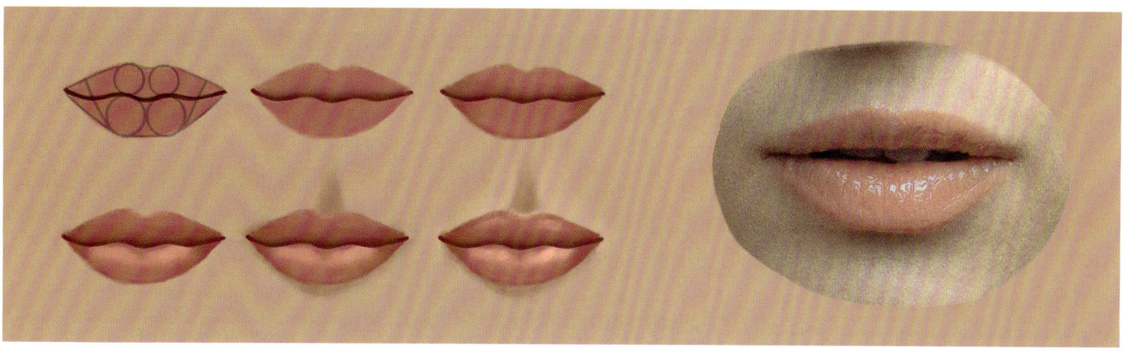

Auge

Wenn ich Augen zeichne, verwende ich viele Ebenen, um die verschiedenen Teile zu trennen, wie Hauptform, Iris, Pupille, Schatten, Glanzlichter und Details. Ich nutze die Alphasperre, um Textur und Farbe hineinzubringen. Für die Schatten im Auge verwende ich eine Clipping-Maske zusammen mit dem Mischmodus Multiplizieren.

Mund

Ich zeichne die gesamte Form des Mundes auf einer Ebene und füge mit einer Clipping-Maske Liniendetails ein. Danach verwende ich die Alphasperre für die Mundform, um deutliche Schatten zu setzen, damit das Bild realistischer aussieht. Die Oberlippe wirkt dunkler als die Unterlippe, weil das Licht auf sie fällt.

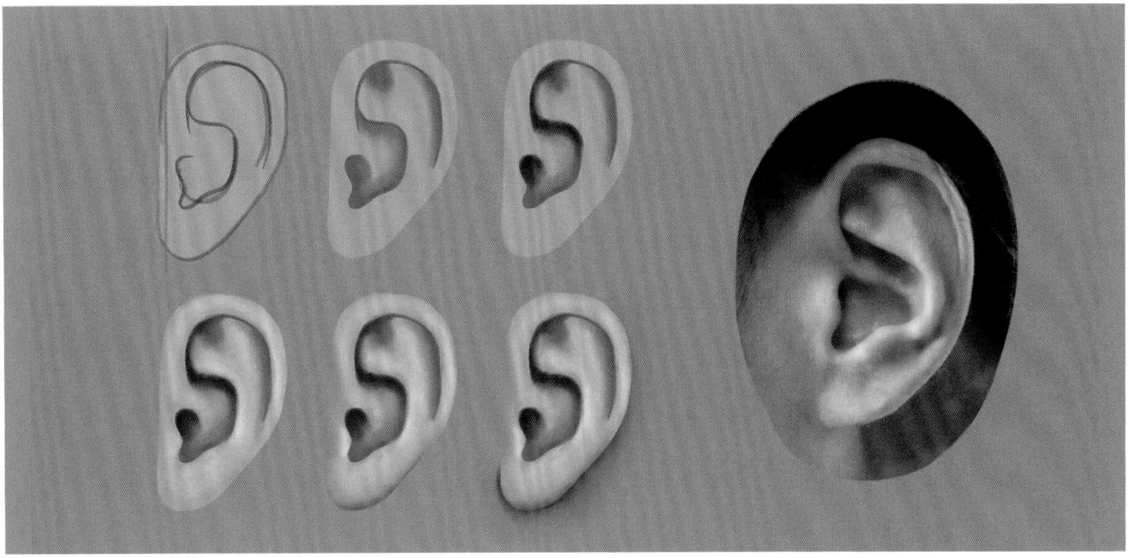

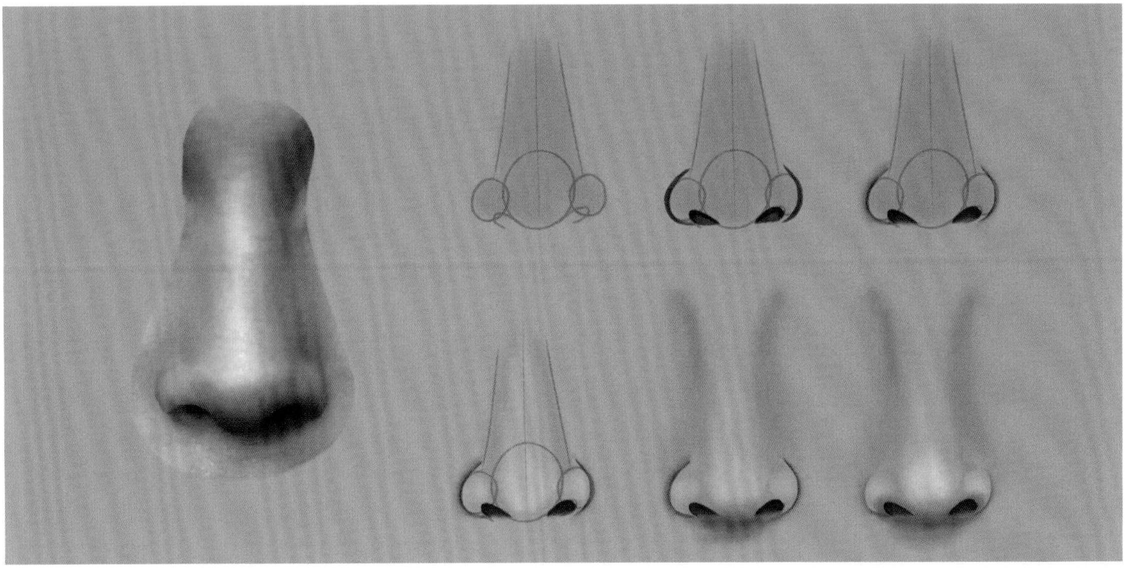

Ohr

Ich zeichne gern Ohren! Dieses Ohr ist auf einer einzigen Ebene gezeichnet. Ich beginne mit der Form und lege dann die dunkelsten Bereiche und scharfen Ränder fest. Mit aktivierter Alphasperre füge ich hellere und dunklere Schatten und Glanzlichter hinzu. Mit einem Hauch von Rot an den Rändern sieht es noch realistischer aus.

Nase

Nasen können schwierig zu zeichnen sein, da sie meist aus weichen Schatten bestehen. Ich beginne mit einer Farbe, die dunkler und röter ist als der Grundton der Haut. Die scharfen Details liegen auf einer Einzelebene, aber alles andere schattiere ich auf der untersten Ebene. Dann setze ich Glanzlichter und Schatten, um der Nase Dimension zu verleihen.

Gesichtsproportionen

Die Regeln der Proportionen helfen dir, ein ausgewogenes Gesicht zu zeichnen, auch wenn Merkmale stilisiert und übertrieben werden. Gesichter gibt es in vielen Formen und Größen, aber sie alle folgen den gleichen Regeln. Schau dir das untere Bild mit den Gesichtsproportionen an und versuche, selbst ein Gesicht zu zeichnen.

Du musst dich nicht streng an die Regeln halten, wenn du stilisierte Menschen zeichnest, aber überprüfe die Proportionen und ändere notfalls Details. Je mehr du dich mit Proportionen beschäftigst, desto leichter fällt es dir, sie in einem Bild zu gewichten, ohne dir über jedes Maß Gedanken zu machen. Mit dem schematischen Schaubild rechts fällt es dir leicht, Gesichter zu zeichnen.

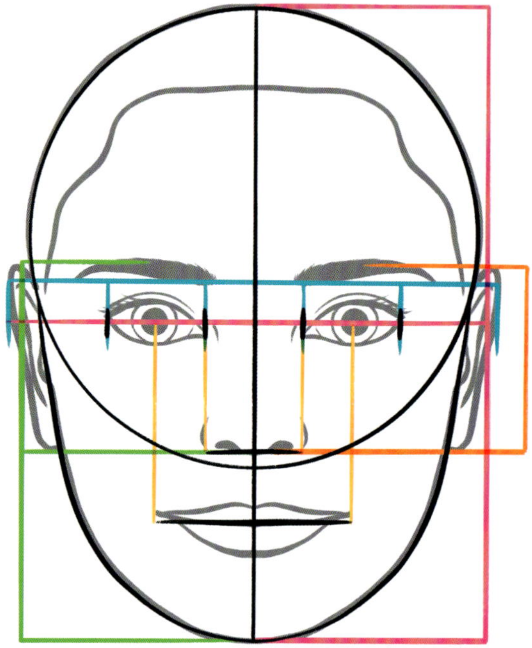

Der Abstand zwischen den Augen entspricht der Breite eines Auges.

Der Abstand von Ohr zu Ohr entspricht fünf Augenbreiten.

Die Augen liegen in der Mitte der Kopfhöhe.

Die Größe der Ohren entspricht der Höhe von den Brauen bis zur Unterseite der Nase.

Die Unterseite der Nase liegt in der Mitte zwischen Brauen und Kinn.

Die Nasenflügel liegen in einer Linie mit den Tränenkanälen.

Die Mundwinkel liegen in einer Linie mit den Pupillen.

Der Abstand von Nase zum Mund beträgt die Hälfte des Abstands von Augen zur Nase.

Gesichtsproportionen im richtigen Verhältnis zeichnen

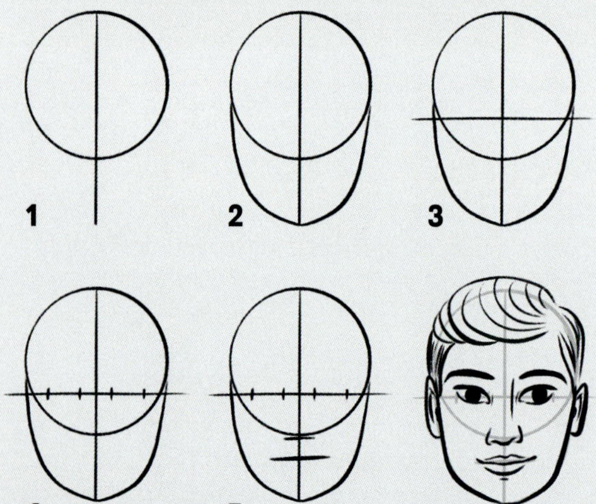

1. Zeichne einen Kreis mit einer Linie in der Mitte, um die Gesamthöhe des Kopfes zu bestimmen.
2. Verbinde Linie und Kreis durch Bögen, um die Kieferlinie zu bilden.
3. Bestimme den Kopfmittelpunkt und zeichne eine waagerechte Augenlinie.
4. Zeichne vier gleich lange Striche auf die Augenlinie, um die Position der Augen zu bestimmen.
5. Platziere die Nasenlinie in die Mitte zwischen Augenlinie und Kinn. Platziere die Mundlinie auf einem Drittel des Abstands von Nase zum Kinn.

Das Gesicht schattieren

Wir wollen die Schattierung des Gesichts entmystifizieren! Da das Gesicht eine ziemlich komplexe Fläche ist, ziehe ich es vor, beim Schattieren zu verallgemeinern. Die Abbildungen auf dieser Seite zeigen dir ein realistisches Modell für die Schattierung von Gesichtern. Für mehr stilisierte Motive schattiere ich nur die dunkelsten Teile des Gesichts (unter der Nase, an den Innenwinkeln der Augen, an den Kopfseiten und die Mundwinkel) sowie die hellsten (Nase, Wangen und Kinn). Die Schattierung des Gesichts kann sich je nach Lichtsituation drastisch verändern, aber diese Abbildung dient dir als Orientierung für eine Schattierung, ohne die Lichtquelle zu kennen.

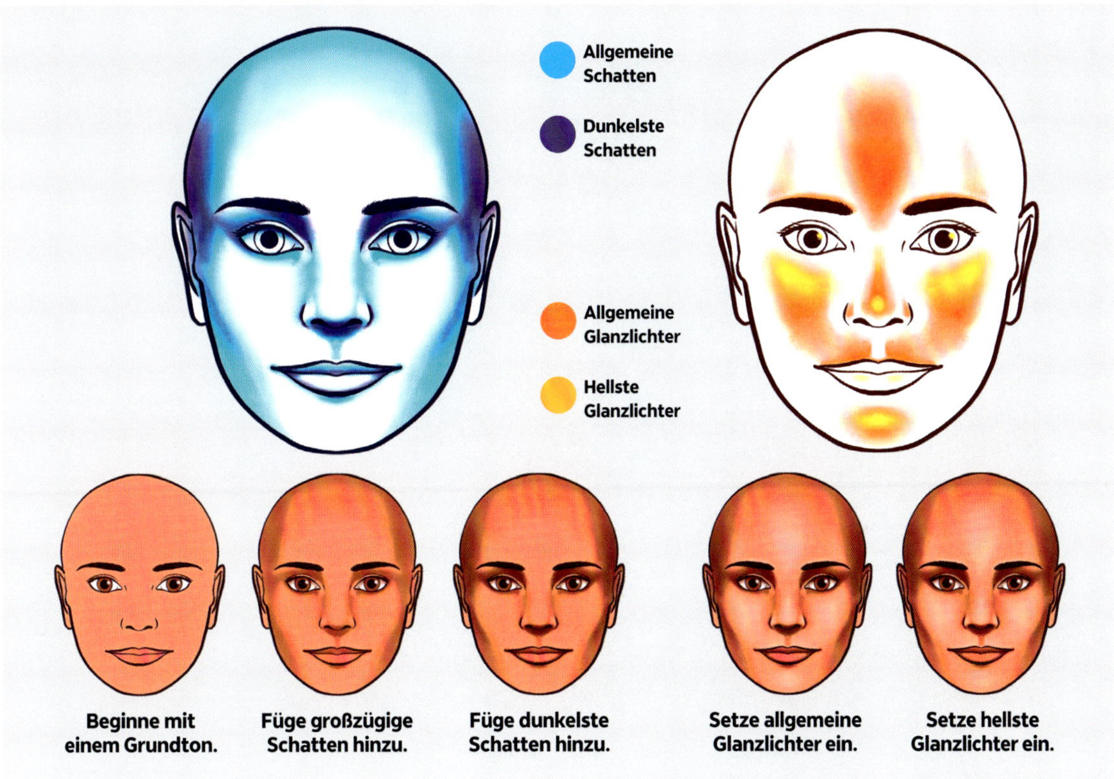

Hautfarben auswählen

Beachte bei der Wahl der Farben für die Hautschatten die Veränderung des Farbtons und die Sättigung. Wähle nicht einfach eine hellere oder dunklere Variante des Hautgrundtons. Hautschatten sind oft röter und stärker gesättigt. Lichter können gelblich sein. Experimentiere mit Hauttonfarben, indem du jeden Tonwert auf eine Einzelebene legst und mit »Farbton, Sättigung, Helligkeit« unter Anpassungen eine Feinabstimmung vornimmst.

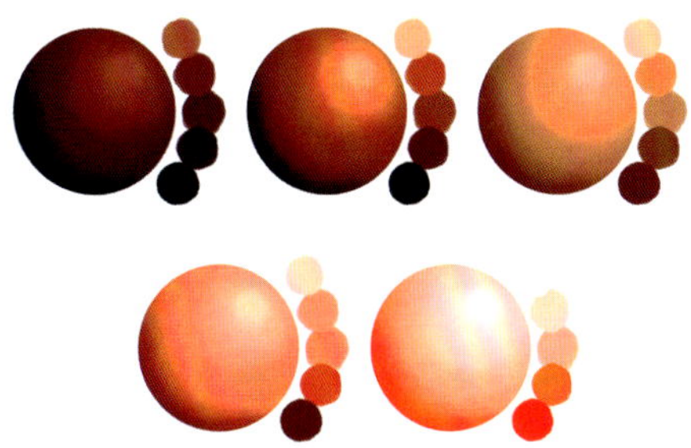

Hautton-Paletten

Haare zeichnen

Um Haare mit Tiefe, Textur und Volumen auszustatten, brauchst du fünf Elemente: Gesamtform, Strähnen, Textur-/Wuchslinien sowie Schatten und Glanzlichter. Trotz der vielen Texturen, Längen, Stile und Farben von Haaren ist die Methode zum Zeichnen von Haaren recht ähnlich – wichtig ist, dass diese fünf Elemente zur Haartextur passen, egal, ob das Haar glatt, gewellt, lockig oder kraus ist. Nachfolgend zeige ich dir eine Möglichkeit, stilisiertes Haar zu zeichnen, aber damit gelingen dir Frisuren in vielen künstlerischen Stilen.

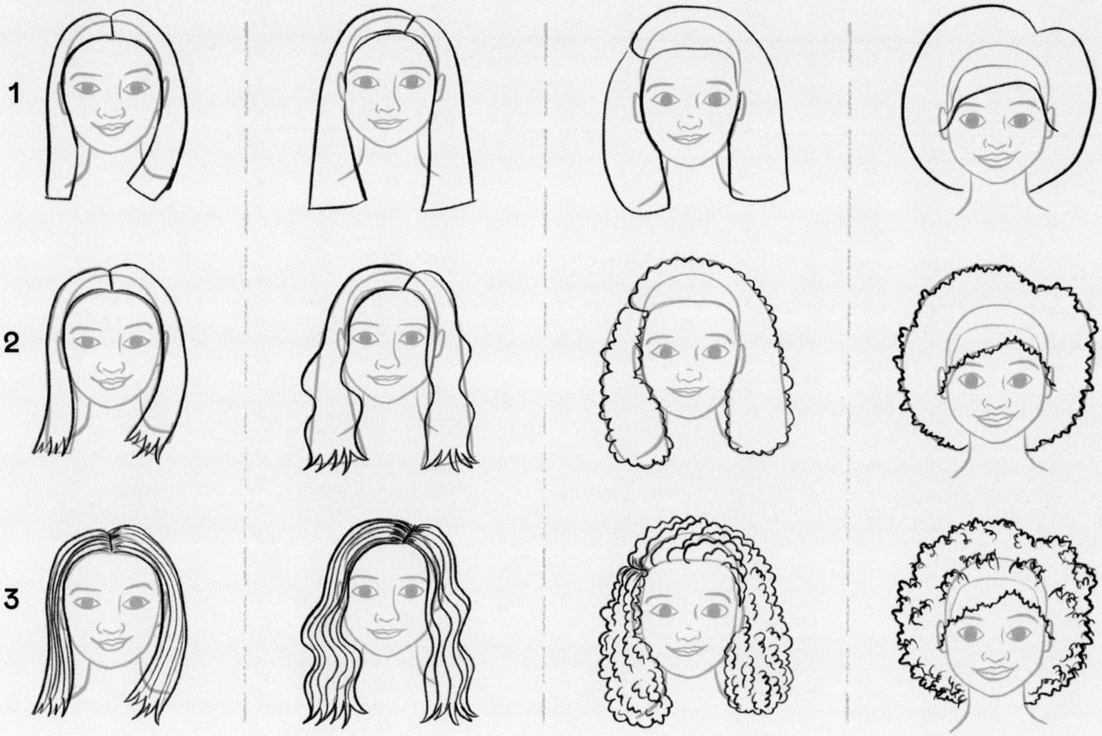

Frisuren skizzieren

Haare sind manchmal schwierig zu zeichnen, daher empfehle ich immer, Referenzfotos zu Hilfe zu nehmen.

1. Wenn das Gesicht gezeichnet ist, legst du den Haaransatz am Kopf fest. Zeichne die Grundform der Frisur mit glatten Linien und achte darauf, die Haare an den Seiten nach außen zu zeichnen, um ihnen Volumen zu geben. Je mehr Textur das Haar hat, desto mehr Volumen sollte es haben.
2. Zeichne die Haarform mit Details und Outlines, die zur Haarstruktur passen – gerade für glattes Haar, wellige für lockiges …
3. Füge Linien ein, um Teile, Richtung und Textur der Haare festzulegen.

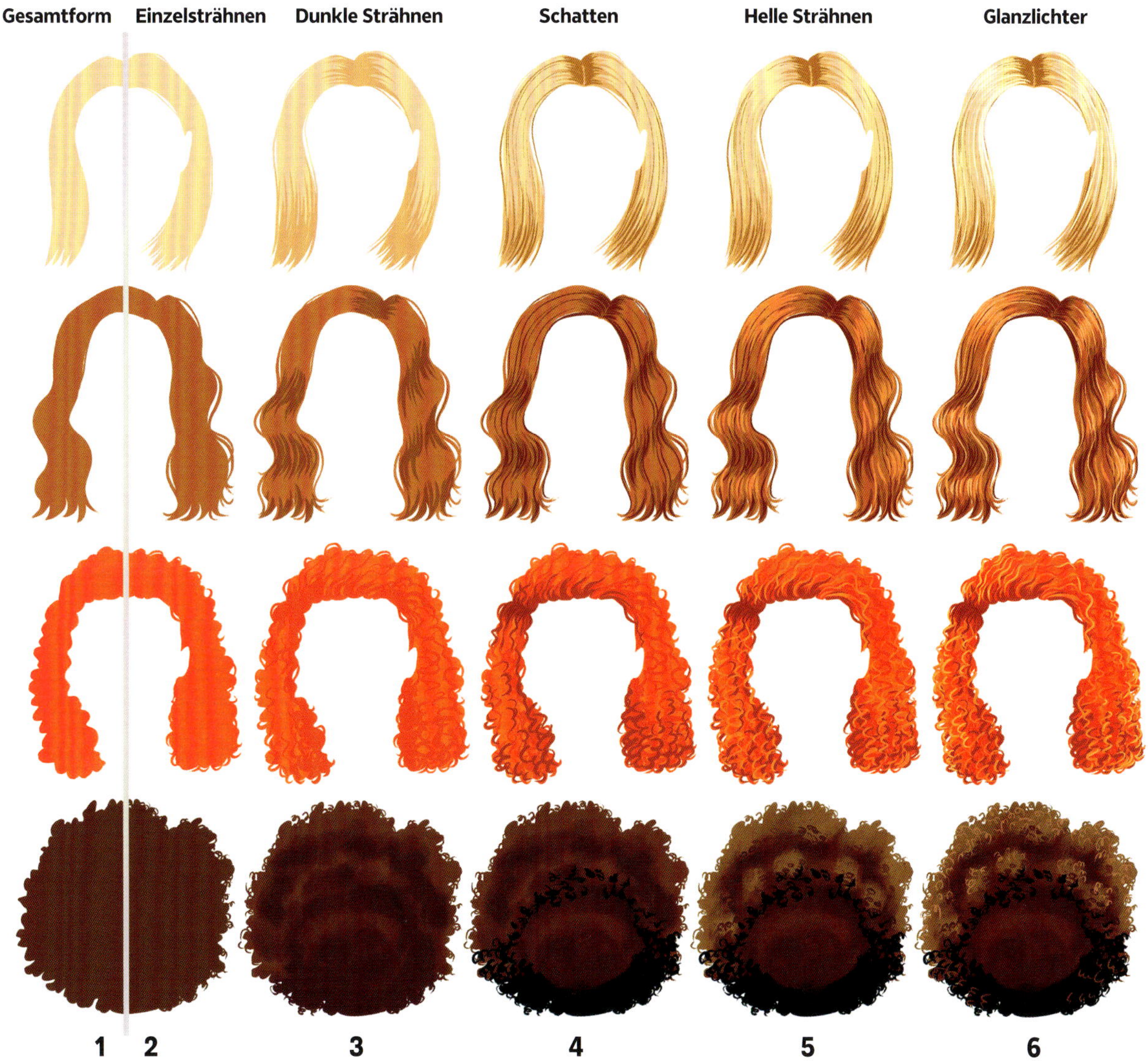

Haare farbig ausarbeiten

1. Zeichne die allgemeine Form des Haares in einer Grundfarbe.

2. Zeichne am Rand einzelne Haare und Strähnchen. Beginne, verschiedene Tonwerte übereinanderzulegen. Erstelle möglichst für jeden Tonwert eine Ebene, falls du die Farben noch anpassen möchtest.

3. Füge mit einer Clipping-Maske Striche für dunkle Strähnen hinzu.

4. Betone die dunklen Partien mit einem dunkleren Wert. Verwende diese Farbe auch zum Zeichnen feiner Strähnen.

5. Male die hellen Strähnen in einer helleren Farbe als die Grundfarbe. Setze sie dort ein, wo auch das Licht auf das Haar treffen würde, oder schau dir Referenzfotos an.

6. Setze mit einem helleren Tonwert einige Glanzlichter und einzelne Strähnchen ins Haar.

Projekt: Stilisiertes Selbstporträt

Du lernst nun, das erste komplette Gesicht zu zeichnen, und was wäre besser geeignet als dein eigenes! Du zeichnest ein stilisiertes Selbstporträt, was bedeutet, dass du dir bei den Gesichtszügen und Proportionen kreative Freiheiten herausnehmen kannst. Skizziere einige stilisierte Merkmale und entscheide, welcher Stil dir am besten gefällt. Du kannst Miniaturskizzen anfertigen, um die Kombinationen von charakteristischen Merkmalen auszuprobieren und dann ein Gesicht entwerfen.

Teil 1: Gesicht & Haare skizzieren

Da Gesichter meist symmetrisch sind, kann der Symmetrie-Leitfaden von Procreate dir beim Zeichnen und Anpassen der Gesichtszüge helfen. Gehe unter Aktionen auf »Leinwand«, schalte »Zeichenhilfe« ein und tippe auf »Bearbeiten«. Tippe auf »Symmetrie« und dann auf »Zeichenhilfe-Optionen«, damit »Unterstütztes Zeichnen« aktiviert ist. Tippe auf »Fertig«. Wenn unterstütztes Zeichnen aktiviert ist, wird alles, was du auf einer Hälfte der Leinwand zeichnest, auf die andere Seite gespiegelt.

1

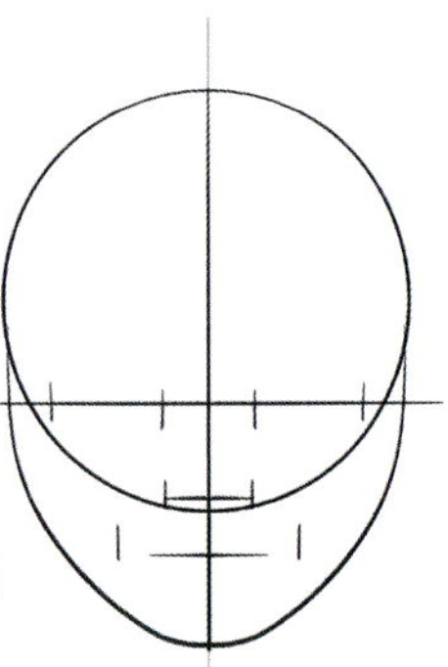

2

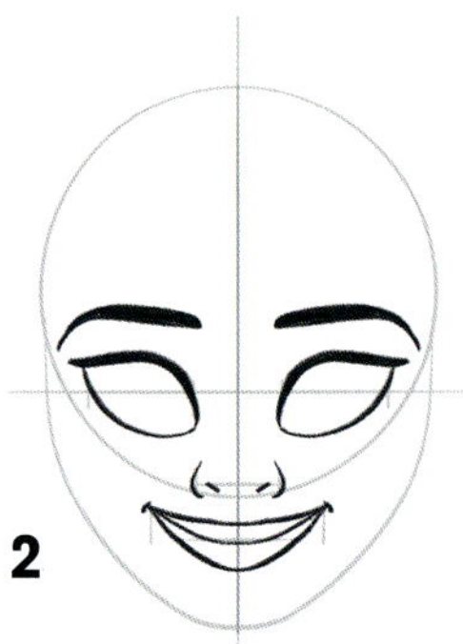

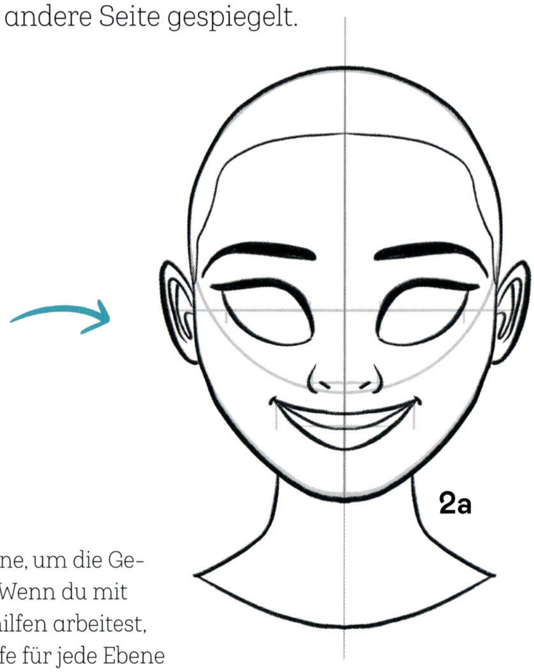

2a

Proportionen festlegen

1. Lege zunächst die Verhältnisse der Gesichtsproportionen fest (Seite 110). Arbeite mit der QuickShape-Funktion (Seite 30), um perfekte Kreise und Linien zu erstellen. Dieses stilisierte Gesicht folgt den gängigen Proportionsregeln, außer bei den Augen, die ich übergroß gestalten möchte.

Gesichtszüge zeichnen

2. Erstelle eine neue Ebene, um die Gesichtszüge zu zeichnen. Wenn du mit den Procreate-Zeichenhilfen arbeitest, musst du die Zeichenhilfe für jede Ebene aktivieren, auf der du die Symmetrie-Funktion verwendest. Aktiviere die Zeichenhilfe für die neue Ebene über der Menüebene. Gestalte die Gesichtszüge. Es gibt viele Arten, Augen, Nase, Mund und Ohren zu zeichnen.

2a. Zeichne Gesichtsform und Hals und lege den Haaransatz fest. Schalte unter Aktionen die Zeichenhilfe aus, um die Linie in der Bildschirmmitte auszublenden.

Perfekte Pupillen gestalten

3. Erstelle für Iris und Pupillen eine neue Ebene und aktiviere die Zeichenhilfe. Zeichne einen Kreis oder ein Oval für die Pupille und koloriere ihn. Zeichne für die Iris einen konzentrischen Kreis um die Pupille. Schalte die Zeichenhilfe aus. Die Pupillen sind so okay, aber ich liebe einen Seitenblick, also schiebe ich sie nach rechts. Radiere überflüssige Linien aus.

Mit Verflüssigen dein »Ich« finden

4. Hier ist ein schöner Tipp, damit deine Gesichtsskizze mehr wie du aussieht. Tippe zurück auf die Gesichtsskizzen-Ebene, wobei Zeichenhilfe aktiviert ist. Verwende das Verflüssigen-Werkzeug (Seite 31), um Gesichtsform und charakteristische Merkmale zu bewegen, bis sie dir ähneln. Schau in den Spiegel oder nimm ein Foto von dir zur Orientierung.

Frisur skizzieren

5. Erstelle eine neue Ebene und zeichne das Gesamtvolumen des Haares mit einer Grundform.

Erstelle eine weitere Ebene, um die Haarform detaillierter zu skizzieren. Setze Textur und Richtungslinien über die Haarform.

Radiere Teile der Gesichtsskizze unter dem Haar aus und führe beide Ebenen zusammen, um deine Skizze fertigzustellen.

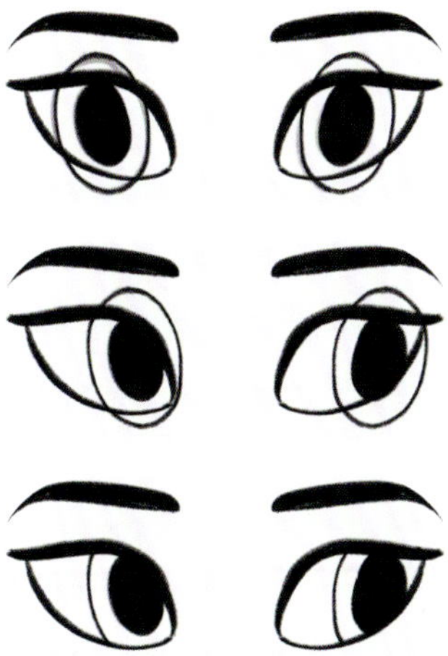

3

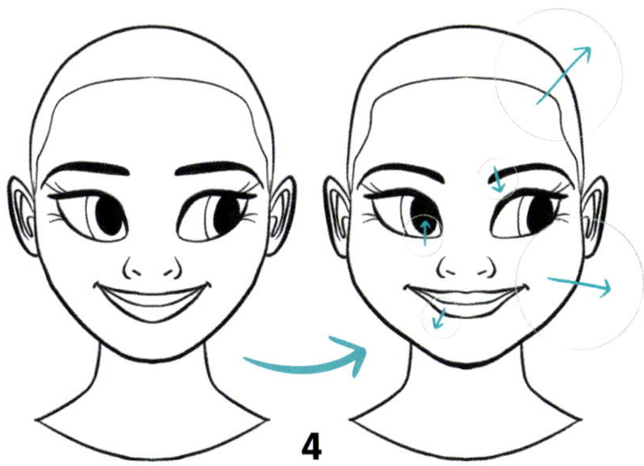

4

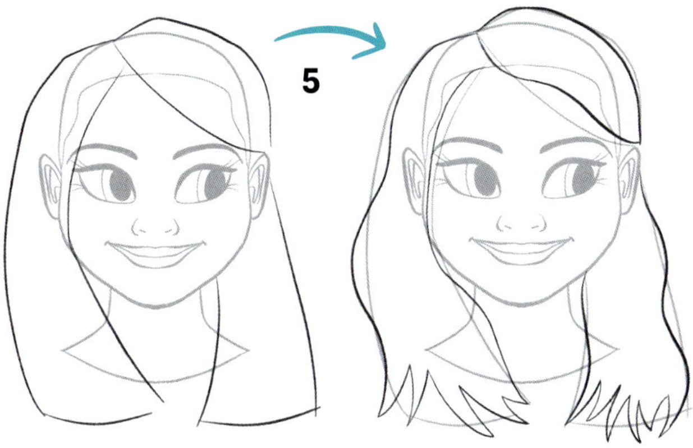

5

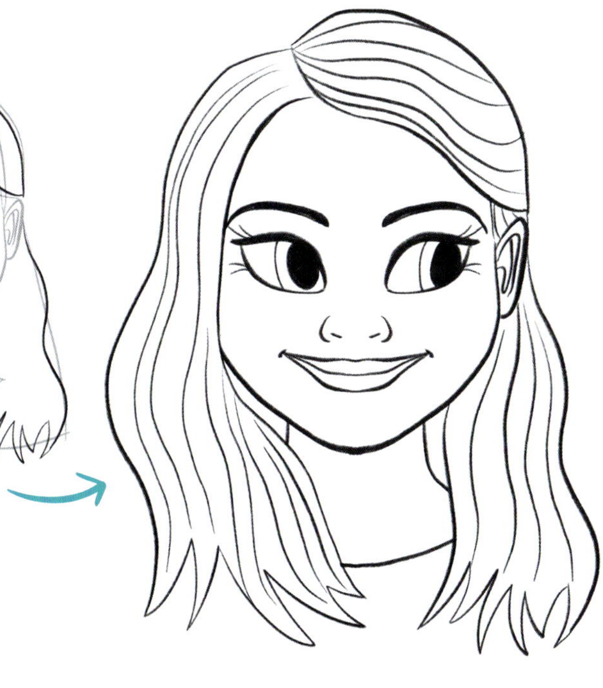

HINWEIS: Ich habe nur zwei Pinsel zum Kolorieren und Bearbeiten verwendet: Schiefer-Pinsel (Kalligrafie) für Formen und Liniendetails, und Soft Shading* (Malen, siehe S. 46) für weiche Schattierungen.

Teil 2: Gesicht kolorieren und schattieren

Gesicht und Gesichtszüge formen

1. Beginne auf einer neuen Ebene unter deiner Skizzenebene mit dem Zeichnen der Gesichtsformen.

Erstelle eine neue Ebene und zeichne Augen, Lippen und Augenbrauen.

Aktiviere die Zeichenhilfe für diese Ebene, um den Vorgang zu erleichtern.

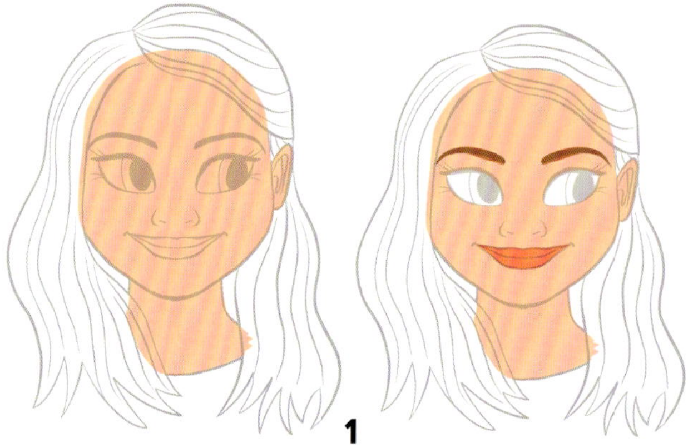

1

Augendetails ausarbeiten

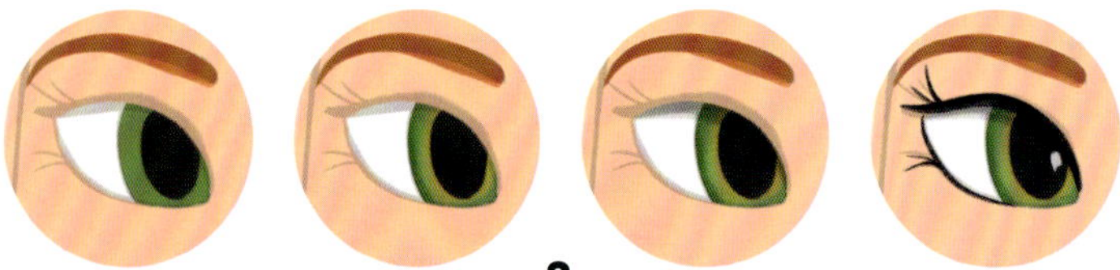

2

2. Verfahre für die Augendetails so wie auf Seite 108 beschrieben. Erstelle Clipping-Masken für Iris und Pupille. Füge der Iris mit der Alphasperre Details hinzu. Verwende eine auf Multiplizieren eingestellte Clipping-Maske für die Augenschatten. Zeichne über alle Linien eine Linie für die Wimpern und einen Glanzpunkt.

Haut schattieren

3. Als Nächstes fügst du eine einfache Schattierung für das Gesicht ein. Gestalte sie mit dem Wischfinger etwas weicher. Ich habe die Schatten hier in Blau und die Glanzlichter in Orange dargestellt, aber male sie in Hauttonwerten.

Verwende eine Clipping-Maske über der Gesichtsform-Ebene, um die Schatten zu malen. Nutze die Alphasperre, um dem Kinn und dem Ohr einen Schatten zu geben. Male die Glanzlichter auf dieselbe Clipping-Maske wie die Schatten. Zum Schluss gibst du der Haut einen schönen Rosaton.

Erstelle eine weitere Clipping-Maske und setze ihren Mischmodus auf Multiplizieren. Verteile ein Hellrosa auf Wangen und Nase.

Nach dem Schattieren wähle eine entsprechend dunkle Farbe und zeichne die Linien für Nase und Ohr.

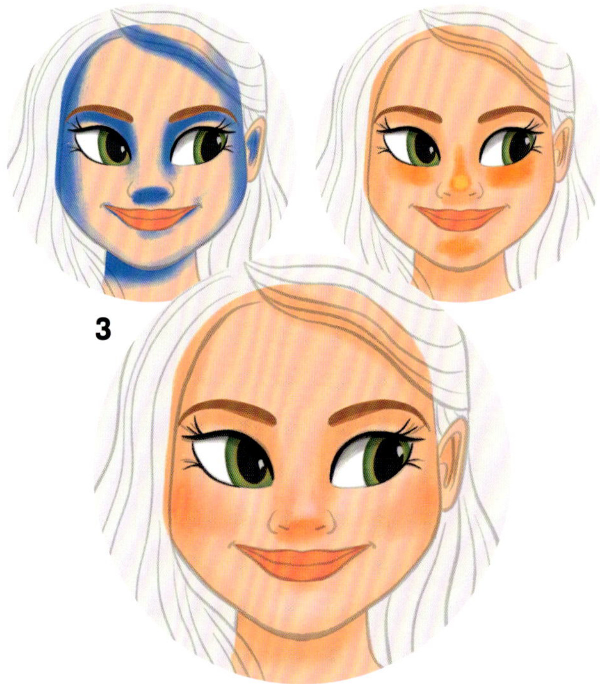

3

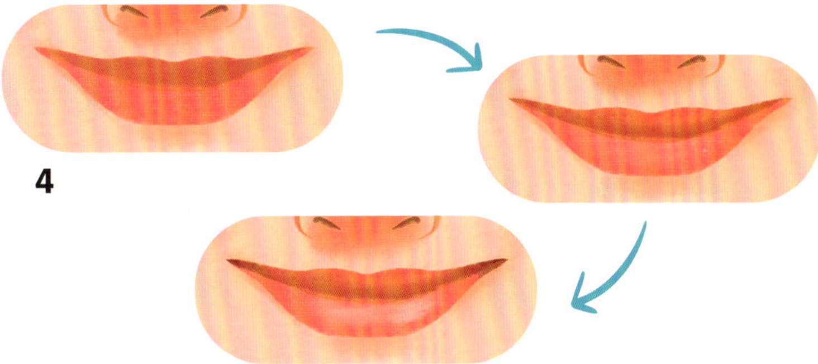

4

Lippen aufpolstern

4. Tippe zurück auf die Clipping-Maske mit der Iris und zeichne die Oberlippe in einem dunkleren Farbton. Verwende die Alphasperre, um die Mitte der Unterlippe und die obere Partie der Oberlippe aufzuhellen.. Setze einen dezenten Glanz auf die Unterlippe. Verwende die Augenschattierungsebene, um die Mundwinkel zu schattieren.

Teil 3: Haare weiter ausarbeiten

Haarform zeichnen

1. Für dieses Bild führen wir eine vereinfachte Version der Haarmethode auf den Seiten 112–113 aus. Zeichne die grobe Form des Haares. Anzahl und Position der Ebenen, die du für das Haar verwendest, variieren abhängig von der Frisur. Ich nutze zwei Ebenen: eine für die Haare hinter dem Ohr und eine weitere für die Haare vor dem Gesicht. Da die Haare hinter dem Ohr, aber über dem Hals liegen, muss ich das Ohr ausschneiden und auf einer eigenen Ebene einfügen. Füge einzelne Haare zu den jeweiligen Haarebenen hinzu. Erstelle eine Ebene unter dem Hals, um die Haare hinter dem Kopf zu füllen.

Textur und Schattierung hinzufügen

2. Erstelle eine Ebene über jeder Haarebene, um Textur und Richtungslinien in einer dunkleren Farbe zu zeichnen. Aktiviere die Alphasperre für die Haarebenen, dann setze einige sanfte Lichter und Schatten ein.

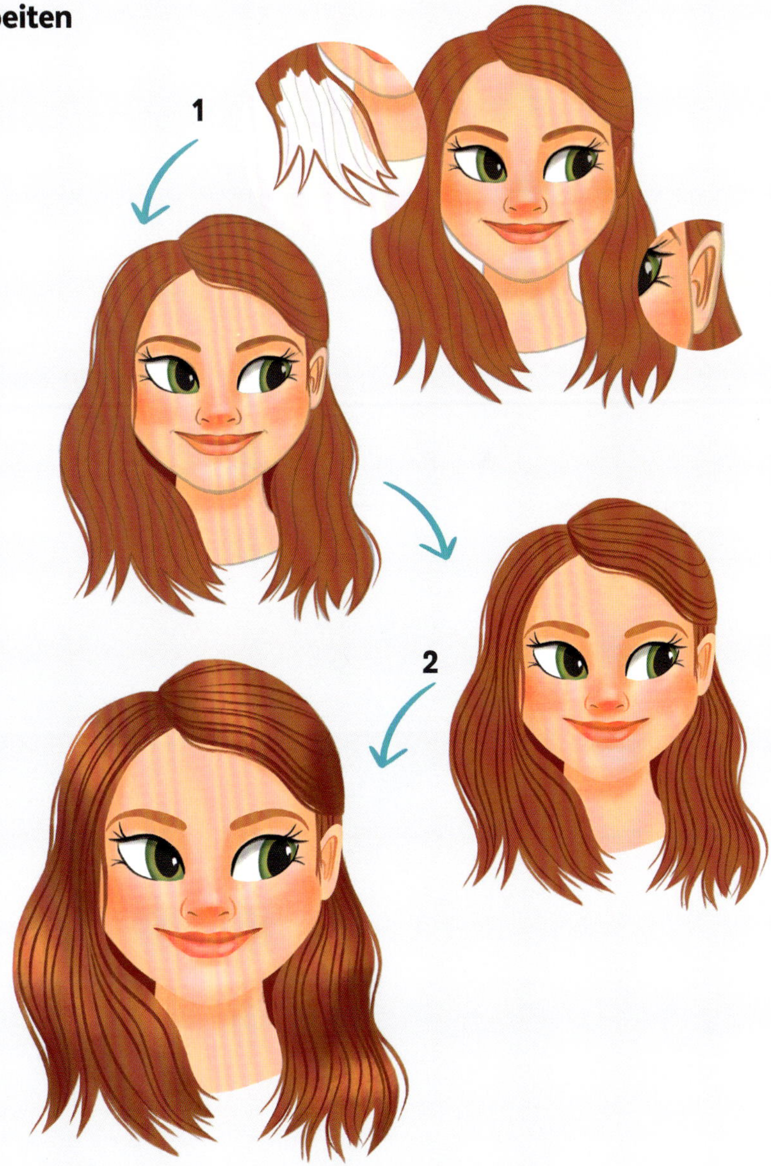

1

2

Glanzeffekte einfügen

Es ist ganz einfach, einen dynamischen Lichteffekt wie diesen Schimmer hinzuzufügen. Dazu muss die gesamte Illustration auf einer Ebene liegen – das gelingt mit der Funktion Leinwand kopieren. Schalte die Sichtbarkeit der Ebene Hintergrundfarbe aus. Gehe zum Menü Aktionen > Hinzufügen. Tippe auf »Leinwand kopieren« und auf »Einfügen«. Es wird eine neue Ebene angezeigt, in der alle sichtbaren Ebenen zu einer zusammengeführt werden. Verschiebe diese Ebene an den Anfang des Ebenen-Bedienfelds und aktiviere die Hintergrundfarbe, um fortzufahren. Erstelle eine Clipping-Maske über der zusammengeführten Ebene und stelle ihren Mischmodus auf Hinzufügen. Wähle eine helle, warme, mittelstark gesättigte Farbe. Du siehst hier die Farben für mein Bild, aber experimentiere einfach, um zu sehen, welche bei dir am besten passt. Je heller die Farbe, desto heller leuchtet sie. Entscheide, woher deine imaginäre Lichtquelle kommt – gegenüber vom Kinnschatten ist ein guter Orientierungspunkt – und male mit Soft Shading* (siehe Hinweis auf S. 46) über den äußeren Rand der Haare. Male über eine Gesichtsseite und Nase, wie abgebildet. Radiere mit Schiefer-Pinsel, um den Schimmer zu verfeinern, dann male mit Schiefer-Pinsel einige glänzende Strähnen. Verwische mit Soft Shading*, um diese Linien weicher zu gestalten.

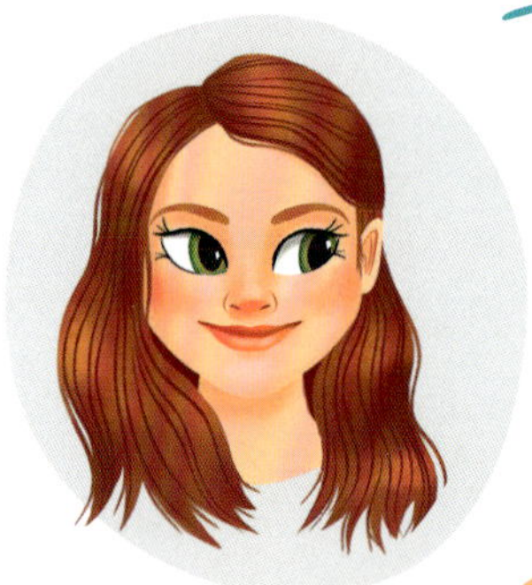

Vorher

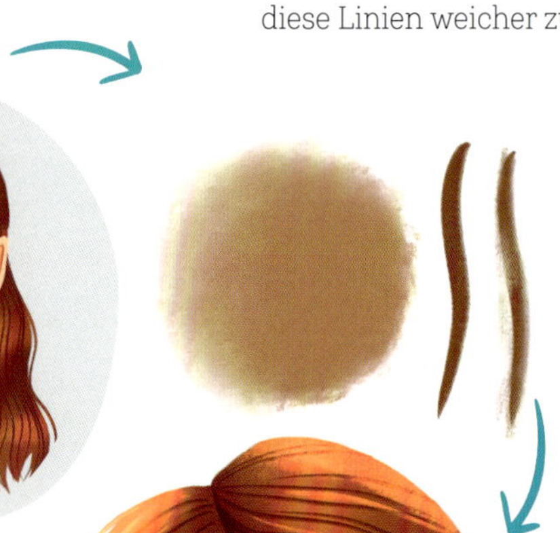

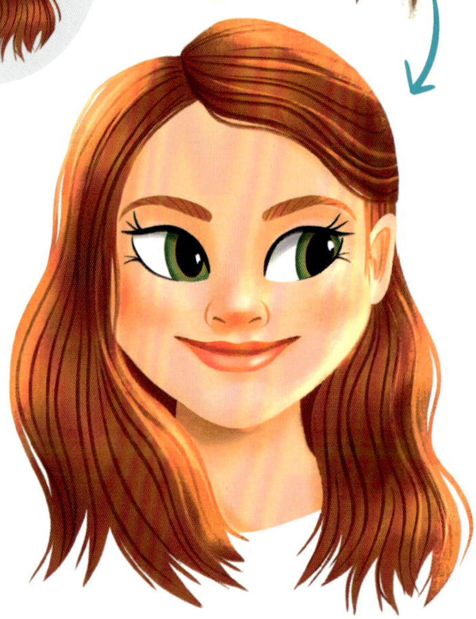

Nachher

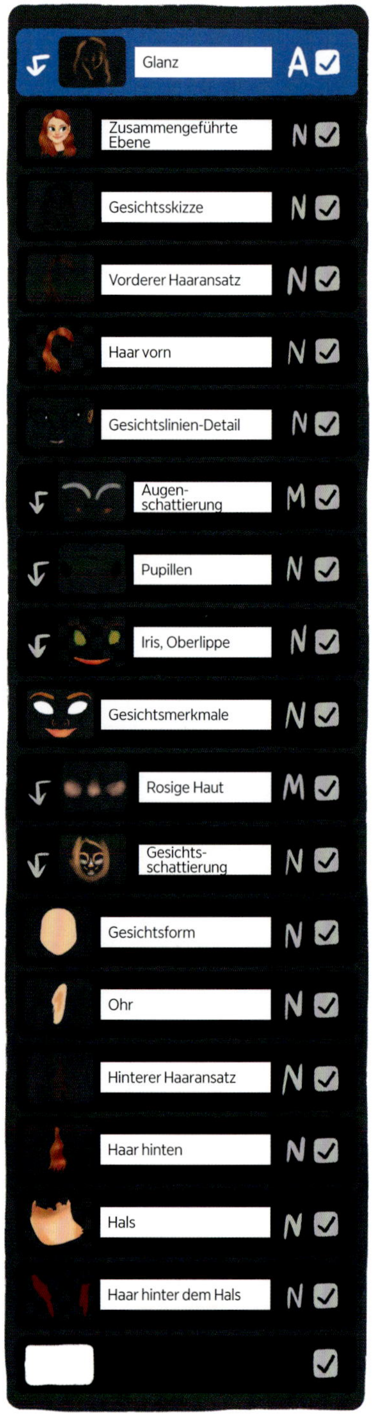

Das fertige Gesicht!

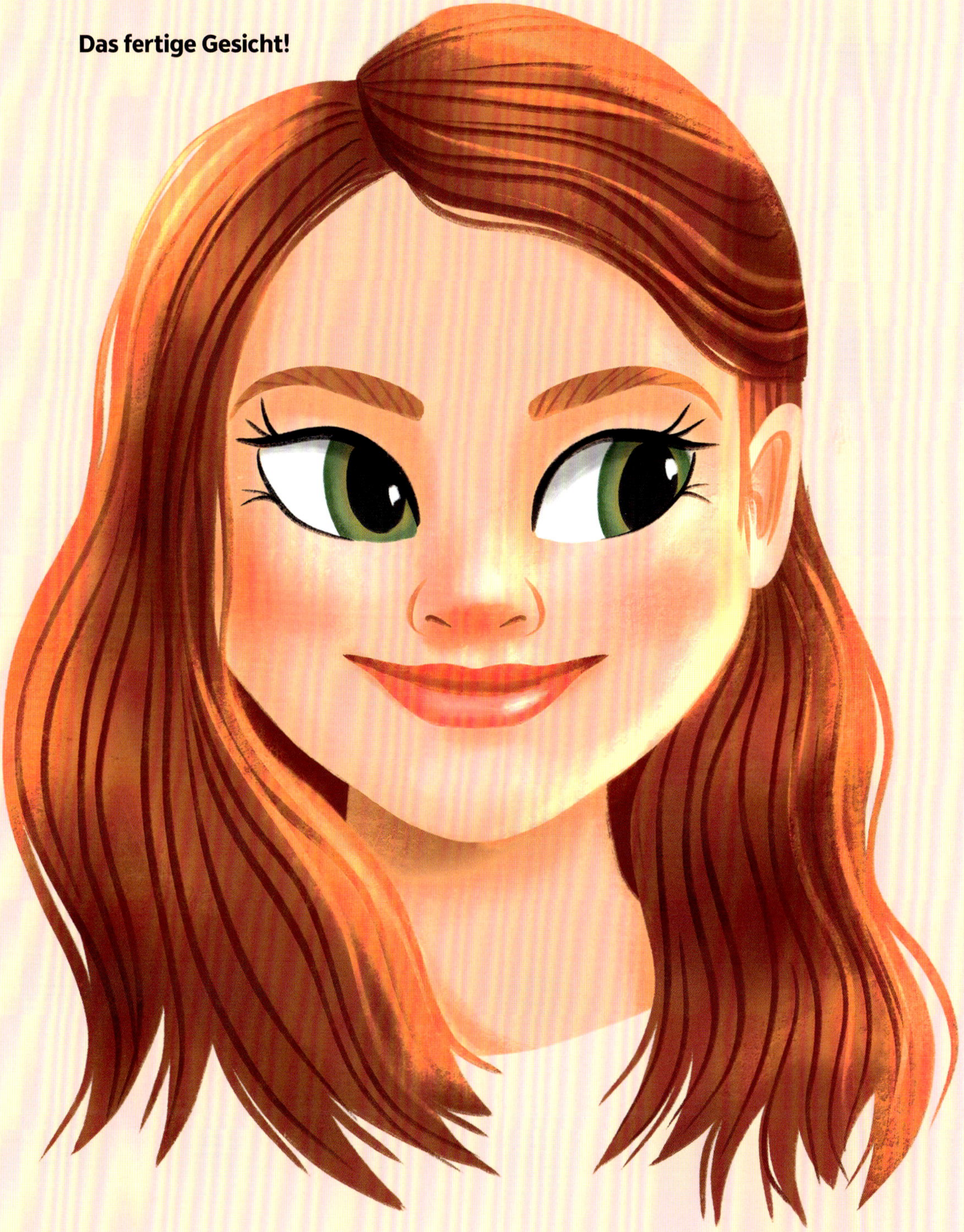

Körperproportionen

Wie beim Gesicht gibt es auch zwischen den verschiedenen Körperteilen proportionale Beziehungen. Diese Beziehungen zu verstehen, hilft dir beim Zeichnen von ausgewogenen und natürlich aussehenden Körpern.

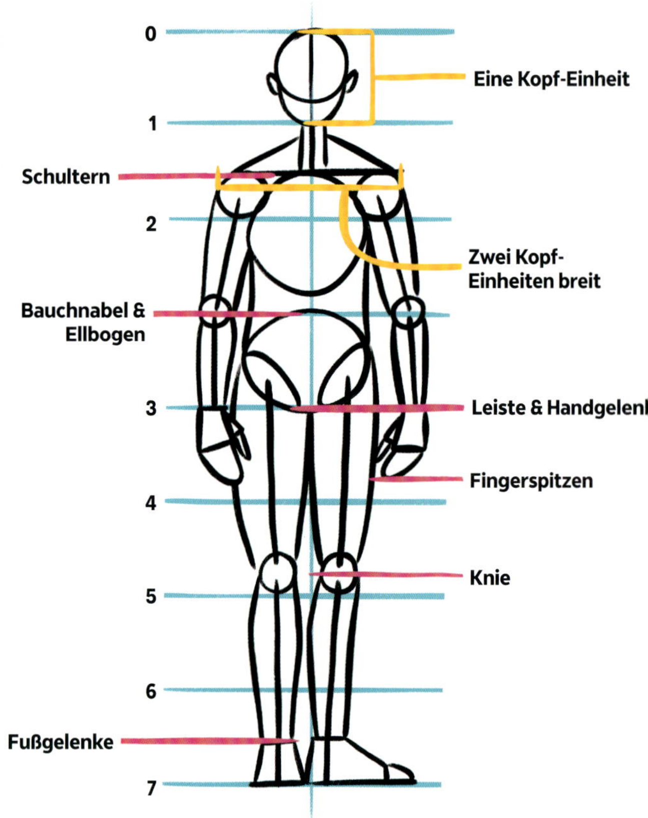

Nachfolgend findest du eine detaillierte Liste von Regeln zu Körperproportionen. Beginne beim Zeichnen einer Figur mit der ersten Regel, mit der du den Gesamtaufbau bestimmst: Der durchschnittliche Körper ist siebeneinhalb bis acht »Köpfe« groß. Ich nehme gern acht, weil sich das leichter teilen lässt.

Wir werden den Kopf als Maßeinheit verwenden – ich bezeichne ihn als Kopf-Einheit.

Regeln für Körperproportionen

Oberkörper

- Die Schlüsselbeine liegen etwa eine halbe Kopf-Einheit unter dem Kinn.
- Die Schultern sind etwa zwei Kopf-Einheiten breit.
- Der Nabel liegt etwa drei Kopf-Einheiten unter dem Scheitel des Kopfes.
- Die Leiste ist der untere Teil des Oberkörpers und liegt in der Mitte des Körpers.

Arme

- Die Ellenbogen liegen in Höhe des Bauchnabels.
- Die Handgelenke sind auf Höhe der Leiste.
- Die Hände fallen auf die Mitte des Oberschenkels.
- Der Oberarm ist länger als der Unterarm.
- Die Hand misst zwei Drittel bis drei Viertel der Unterarmlänge.

Beine

- Die Beine, von der Leiste zu den Fersen, entsprechen dem Abstand vom Kopf bis zur Leiste und damit der Hälfte des Körpers.
- Die Knie liegen etwa über der Mitte zwischen Leiste und Fersen.
- Die Knöchel befinden sich etwa eine halbe Kopfeinheit oberhalb der Fersen.

Wichtige Regeln zur Erinnerung

Du musst nicht alle Regeln buchstabengetreu befolgen, insbesondere nicht beim Stilisieren des Körpers. Verschiebe die Proportionen beliebig. Wenn etwas nicht passt, richte die Proportionen einfach wieder an den detaillierten Proportionsregeln aus.

Überlege im Zweifelsfall:

- Die Beine sollten etwa die Hälfte des Körpers ausmachen.
- Die Knie befinden sich oberhalb der Mitte zwischen Leiste und Fersen.
- Die Hände reichen bis zur Mitte des Oberschenkels.

Jetzt kannst du einen Skelettrahmen anlegen, mit dessen Hilfe du Körper zeichnen kannst.

1. Zeichne Linien für Schultern und Hüften. Füge in der Mitte eine Senkrechte für die Wirbelsäule ein.

2. Zeichne Ovale für Brustkorb, Hüften, Schultergelenke und Hüftgelenke.

3. Setze oben den Kopf auf. Da du jetzt die Höhe vom Kopf bis zur Leiste kennst, weißt du, wie lang die Beine sein müssen.

4. Lege Knie, Knöchel und Füße fest. Tipp: Blättere zu Seite 37, um zu sehen, wie man Füße konstruiert.

5. Füge Arme und Hände hinzu. Denke an die Proportionsregeln – Ellbogen am Bauchnabel, Handgelenke in einer Linie mit der Leiste. Zeichne die Grundformen für die Hände. Zeichne Linien für dreieckige Formen auf den Schultern.

6. Dein Skelettrahmen ist fertig.

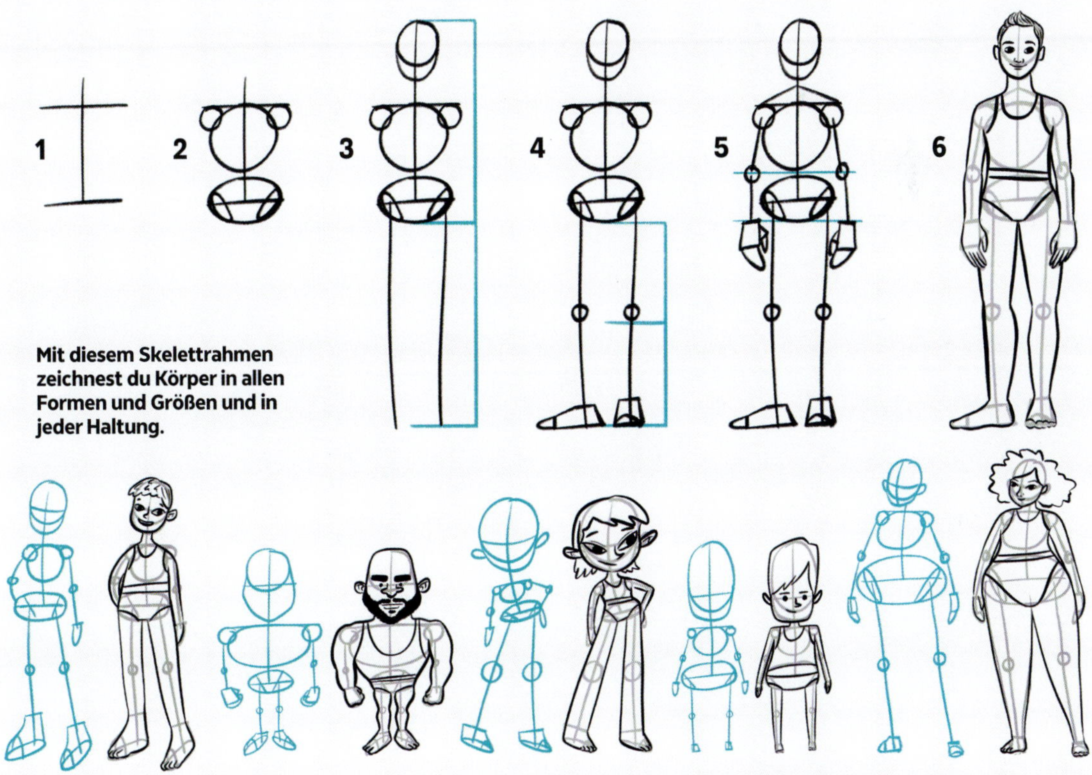

Mit diesem Skelettrahmen zeichnest du Körper in allen Formen und Größen und in jeder Haltung.

Kleidungsdetails

Wenn du einen Körper gezeichnet hast, willst du ihn wahrscheinlich auch ankleiden. Hier zeige ich dir, wie du einfache Kleidungsstücke in etwas Besonderes verwandelst, indem du Manschetten, Kragen, Falten, Rüschen, Streifen, Nähte und mehr hinzufügst.

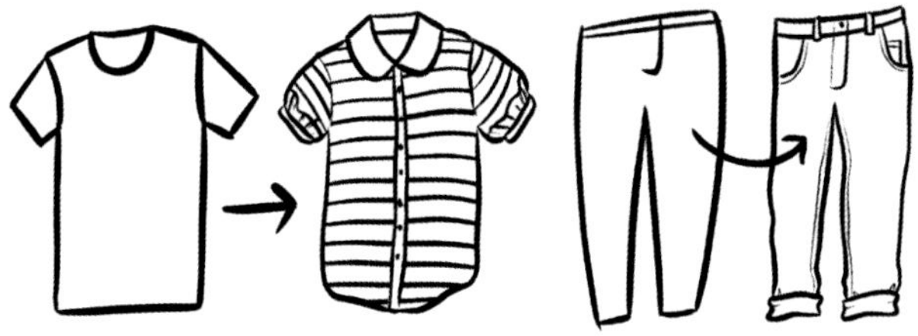

Stoff: Bündchen, Rüschen und Falten

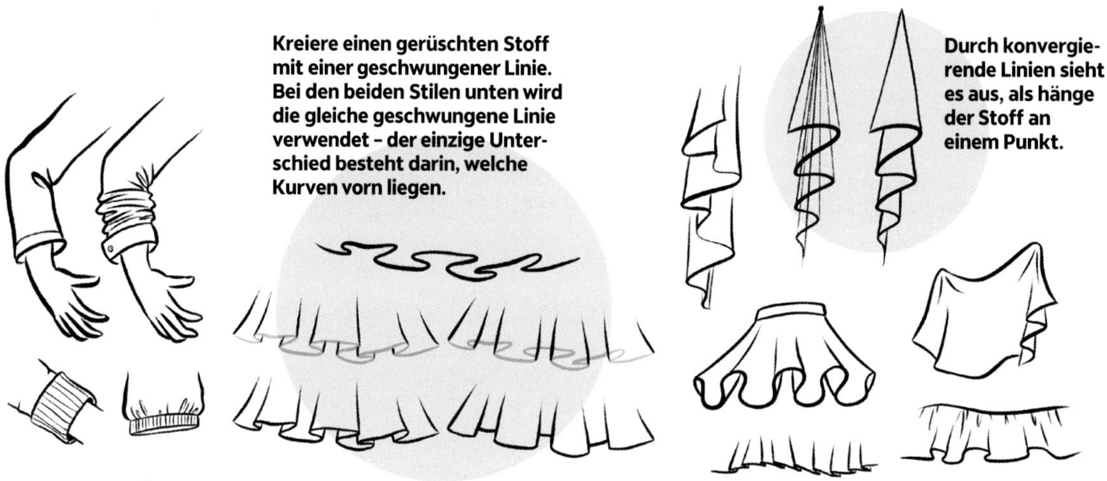

Kragen

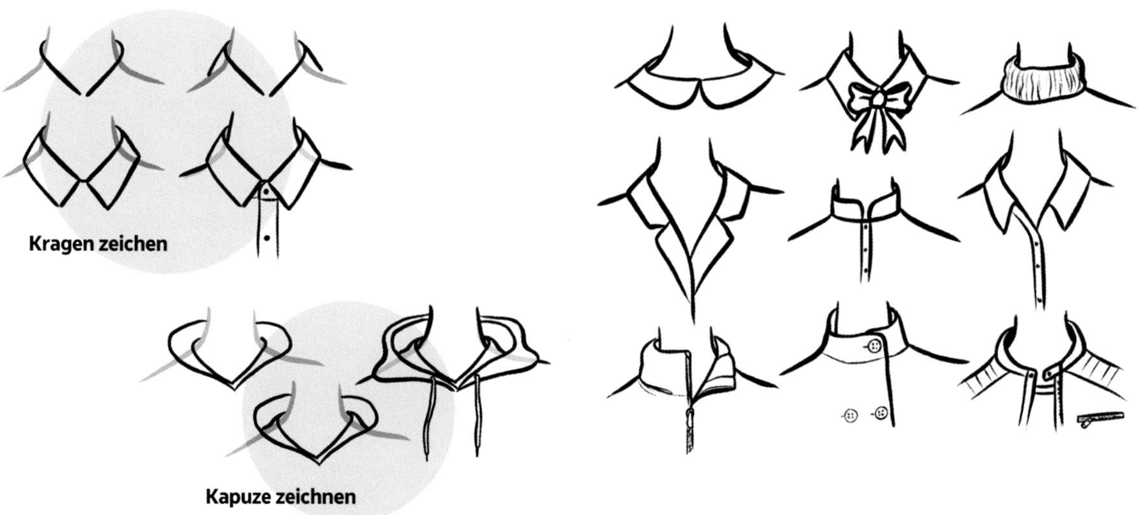

Ärmel

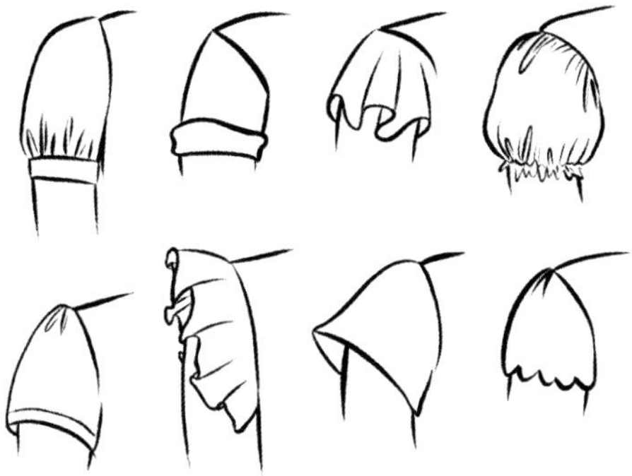

Mustermix

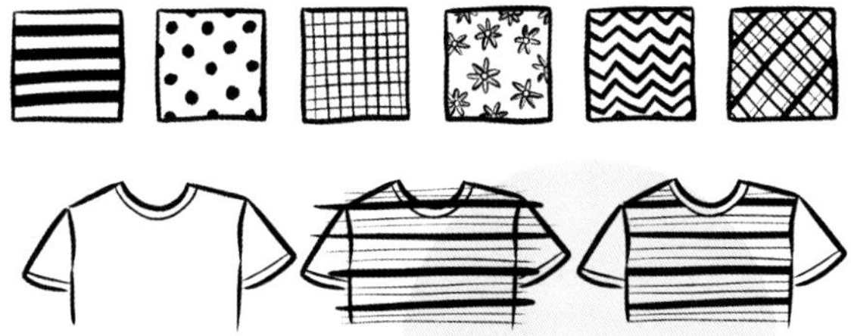

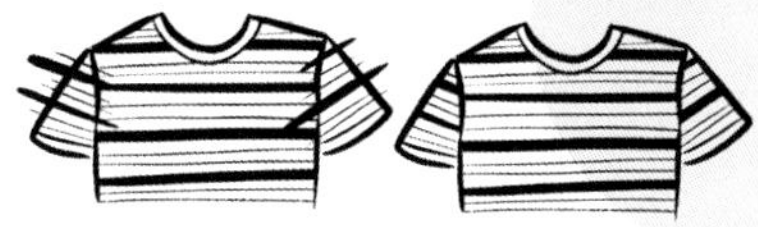

Mit Ebenen und Radiergummi gelingt ganz einfach Kleidung mit Muster.

Verschlüsse

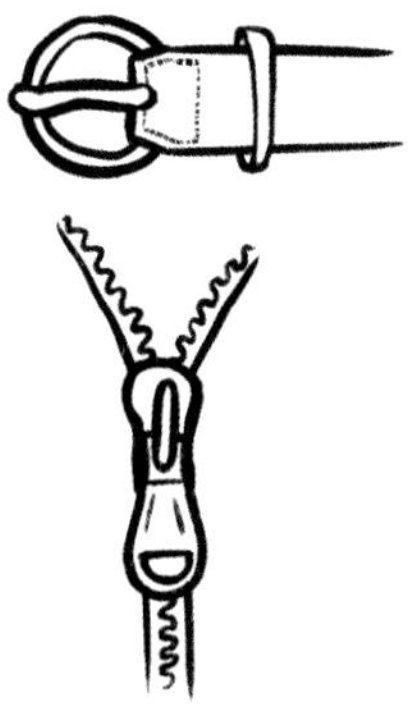

Zeichnest du Schnallen und Riemen auf verschiedenen Ebenen, kannst du unnötige Linien leicht ausradieren.

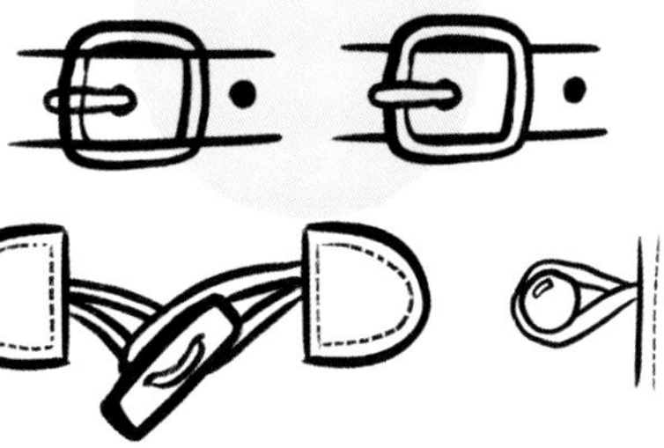

Nähe einen Knopf an: Zeichne einen Kreis und vier Punkte. Radiere innerhalb der Löcher und zeichne den Faden ein.

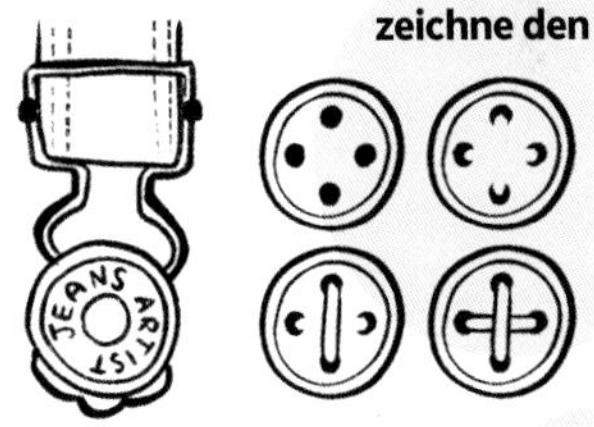

Gekritzelte Linien sehen super als Knopflöcher aus. Füge für dichte Nähte winzige Linien ein oder radiere sie aus.

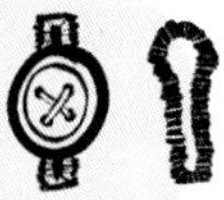

Knoten & Schleifen

Taschen

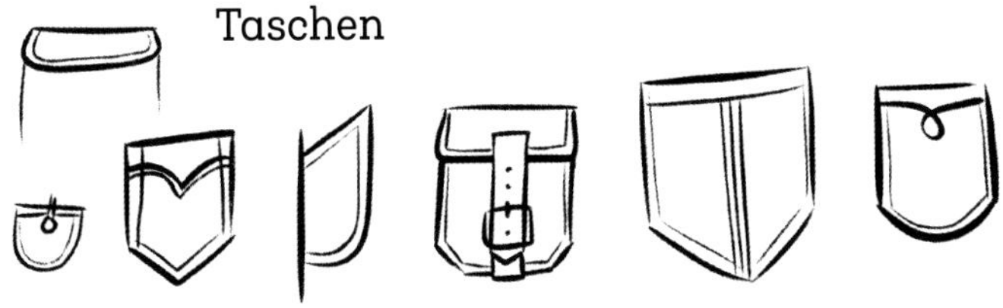

Noch mehr Details

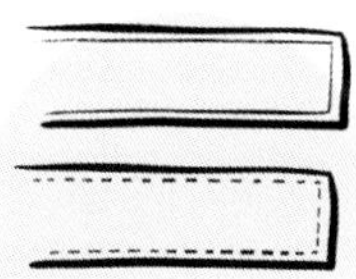

Verwende den Radiergummi für einfache Nähte.

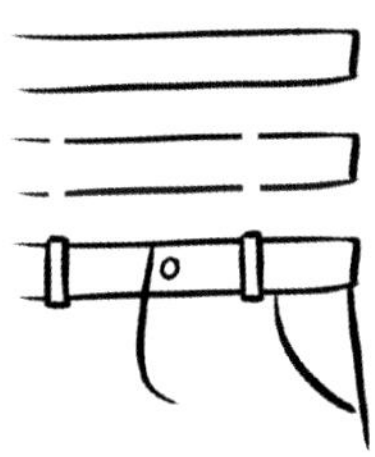

Zeichne Gummibänder aus vielen V-Formen.

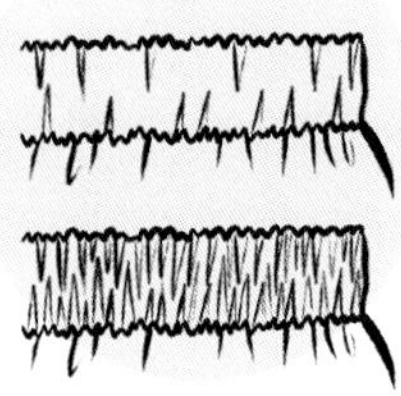

Projekt: Eine Figur konstruieren

Setze deine Fertigkeiten im Zeichnen von Menschen in die Praxis um und zeichne eine Ganzkörperfigur, komplett mit Kleidung und Accessoires. Du lernst, wie du den Grundkörper anlegst, ihn ankleidest, und wie du mit Hilfe von Ebenen mit verschiedenen Kleidungsoptionen experimentieren kannst. Und das Beste daran? Dieses Projekt ist eigentlich ein Spiel! Entdecke die Details deiner Figur mit einem Würfelwurf.

Hier unten siehst du Listen mit körperlichen Merkmalen, Kleidung und Accessoires. Du brauchst einen Würfel oder eine andere Möglichkeit, um eine zufällige Zahl zwischen 1 und 6 zu wählen. Würfle, um Hautfarbe, Frisur, Kleidung und Accessoires festzulegen. Es gibt mehr als die hier aufgeführten Optionen, also füge ruhig deine eigenen Ideen hinzu. Ran an die Würfel – es ist Zeit für eine spontane Zeichenstunde.

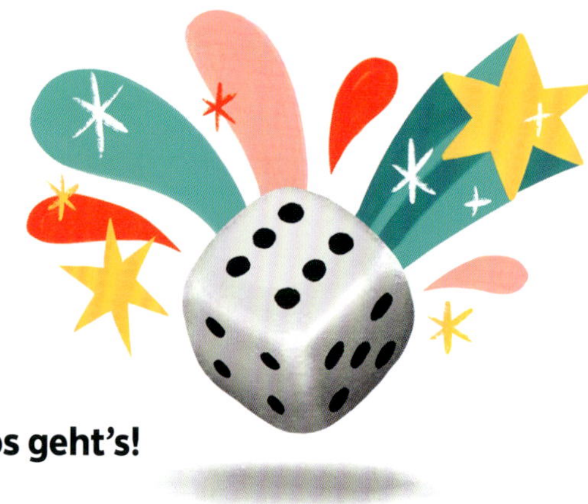

Los geht's!

Haut und Haare

Haarlänge
1. Lang
2. Mittellang
3. Kurz
4. Stirnglatze
5. Raspelkurz
6. Kurz rasiert

Haarfarbe
1. Braun
2. Schwarz
3. Blond
4. Rostrot
5. Rotbraun
6. Silbergrau

Haartextur
1. Glatt
2. Große Wellen
3. Fein gewellt
4. Gelockt
5. Stark gelockt
6. Kraus

Hautton
1. Dunkel
2. Mittel
3. Oliv
4. Gebräunt
5. Hell
6. Blass

Kleidung

Unterteil
1. Jeans
2. Rock
3. Jogginghose
4. Schlaghose
5. Overall
6. Shorts

Jacke & Mantel
1. Regenmantel
2. Blazer
3. Jeansjacke
4. Strickjacke
5. Cabanjacke
6. Hoodie

Oberteil
1. T-Shirt
2. Hemd mit Knopfkragen
3. Bauchfreies Top
4. Ärmelloses Top
5. Tunika
6. Pullover

Schuhe
1. Stiefel
2. Sneaker
3. Pumps
4. Sandalen
5. Fache Schuhe
6. Oxford-Schuhe

Accessoires

Auf dem Kopf
1. Hut
2. Baskenmütze
3. Beanie
4. Sonnenhut
5. Stirnband
6. Haarspange

Am Körper
1. Brille
2. Kniestrumpf
3. Fliege
4. Tatoo
5. Halstuch
6. Gürtel

Schmuck
1. Kette
2. Armband
3. Ohrringe
4. Uhr
5. Piercing
6. Ring

In der Hand
1. Tasche oder Rucksack
2. Musikinstrument
3. Buch
4. Getränk
5. Kamera
6. iPad

Teil 1: Einen Körper konstruieren

Skelettrahmen erstellen

1. Zeichne zuerst eine Linie für Schultern und Hüften. Ich neige diese Linien gern in unterschiedliche Richtungen, damit die Haltung dynamischer wirkt. Zeichne eine Linie für die Wirbelsäule, Ovale für Brustkorb und Hüften, dann die Schultern und Hüftgelenke. Zeichne die Beine. Lege Knie und Fußgelenke fest, zeichne schräge Linien für die Füße, die in unterschiedliche Richtungen zeigen. Auf Seite 37 siehst du, wie du Füße konstruierst. Positioniere die Arme. Hände können eine Herausforderung sein, wenn du zum ersten Mal Menschen zeichnest, also stecke eine Hand in eine Tasche. Für die andere Hand zeichne Formen für Handfläche und Daumengelenk. Mach dir keine Gedanken über die Finger. Ziehe mit Linien dreieckige Formen auf den Schultern. Zeichne schließlich die Kopfform. Verwende Hilfslinien, um die Mitte des Gesichts und die Augenlinie zu bestimmen.

1

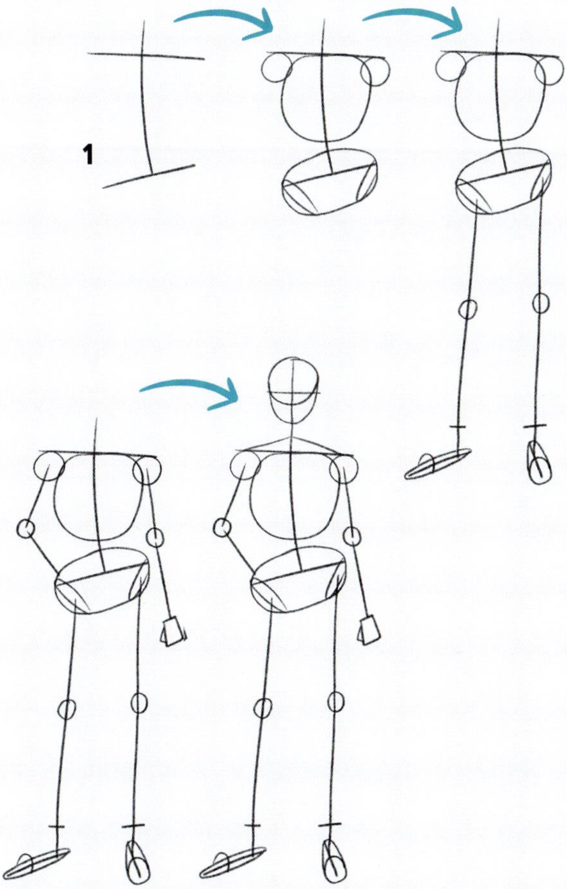

Grundkörper zeichnen

2. Zeichne auf einer neuen Ebene über dem gerade erstellten Skelett den Oberkörper und die Gliedmaßen nach. Achte darauf, dass die Struktur der Füße und Hände auf dieser neuen Skizze liegt. Zeichne das Gesicht deiner Figur. Bleibe bei dieser Illustration bei einfachen Gesichtszügen. Lege den Haaransatz fest und zeichne die Ohren.

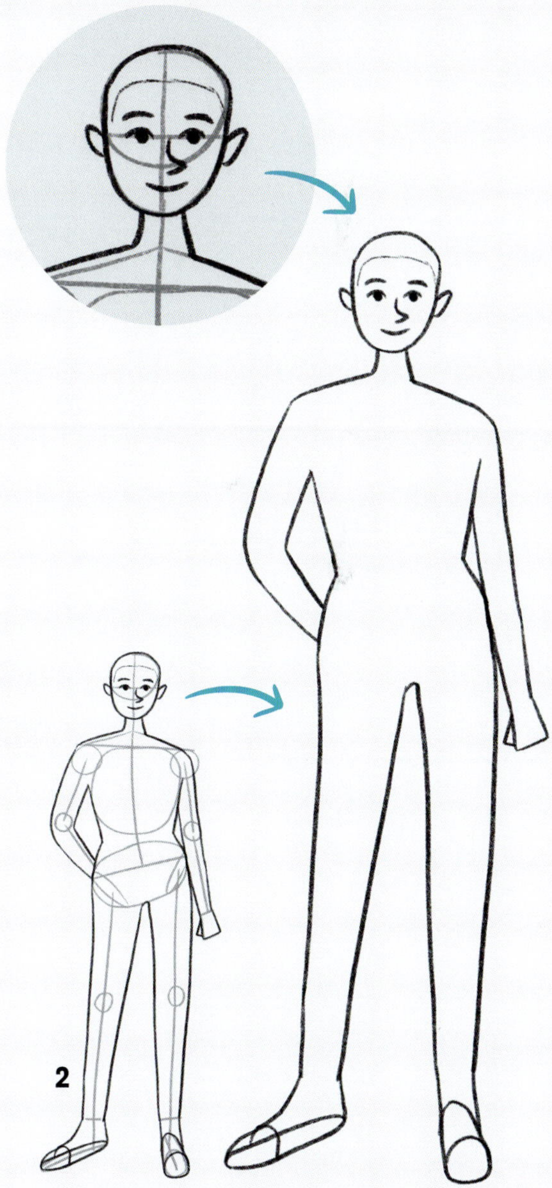

2

Teil 2: Kleidung & Accessoires

Jetzt ist es Zeit für unser Figurenkonstruktionspiel. Nimm den Würfel und würfle, um zu bestimmen, wie deine Figur aussehen und was sie tragen soll.

Kopf und Kleidung skizzieren

1. Erstelle eine neue Ebene für die endgültige Skizze. Zeichne noch einmal Frisur, Gesicht und Gesichtszüge. Bestimme Haarlänge und -textur und zeichne die Frisur um das Gesicht. Zeit fürs Ankleiden! In meinem Beispiel würfelte ich Jeans und T-Shirt. Zeichne die Kleidungsstücke auf den Grundkörper. Schau dir eventuell Referenzfotos an. Gib den Kleidungsstücken, falls nötig, ein wenig Volumen. Diese Hose würde hauteng wirken, hätte ich sie direkt auf die Beinränder gezeichnet. Stattdessen bekam sie eine mehr lockere Passform, indem ich sie ein Stück neben die Beinlinien gezeichnet habe.

2. Soll deine Figur Oberbekleidung tragen, zeichne diese auf einer separaten Ebene. Gehe zurück zur vorherigen Kleidungsebene und verwende eine Ebenenmaske (siehe Seite 54), um Teile, die unter der Jacke liegen, zerstörungsfrei auszuradieren. So kannst du deine Figur immer noch anders kleiden. Zeichne als Nächstes die Schuhe. Orientiere dich dabei an den Tipps auf Seite 37.

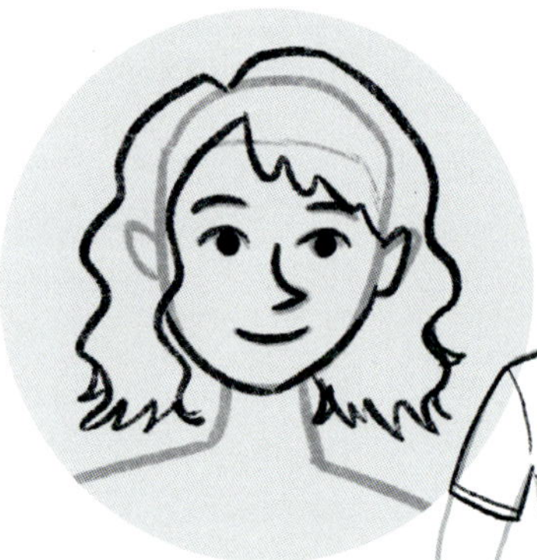

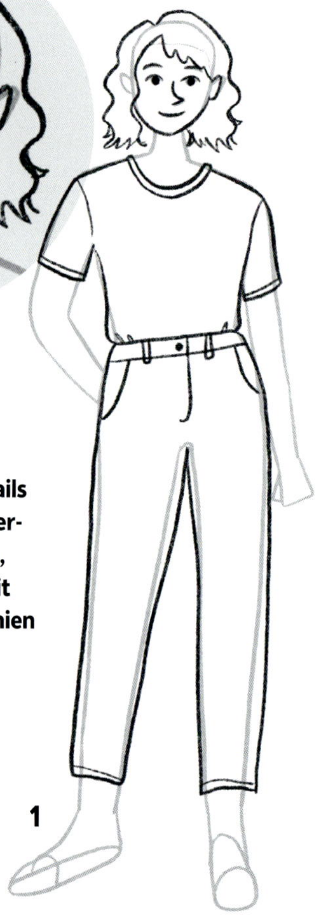

1

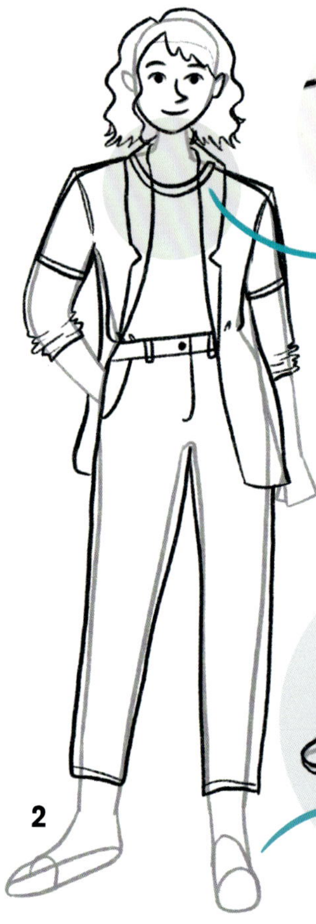

2

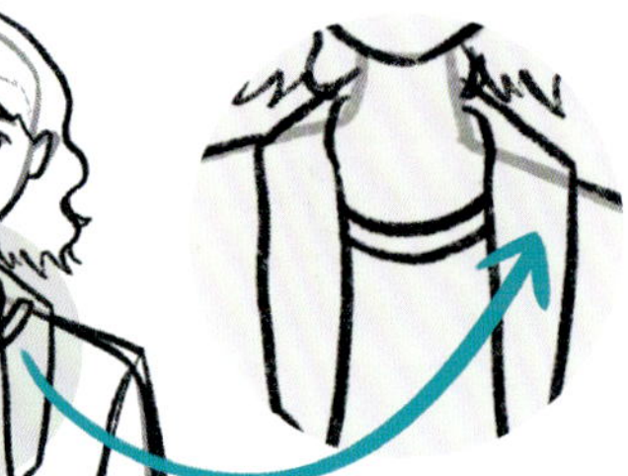

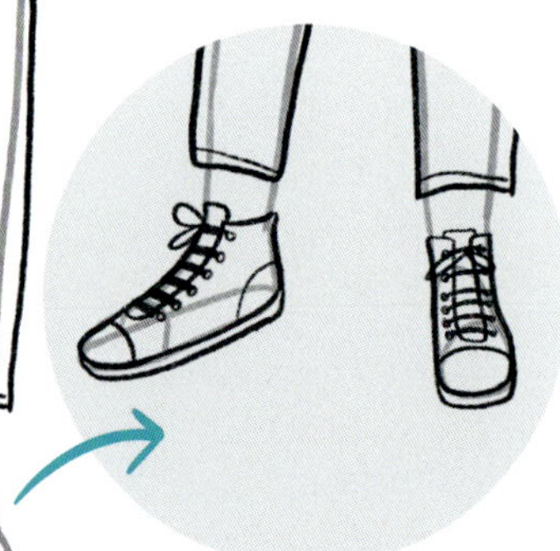

TIPP: Zeichne die Details der Kleidung, aber übertreibe nicht. Versuche, ein Kleidungsstück mit möglichst wenigen Linien darzustellen.

Accessoires hinzufügen

3. Zu jedem fertigen Outfit gehören Accessoires. Füge nach Belieben wenige oder viele hinzu. Experimentiere mit Accessoires, indem du sie auf Einzelebenen zeichnest. Ich würfelte eine Baskenmütze, stellte aber fest, dass eine Haarspange besser zu meiner Figur passen würde. Ich fügte noch Brille, iPad und lange Socken hinzu. Zeichne zum Schluss die restlichen Körperteile wie Arme und Fuß- und Handgelenke. Schalte die Grundkörperebene aus und beginne mit dem Kolorieren.

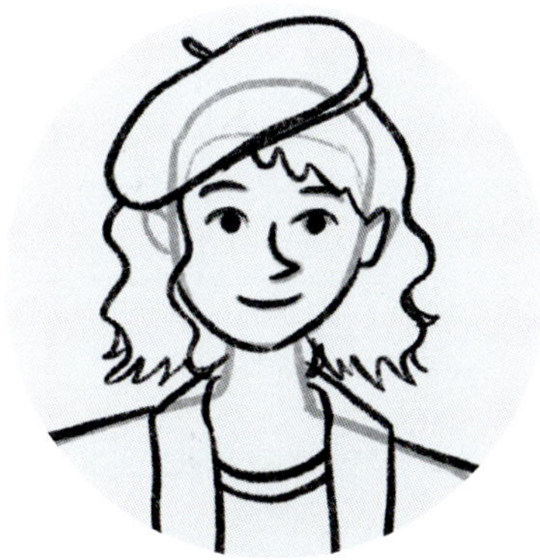

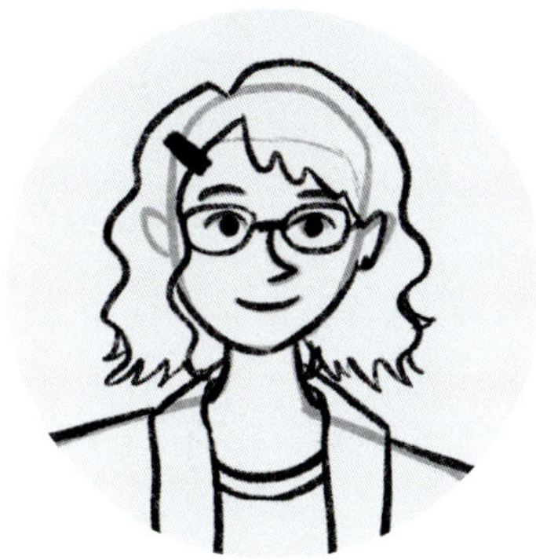

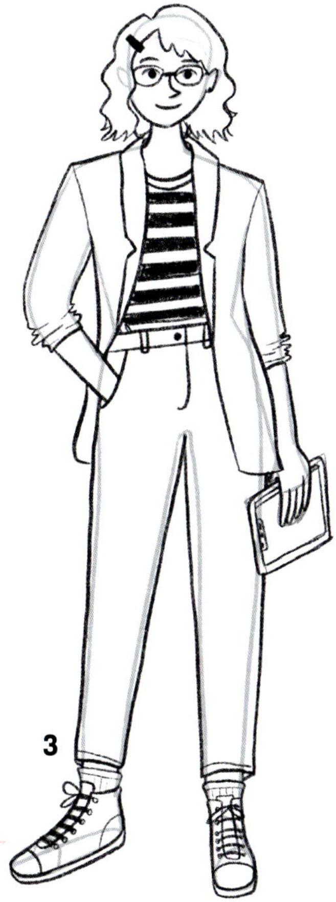

3

Teil 3: Figur kolorieren

Farbplan erstellen

1. Bevor du dein Bild fertigstellst, experimentiere mit den Farben für das Outfit. Erstelle eine neue Ebene und zeichne Formen für jedes Element. Solange sich die Formen nicht berühren, kannst du mit Color Drop experimentieren, bis du mit den Farbkombinationen zufrieden bist. Speichere diese Farben in einer Palette, damit du sie bei der Arbeit am endgültigen Bild wieder aufrufen kannst.

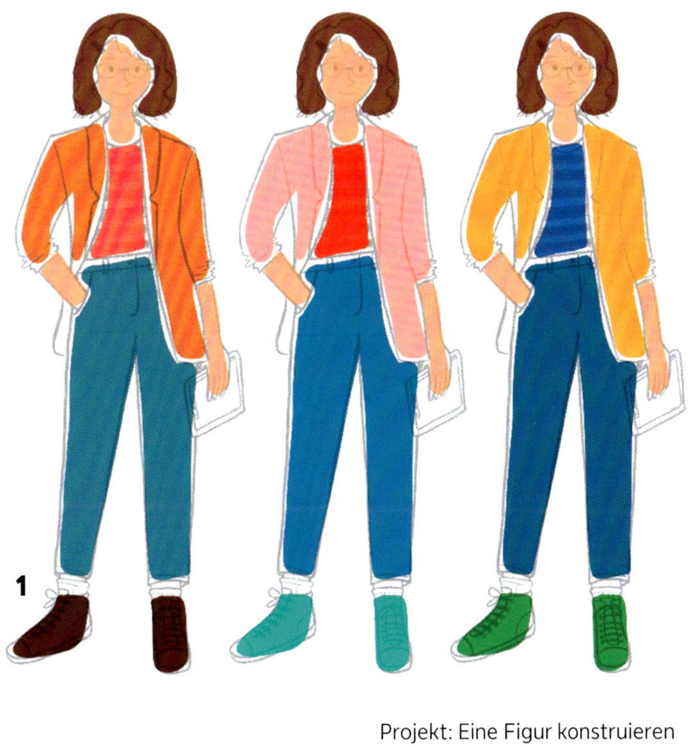

1

Elemente auf Einzelebenen zeichnen

2. Reduziere die Deckkraft der Skizze und wähle den Pinsel Studio Pen (Kategorie Tinte). Erstelle darunter eine neue Ebene für die sichtbaren Teile der Haut: die Arme, die Beine und den Hals. Zeichne das Gesicht auf einer eigenen Ebene. Erstelle eine Ebene für jedes Kleidungsstück. Zeichne die Umrisse der Formen und fülle sie mit Color Drop. Schalte zwischendurch immer wieder die Skizzenebene aus, um zu sehen, wie alles aussieht. Erstelle weitere Ebenen und Formen für jedes Element. Es macht nichts, wenn sich Teile eines Elements überlappen – das kannst du ruckzuck wieder korrigieren. Zeichne die Haare auf einer Ebene über dem Kopf. Erstelle eine Ebene hinter dem Hals, um das Haar im Hintergrund hinzuzufügen. Zeichne dann die Haarform ein wenig detaillierter, indem du einzelne Haare und unterschiedlich lange Strähnen dazu zeichnest.

Ebenen bereinigen & Liniendetails

3. Kümmere dich nun um überlappende Elemente. Du kannst mit dem Auswahlwerkzeug Teile präzise bearbeiten. Wähle die Ebene des Elements, das sichtbar sein soll, und wähle dann den Inhalt dieser Ebene. Während die Auswahl noch aktiv ist, tippe auf die Ebene eines anderen Elements und lösche in dieser Auswahl. In meinem Beispiel sollte der Arm über Blazer und Jeans sichtbar bleiben. Ich wählte den Inhalt der Armebene, tippte auf die Blazerebene und radierte diesen Bereich aus. Dann tippte ich auf die Jeansebene und radierte auch dort.

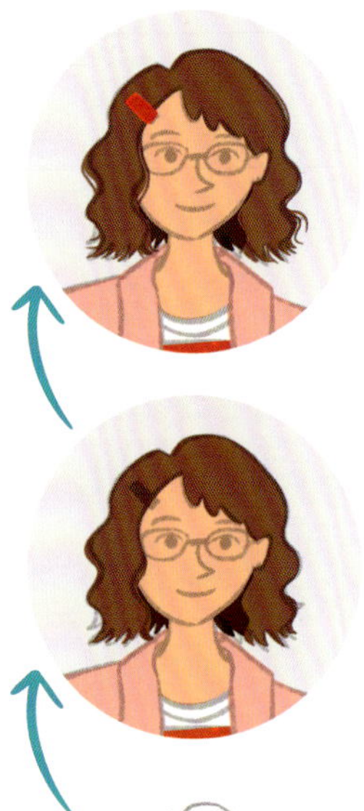

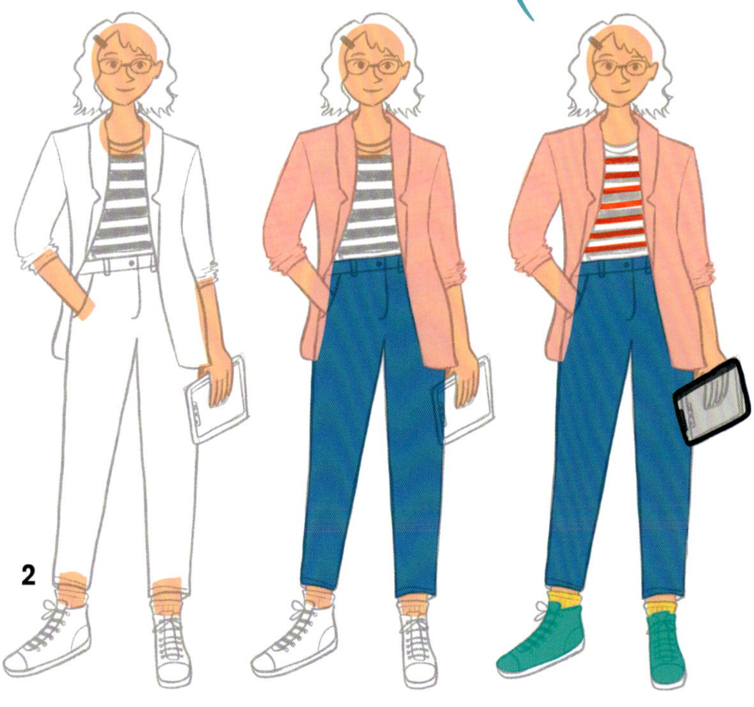

2

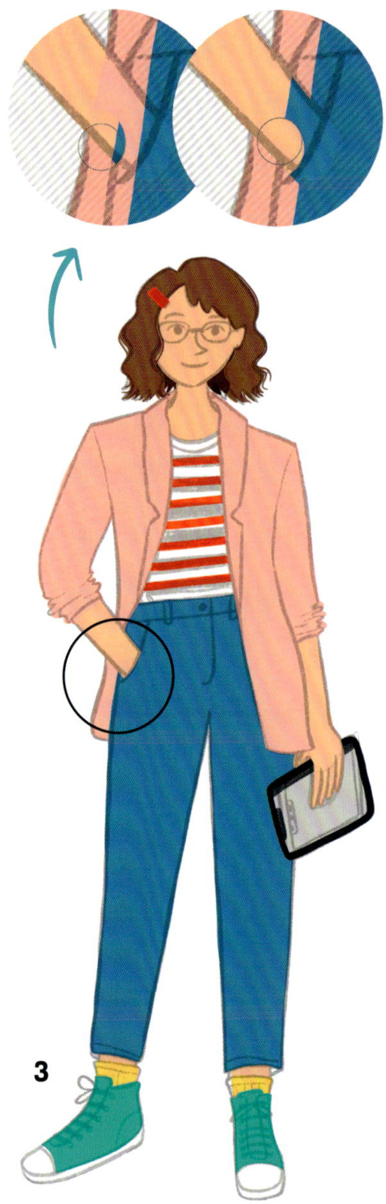

3

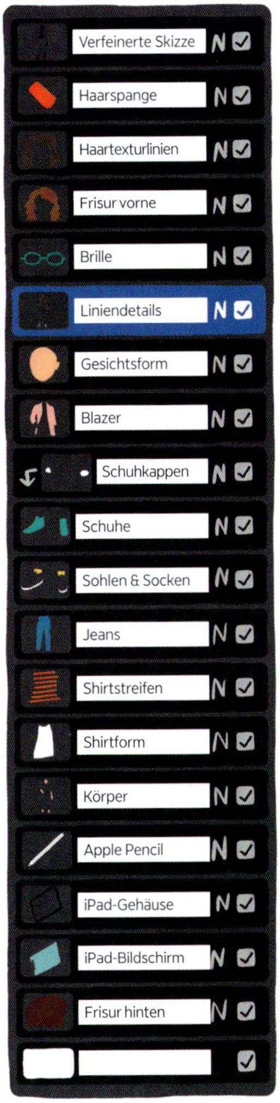

4

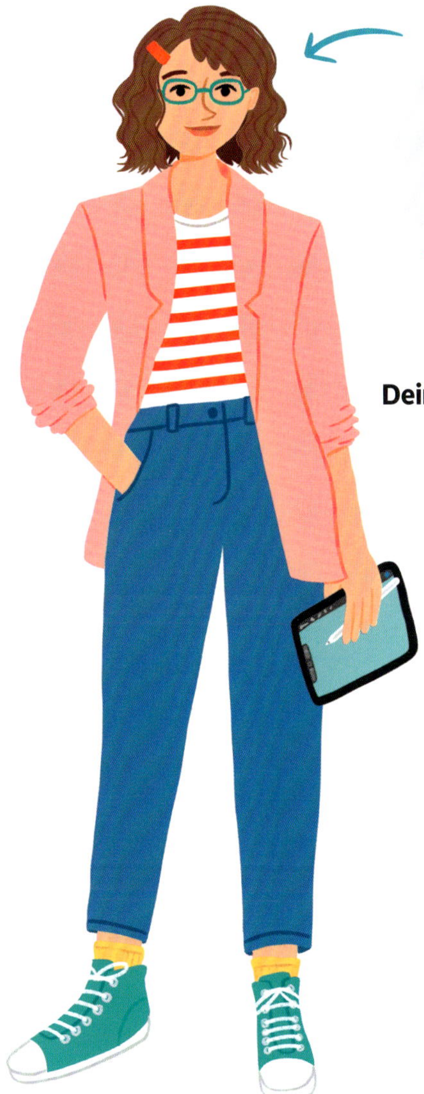

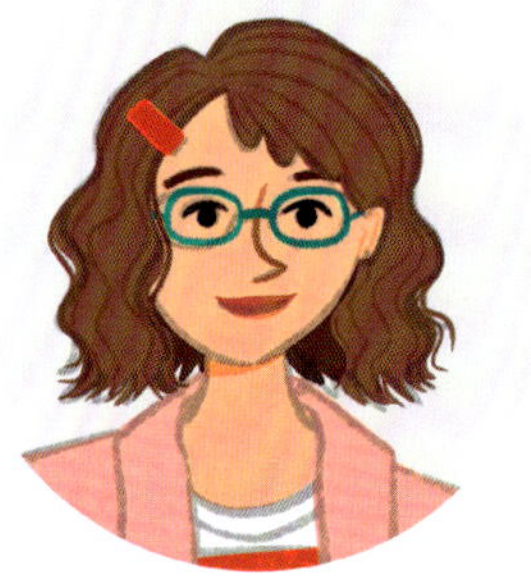

Deine fertige Figur!

4. Ergänze nun Details, beginnend mit dem Kopf. Erstelle eine Ebene über der Gesichtsebene. Zeichne die Gesichtszüge und einen Schatten unter dem Kinn. Erstelle als Nächstes eine Ebene über der Frisur, um einfache Texturlinien für das Haar hinzuzufügen. Erstelle eine Ebene über allen Körperebenen, um die Liniendetails für den Rest der Figur einzuzeichnen. Zeichne nicht jede Linie in deiner Skizze nach – verwende Linien zur Bestimmung von Formen in gleicher Farbe und Kleidungsdetails wie Nähte, Falten, Schnürsenkel. Als Faustregel gilt: Ist der Kontrast zwischen zwei Elementen ausreichend groß, brauchst du dort keine Linie zu setzen. Mein Blazer und der Hautton der Figur sind sehr ähnlich, deshalb fügte ich eine Linie ein, um den linken Arm zu definieren. Setze schrittweise alle Liniendetails ein. Wenn du fertig bist, schalte die Skizzenebene aus. Deine Figur ist fertig.

Spiel weiter!

Der Spaß am Zeichnen von Figuren muss nicht aufhören – verwende denselben Grundkörper und spiele weiter.

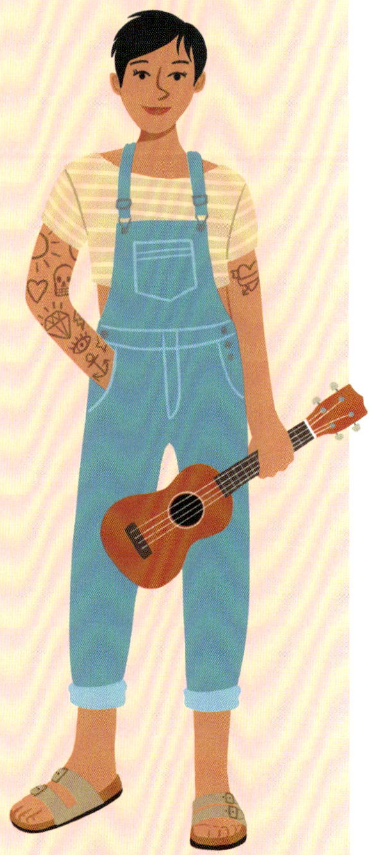

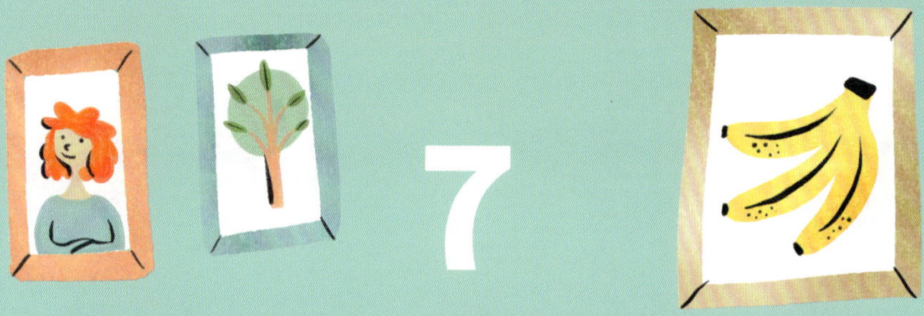

7 Eine Szene gestalten

Nachdem du nun jede Menge Einzelmotive gezeichnet hast, fragst du dich vielleicht, wie du sie zu einer größeren Komposition zusammensetzen kannst. In diesem Kapitel lernst du, wie du eine Szene aufbaust und zeichnest. Es ist eine schöne Gelegenheit, eine Welt zu erschaffen, die beim Betrachten dazu einlädt, in deine Fantasie einzutauchen. Besondere Details machen deine Komposition zu einem ganz eigenen Werk.

Der Gedanke, eine ganze Szene zu zeichnen, kann erschreckend sein. In diesem Kapitel geht es um den Prozess des Gestaltens einer von dir erdachten Szene. Du lernst, wie du zu Beginn Recherchen und ein visuelles Brainstorming durchführst, wie du die Komponenten deiner Szene festlegst und planst und wie du zum Schluss alle Details ausarbeitest und kolorierst. Sobald du diesen Prozess erlernt hast, kannst du jede Szene in Angriff nehmen, sei es dein Lieblingszimmer, eine belebte Straße in der Stadt, eine einsame Hütte in der Wildnis oder ein Ort in deiner Fantasie.

Eine Szene aufbauen: Der Prozess

Du hast beschlossen, eine ganze Szenerie zu zeichnen, aber wo fängst du an? Es gibt so viele Elemente, die zum Aufbau einer Szene gehören. Welche sollst du miteinbeziehen? Wie soll alles aussehen? Wo kannst du alles unterbringen? Wenn du deine Szene in einzelne Schritte unterteilst, hast du einen Weg gefunden, dem du folgen kannst, um am Ende eine komplexe Illustration mit vielen Details zu erstellen. Nachfolgend beschreibe ich dir detailliert die einzelnen Schritte zum Aufbau einer Szene.

Schritt 1: Die Art der Szene bestimmen

Im ersten Schritt entscheidest du, wo deine Szene angesiedelt ist. Es gibt so viele Szenen, wie es Orte auf der Erde gibt – sogar Weltraum-Szenen –, aber wir können sie in die folgenden vier Kategorien einteilen: Naturszenen, ländliche Szene, Innenraumszene oder städtische Szene. Im nächsten Schritt kannst du dich dann gezielt an die Recherche und die ersten Skizzen machen.

Naturszene

Eine Naturszene ist eine meist natürliche Umgebung mit wenigen oder keinen von Menschen geschaffenen Elementen. Sie kann eine bestimmte Umgebung oder ein bestimmtes Klima beschreiben wie Wüste, Ozean, Wald, Dschungel ...

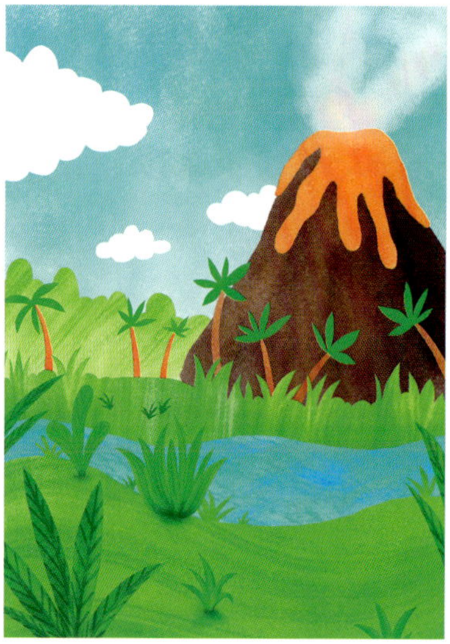

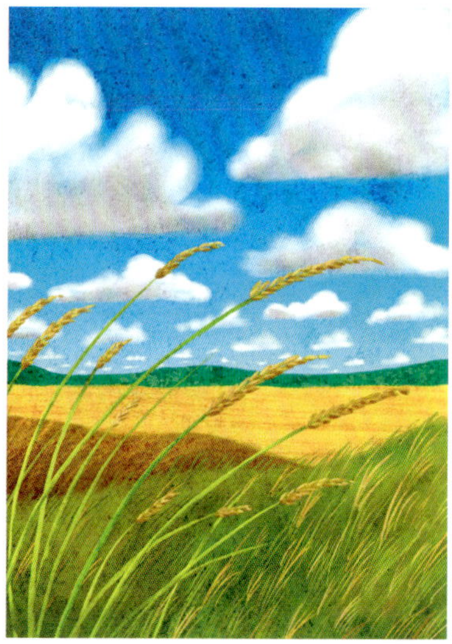

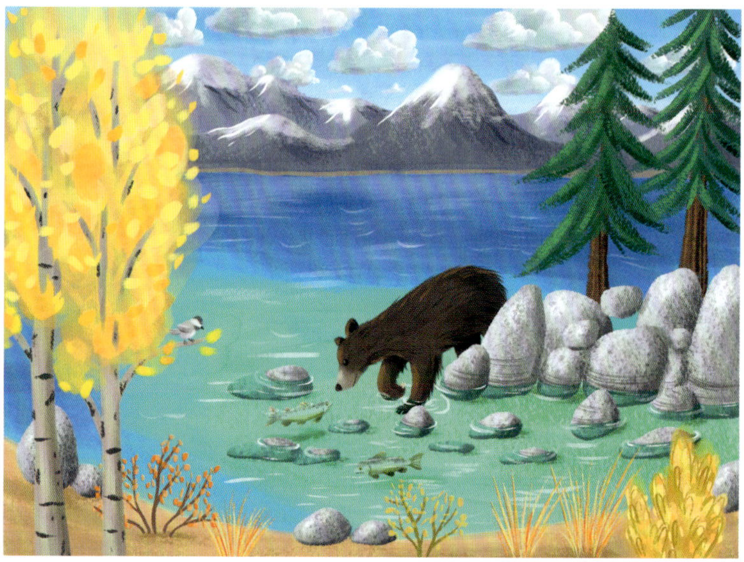

Ländliche Szene

Eine ländliche Szene liegt meist in der Natur – mit ein oder zwei von Menschen geschaffenen Elementen wie ein Bauernhof mit Scheune, ein Garten mit Gewächshaus, eine Hütte im Wald oder eine Oase in der Wüste. Oder auch ein Baumhaus!

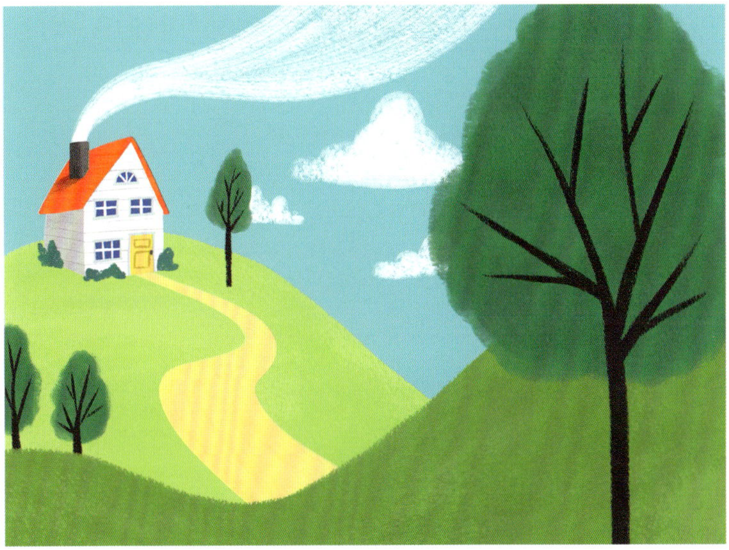

Städtische Szene

Eine städtische Szene bezieht sich auf dicht bewohnte Gebiete. Die Motive können ein Schaufenster, eine Straßenecke oder ein Stadtansicht sein. Du kannst weltberühmte Städte oder eine Science-Fiction-Metropole der Zukunft darstellen.

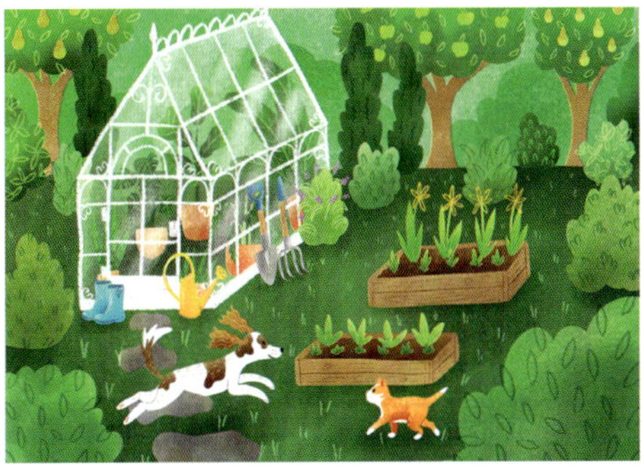

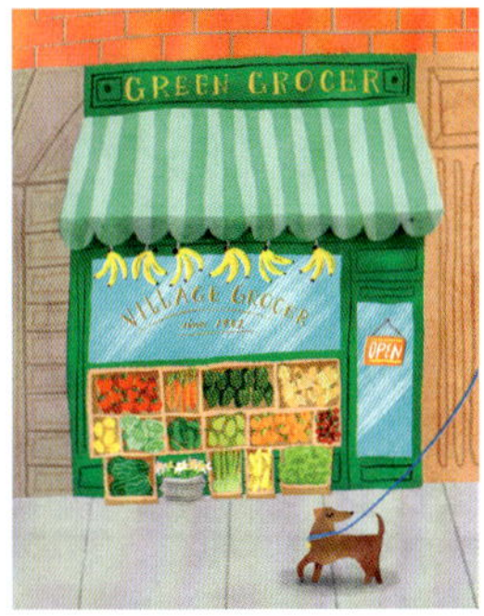

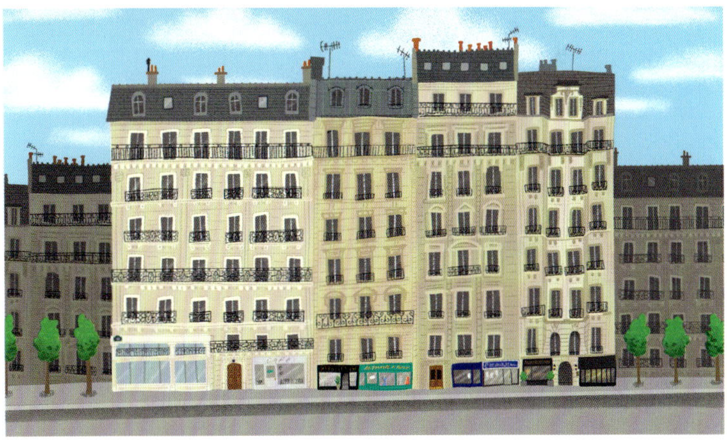

Innenraumszene

Ein Innenraumszene spielt in einem Haus oder Gebäude. Es gibt eine breite Palette an Möglichkeiten – alles von Wohnzimmer, Küche oder Schlafzimmer bis hin zu Büro, Eingang zum Lebensmittelgeschäft oder Kunstgalerie.

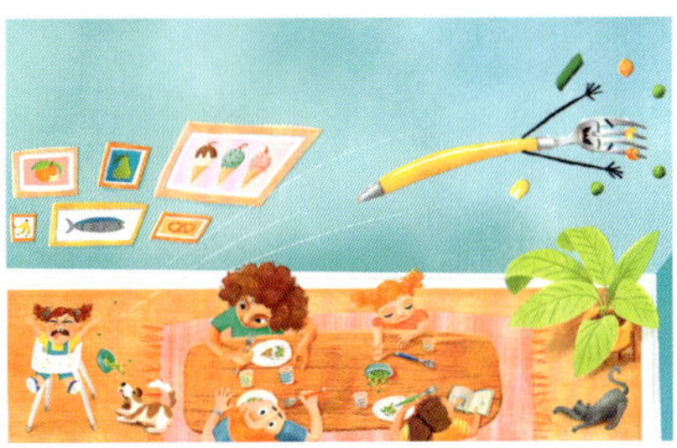

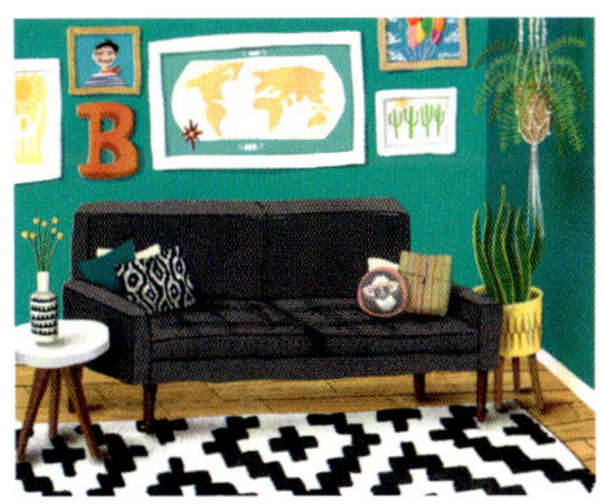

Schritt 2: **Recherchieren und Szenenelemente skizzieren**

Ein großer Teil des Zeichnens von Szenen besteht in Recherche, Brainstorming und Skizzieren. Überlege, welche Elemente in deiner Szene vorkommen sollen, dann suche nach Referenzen und fertige jede Menge Skizzen an! Jetzt kannst du auch entscheiden, welche Art von Optik du dir für das Bild wünschst.

Nachfolgend findest die Elemente, die du dir für jede Art von Szene anschauen solltest.

Naturszene
- Landschaftsformen
- Wasserelemente
- Pflanzen und Bäume
- Tiere
- Wolken und Himmel

Innenraumszene
- Möbel
- Sitzgelegenheiten
- Beleuchtung
- Dekorationsartikel
- Zimmerpflanzen

Ländliche Szene
- Haus oder Gebäude
- Türen und Fenster
- Werkzeuge und Gegenstände
- Pflanzen und Bäume
- Tiere

Städtische Szene
- Gebäude und Dächer
- Fenster, Markisen und Türen
- Schilder und Schaufensterauslagen
- Urbanes Grün
- Fahrzeuge

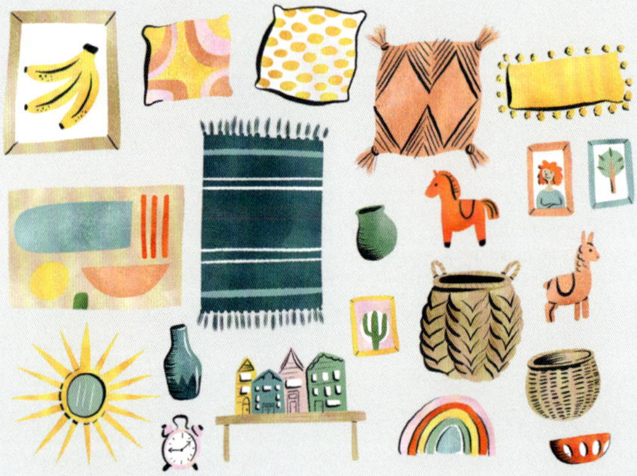

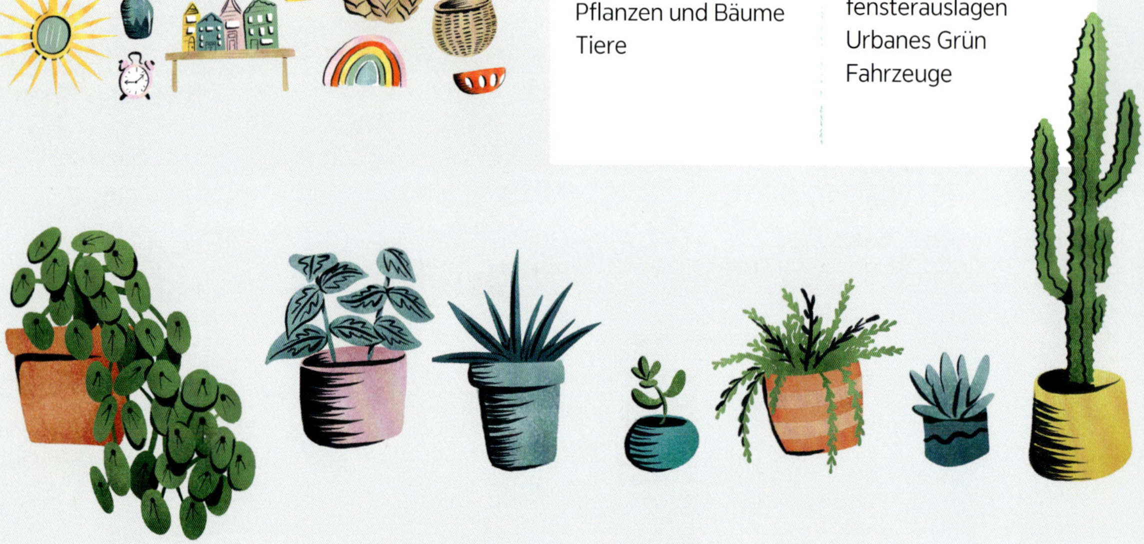

Beispiele für Rechercheskizzen für eine Innenraumszene

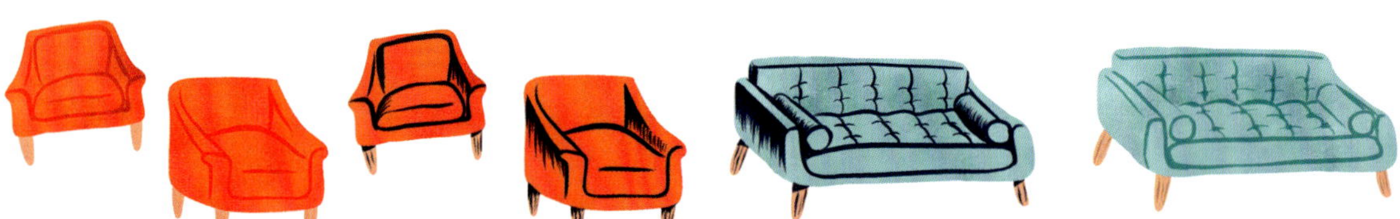

Schritt 3: Szenenelemente in einer Skizze anordnen

Nachdem deine Ideenfindung abgeschlossen ist, kannst du aus einer visuellen Bibliothek von Komponenten wählen, die du beim Aufbau der Szene verwendest. Nun musst du alles nur zusammenzusetzen!

Fertige eine grobe Skizze mit einfachen Formen an. Am besten ist es, zuerst die großen Elemente wie Landschaftsformen, Gebäude oder Möbel zu platzieren und dann die nächstgrößeren einzufügen, und so weiter, bis alle Details eingesetzt sind. Bei Innenraumszenen ist es hilfreich, einen Grundriss wie den unten links anzulegen.

Verfeinere deine erste Grundrissskizze und zeichne alles detailliert ein. In dieser Phase stellst du alles so dar, wie es im fertigen Bild aussehen soll.

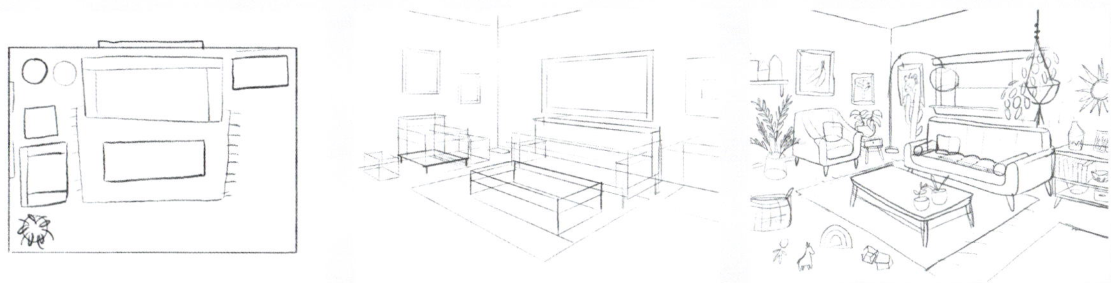

Schritt 4: Kolorieren und Szene weiter ausarbeiten

Koloriere zum Schluss die Szene und komplettiere sie. Setze die Farben ein, füge Textur, Details und Licht hinzu. Wenn du fertig bist, klopfe dir auf die Schulter und bewundere deine großartige Szenerie.

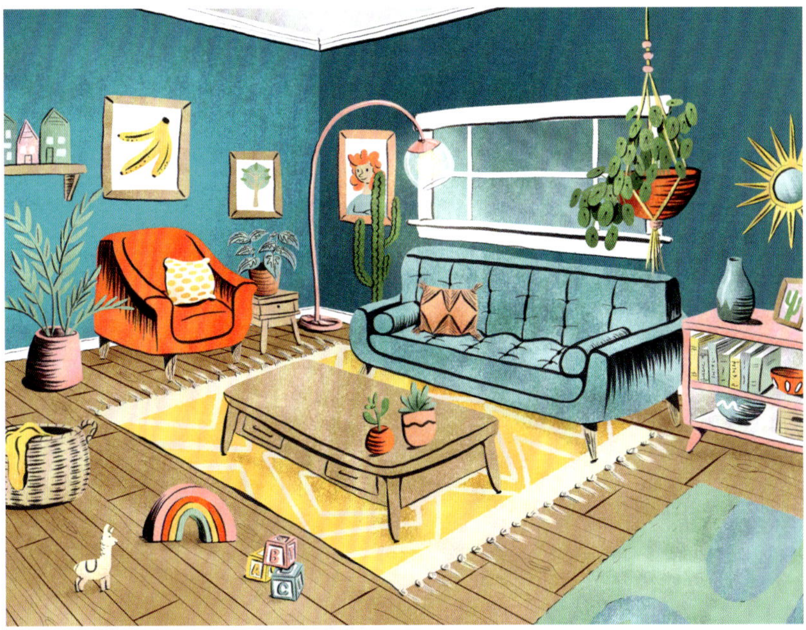

Die letzten drei Projekte in diesem Buch führen dich durch Varianten der Schritte zum Szenenaufbau. Ich zeige dir Beispiele für Bilder und begleite dich beim Recherchieren, Zeichnen und Ausarbeiten, sodass du selbst von Anfang an deine eigenen Varianten erstellen kannst.

Projekt: Tisch in verzerrter Perspektive

Beim Zeichnen von Szenen kommt es meist darauf an, ein gutes Verständnis für Perspektiven zu entwickeln, aber du musst eine Szene nicht immer perspektivisch korrekt darstellen. Im Gegenteil, manchmal ist es besser, das nicht zu tun. Durch die Verwendung einer verzerrten Perspektive kannst du mehrere Blickwinkel gleichzeitig zeigen.

Schau dir diese Tische an. Beim Blick von oben erkennst du alles, was auf den Tellern liegt, aber es ist schwierig, etwas anderes rund um den Tisch zu erkennen. Das zweite Bild hat viel Tiefe, aber jetzt ist das Essen nicht zu sehen. Wir wollen etwas zeichnen, das beide Perspektiven miteinander verbindet. Du kannst im echten Leben keinen Tisch von oben fotografieren und gleichzeitig zeigen, was sich auf den angrenzenden Arbeitsflächen und Wänden befindet, aber in einer Illustration ist das möglich. In diesem Projekt erstellst du eine Tischszene und lernst, wie sie durch die verzerrte Perspektive stimmig aussieht.

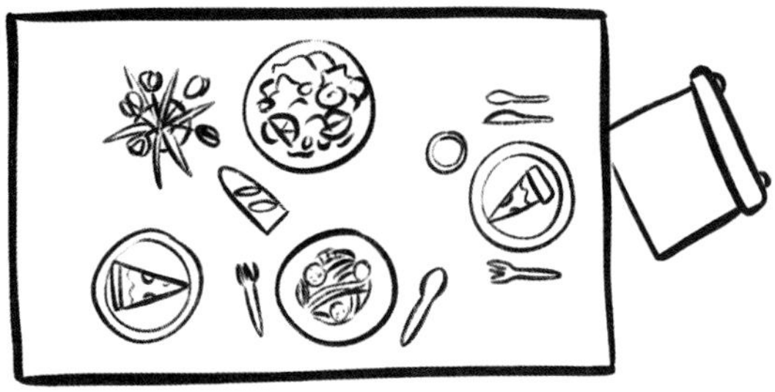

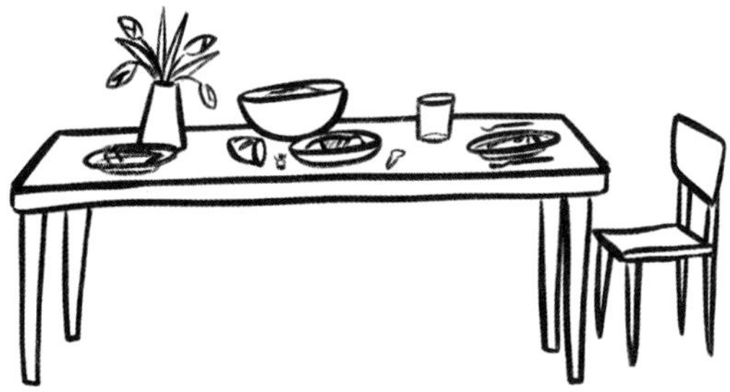

Teil 1: Planen und skizzieren

Speisen auswählen

1. Welches Essen wird in deiner Tischszene serviert? Es können Lieblingsspeisen sein, traditionelle Gerichte oder sogar verschiedene köstliche Desserts. Skizziere diese Speisen, bevor du die Szene gestaltest, damit du dir genau überlegen kannst, wie du sie darstellen möchtest.

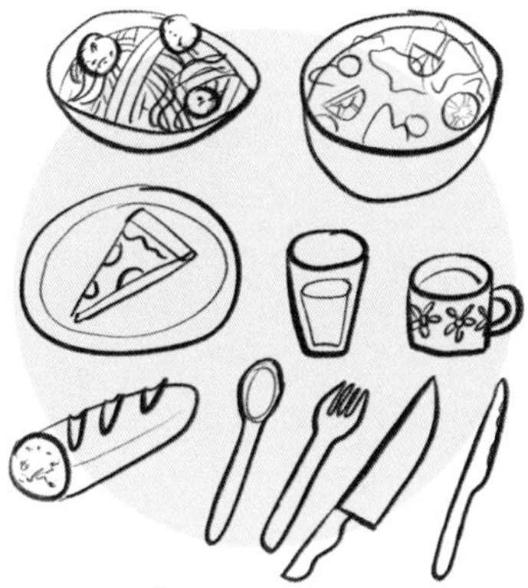

1

Einen künstlerischen Stil wählen

2. Du kannst deine Szene in einem beliebigen visuellen Stil fertigstellen. Malerisch, halbrealistisch, im Comic-Stil ... die Optionen sind endlos. Ich verwende einen einfachen visuellen Stil für mein Bild: flächige Farben mit skizzenhaften Bleistiftdetails und Schattierungen. In diesem Projekt kann es ruhig unperfekt zugehen – zittrige Linien und andere Unvollkommenheiten machen die eigenwillige Szene noch persönlicher.

Den Tisch zeichnen

3. Beginne die grobe Skizze mit dem Zeichnen des Tischs. Ist er quadratisch oder rund? Kannst du alles sehen oder nur einen Ausschnitt? Welche Beine hat er?

Ist die Szene in der Küche, im Esszimmer oder auf der Terrasse angesiedelt? Fülle den Hintergrund mit großen Möbelstücken. In meinem Beispiel habe ich einige Küchenarbeitsflächen, ein Fenster, ein Regal und ein Spülbecken eingezeichnet.

Den Tisch decken

4. Du kannst nun den Tisch decken. Zeichne erst die größeren Gegenstände wie Teller und Schüsseln. Skizziere einfache 3D-Formen für die restlichen Dinge auf dem Tisch. Zeichne kleine Häufchen in die Schüsseln, um das Volumen der Speisen anzudeuten.

Die imaginären Bewohner dieser Szene müssen irgendwo sitzen. Zeichne also einen Stuhl aus einfachen 3D-Rechtecken. Die Sitzfläche des Stuhls sollte ungefähr den gleichen Winkel haben wie die Tischplatte, beides muss aber nicht perfekt übereinstimmen. Skizziere schließlich alle Gegenstände auf dem Tisch.

TIPP: Zeichne diese Elemente auf einer anderen Ebene als den Tisch. Arbeite mit Auswählen und Transformieren, um sie besser anzuordnen.

Sich in Details verlieren

5. Zeichne deine grobe Skizze nach, um jedes Element zu verfeinern. Spiele mit Dingen wie Tapeten und Möbelstilen. Werde kreativ – die Details deiner Szene sind es, die ihr den meisten Charakter geben.

Farbplan erstellen

6. Wenn du die Skizze ausgearbeitet hast, experimentiere mit Farben und erstelle einen Farbplan mit temporären Ebenen..

TIPP: Schau dir Interieurfotos an deiner Pinnwand als Inspiration an, wenn du die Farbpalette deiner Szene erstellst.

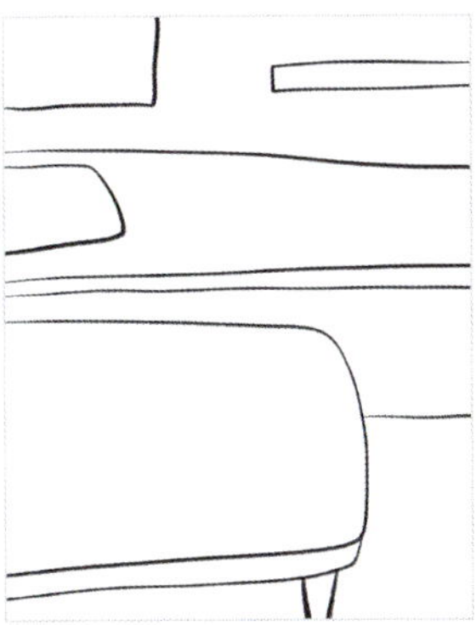

3

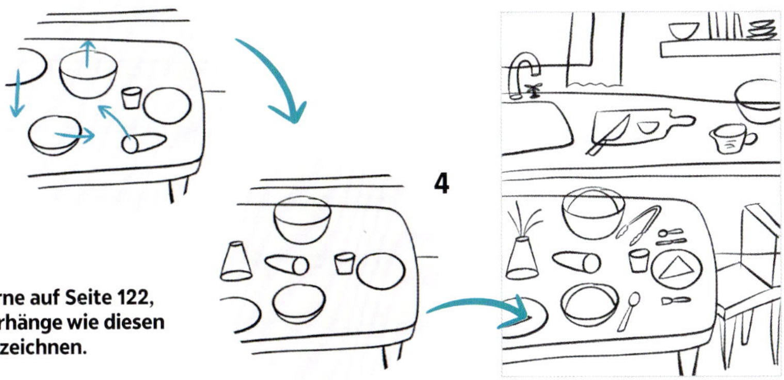

4

Lerne auf Seite 122, Vorhänge wie diesen zu zeichnen.

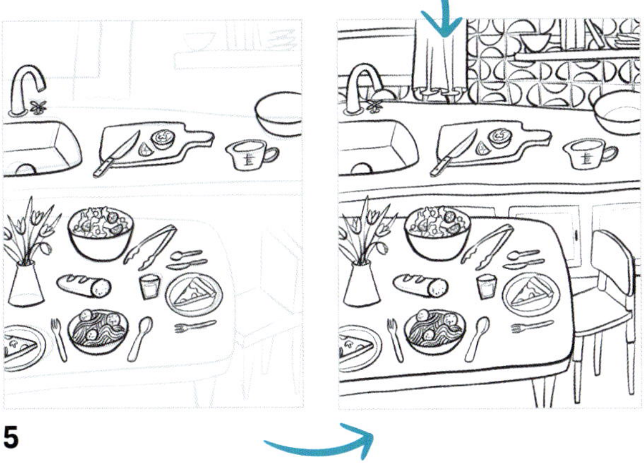

5

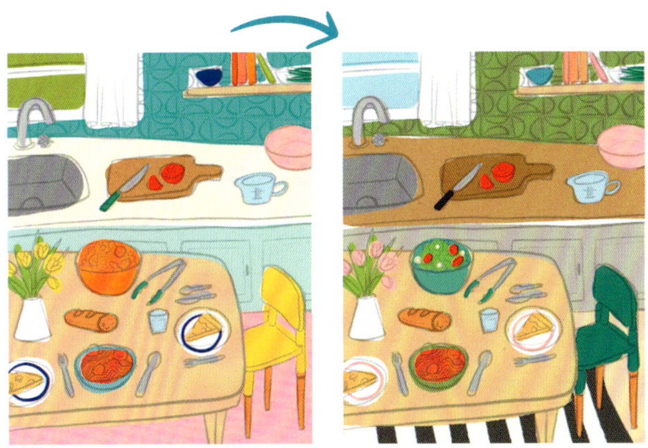

6

Teil 2: Mit flächigen Farben kolorieren

Objekte Ebene für Ebene zeichnen

1. Zeichne alle Elemente der Szene in einer flächigen Farbe – ich verwende den Pinsel Studio Pen (Kategorie Tinte) – und lege alle sich überlappenden Elemente auf Einzelebenen. Beginne mit dem Hintergrund. In meinem Bild liegen Boden und Arbeitsplatte auf einer Ebene, Wand und Schränke auf einer anderen.

2. Da es in dieser Szene eine Vielzahl von Elementen gibt, ist es am besten, möglichst viele Objekte auf dieselbe Ebene zu legen. Beginne mit der »untersten Ebene« – zeichne alle sich nicht berührenden Objekte darauf. Erstelle dann eine weitere Ebene, um die Teile zu zeichnen, die darüberliegen oder die vorherigen berühren – der Salat in der Schüssel, die Pizza auf den Tellern, der Fensterrahmen …

Füge, falls nötig, eine Ebene für weitere Details hinzu. Auf einer dritten Ebene liegen bei mir Toppings, Blumen, Gardinen, Wasserhahn und Regal.

3. Sobald du alle Objekte gezeichnet hast, verwende die Clipping-Maske auf diesen Ebenen, um eine flächige Schattierung hinzuzufügen. Und zwar für Dinge wie Möbelkanten, Geschirrinnenseiten oder Details von Lebensmitteln.

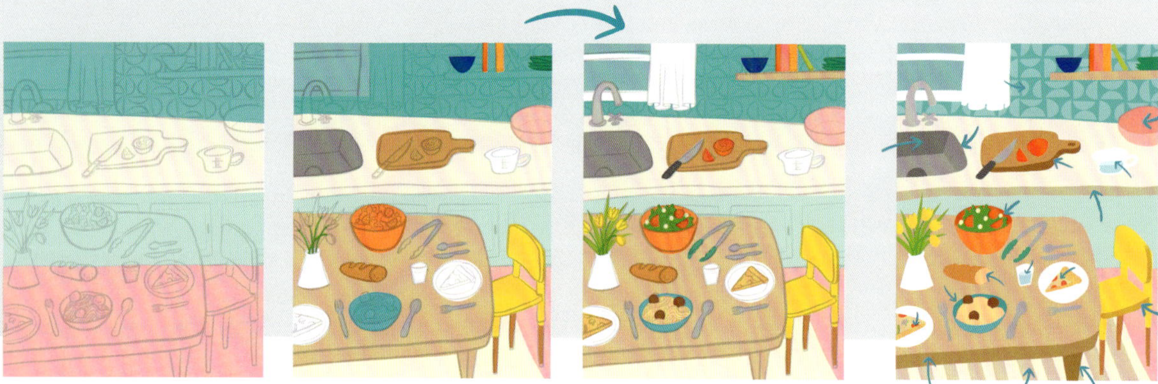

1 2 3

Teil 3: Linien und Details

Diese flächigen Formen sehen ein wenig zu flach aus – Zeit, Linien und Details hinzuzufügen. Da ich mir eine skizzenhafte Bleistiftzeichnung wünsche, verwende ich für Details und Schattierungen nur einen Pinsel: Peppermint (Kategorie Skizze), eine bleistiftähnliche Spitze. Damit zeichne ich Linien und kritzele Farbflächen. Ich setze Clipping-Masken und Alphasperre für Details ein, zeichne aber die meisten Details auf Ebenen über den Ebenen mit flächigen Farben. Es reichen meist schon wenige Details, um Objekte dreidimensional, transparent, glänzend oder reflektierend aussehen zu lassen.

Holzmaserung

1. Ich erstelle eine Clipping-Maske über der Tischebene und zeichne Linien in hellen und dunklen Variationen der Tischfarbe. Dann nutze ich den Verflüssigen-Modus »Wirbel«, wobei der Regler »Verzerrung« auf höchster Stufe steht, und bürste in Richtung der Maserung, um sie wellenförmig zu gestalten. Mehr dazu auf Seite 31.

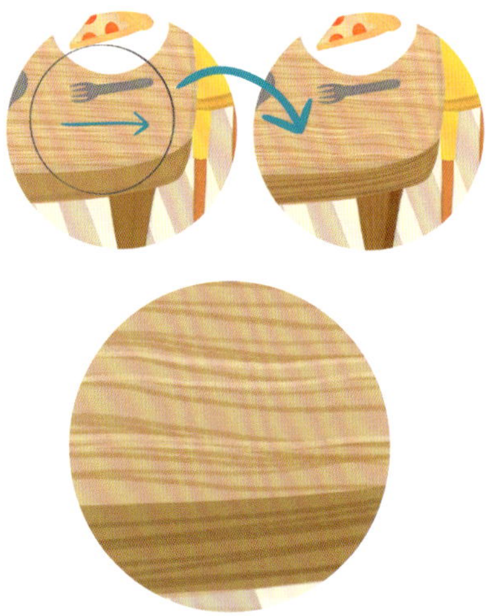

Spaghetti

2. Ich zeichne geschwungene Linien auf einer Einzelebene über die Spaghetti. Dann füge ich helle und dunkle Schattierungen für die Fleischbällchen ein. Ich schattiere auf der gleichen Ebene die Vorderseite der Schüssel und zeichne eine helle Linie an ihrem Rand. Dann kritzele ich auf einer darunterliegenden Ebene etwas Orange hinein, um die Schüssel aufzupeppen. Auf einer Ebene über der Schüssel füge ich einen dunkleren Farbton ins Innere ein.

Salat

3. Zum Zeichnen anderer Details in meiner Szene verwende ich die gleichen Ebenen wie bei den Spaghetti, einschließlich dieser Salatschüssel. Zuerst schattiere ich das Innere der Schüssel, dann ihren Rand und die Vorderseite. Zum Schluss ergänze ich Salat- und Tomatendetails.

Schlagschatten

4. Schlagschatten unter einem Objekt helfen, es auf seiner Standfläche zu verankern. Kritzle zuerst eine Form, die eine Nuance dunkler ist als die Fläche, auf der es steht. Zeichne dann einen dunkleren, kleineren Schatten direkt unter den Rand des Objekts.

Glas und Wasser

5. Glas ist durchsichtig, aber es ist heller als die Fläche, auf der es steht. Beginne mit Weiß für die Glasform. Kritzele mit einer Nuance der Tischfarbe über Teile des Glases, damit es durchsichtig wirkt. Graue Linien sind perfekt für die dunklen Partien. Halte das Lichtspiel des Wassers im Glas bewusst einfach. Referenzfotos helfen für Schatten und Glanzlichter.

Glänzende Oberflächen

6. Bringe flache Oberflächen mit hellen, diagonalen Linien zum Glänzen, wie ich es bei den Wandfliesen und dem Fenster getan habe.

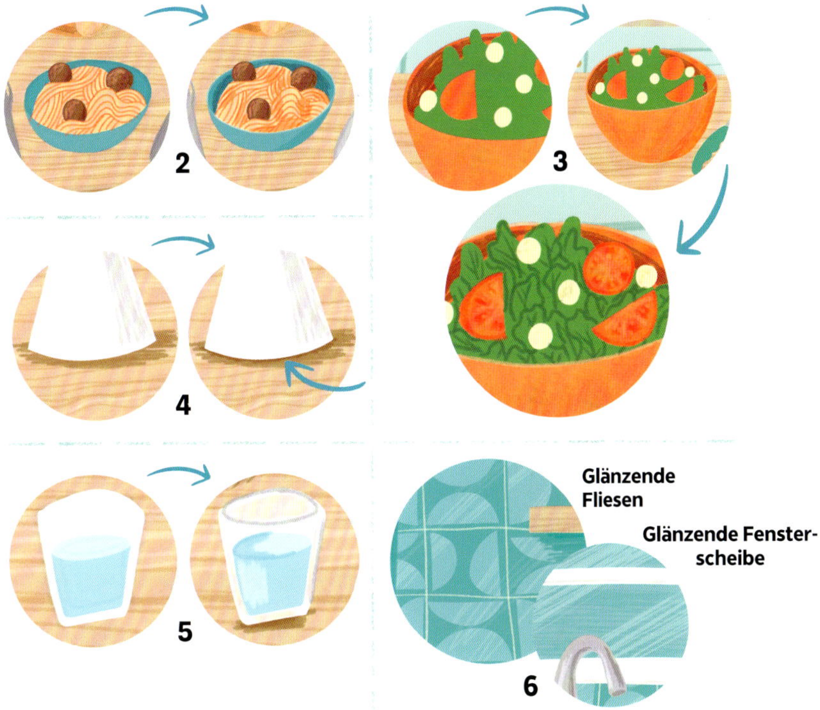

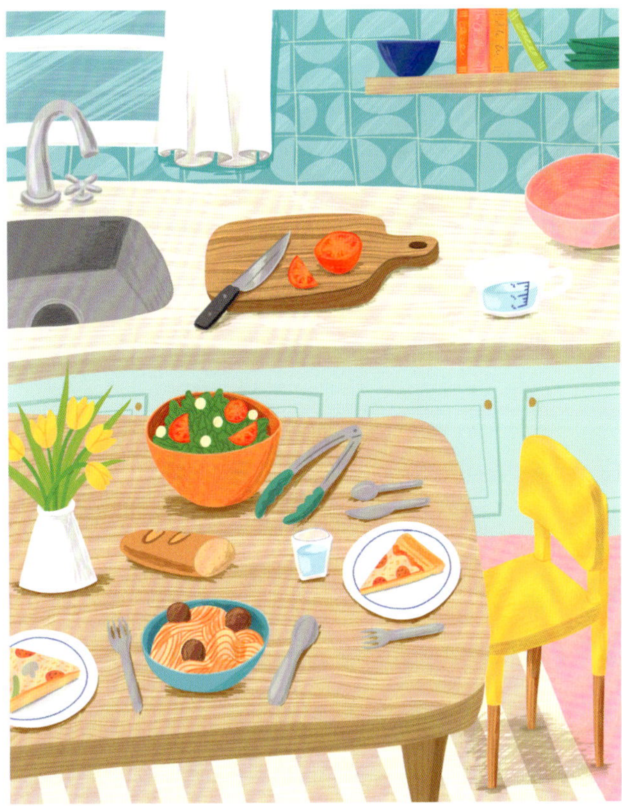

Der fertige Tisch!

Projekt: Stadtansicht

In diesem Projekt geht es um eine urbane Szene. Städte sind voller Details: von Gebäuden und Geschäften, Schildern und Schaufensterauslagen bis hin zu Fahrzeugen und all den dort lebenden Menschen. Dein Bild kann ein einzelnes Schaufenster oder mehrere Gebäude zeigen. Du kannst deine Lieblingsstadt irgendwo auf der Welt oder einen Lieblingsort in deiner Heimat darstellen. Mein Beispiel zeigt eine von New York inspirierte Straßenecke.

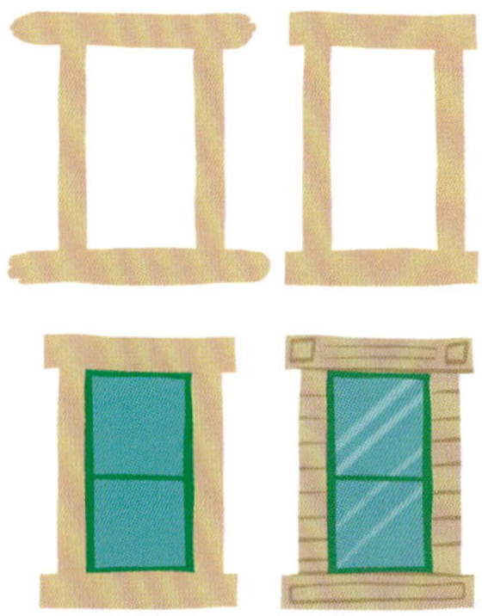

Einfache Fenster

Fenster, Markisen, Türen

Einfache Fenster zeichnen

Zeichne zwei waagerechte Linien und verbinde sie mit senkrechten Strichen zum Fensterrahmen. Radiere die Enden der waagerechten Linien aus, um scharfe Ecken zu erhalten. Setze auf der Ebene unter dem Rahmen die Glasfarbe ein. Zeichne auf einer Ebene Fensterzargen oder -sprossen. Nutze Clipping-Masken für Details.

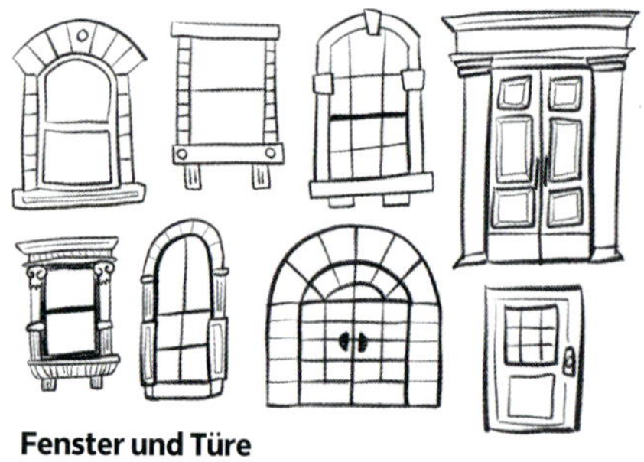

Fenster und Türe

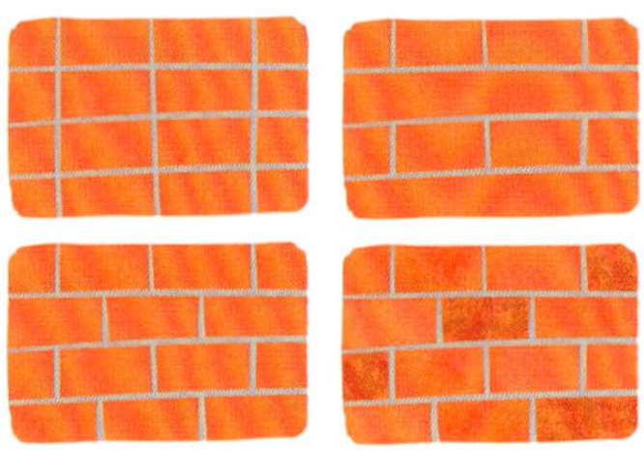

Backsteinwand

Gebäude- und Dachformen

Backsteinfassaden errichten

Erstelle einen Malgrund mit einer Backsteinfarbe. Erstelle eine erste Clipping-Maske und zeichne waagerechte Linien, dann eine zweite für die senkrechten Striche. Lösche alles zwischen jeder zweiten Linie und zeichne die restlichen Linien für das Muster. Gehe zurück zur ersten Ebene und aktiviere die Alphasperre. Trage eine Gesamttextur mit dem Pinsel Holzkohle (Kategorie Kohle) auf. Male die einzelnen Backsteine in verschiedenen Farbnuancen und Schattierungen der Grundfarbe.

Urbanes Grün

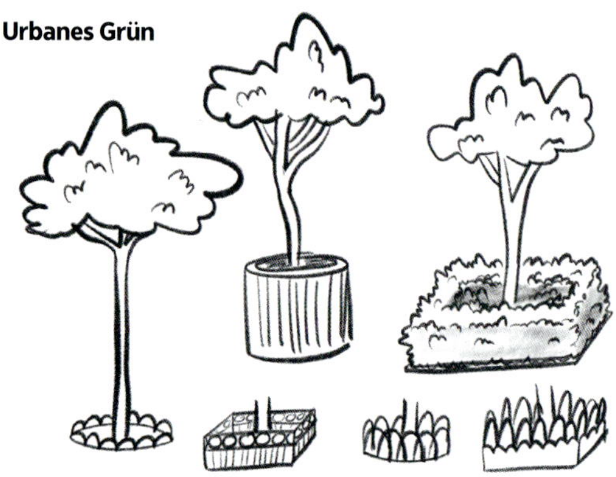

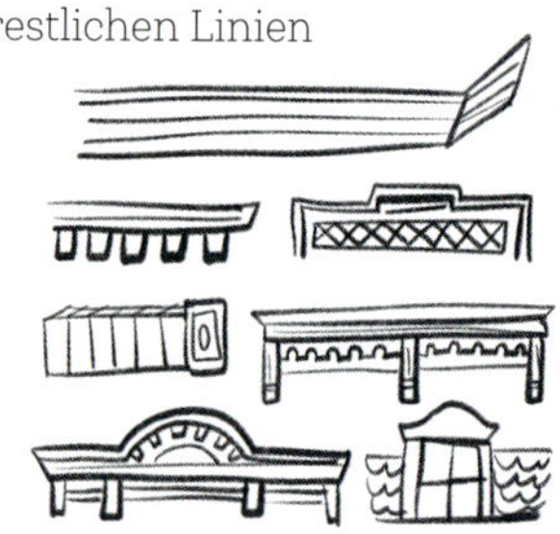

Dachformen

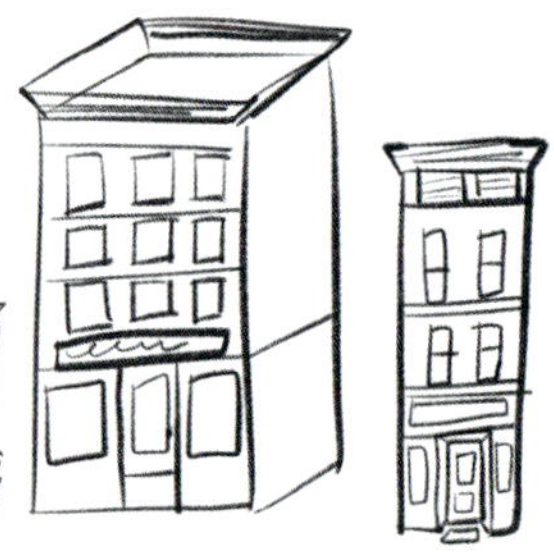

Gebäude

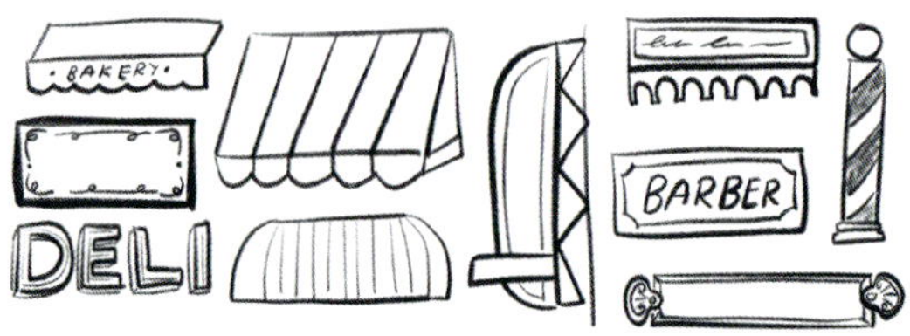

Schilder und Markisen

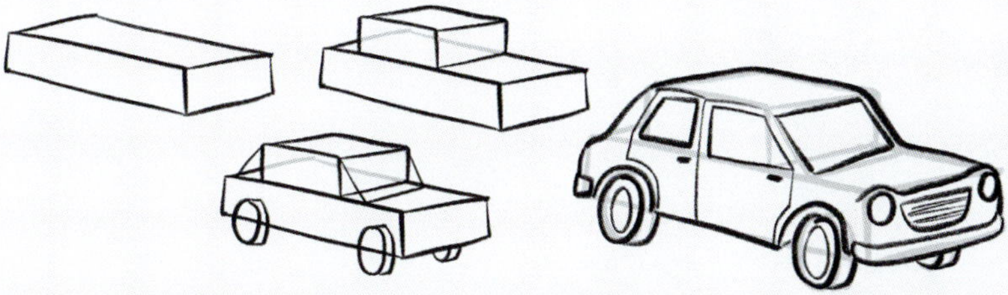

Fahrzeuge

Ein Auto zeichnen

Zeichne ein 3D-Rechteck, auf das du ein zweites setzt. Füge schräge Linien ein, die die beiden verbinden, und zeichne Zylinder für die Räder. Zeichne über diese Struktur weitere Kurven und Details.

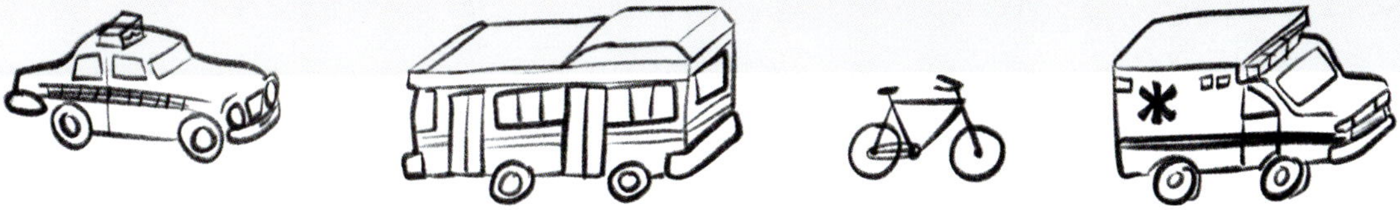

Teil 1: Skizze und Farbplan

Du hast deine Recherche und dein Brainstorming abgeschlossen und kannst nun deine Stadtansicht konstruieren.

1. Erstelle eine grobe Skizze mit Grundformen. Beginne bei den großen Elementen. Lege Straßen und Bürgersteige an. Entscheide dich für eine Linearperspektive oder eine flächig ausgerichtete Straßenszene. In meinem Beispiel findest du eine Mischung aus beidem. Zeichne die Gebäudeformen, dann Türen und Fenster. Zeichne bei großen Gebäuden Gitternetzlinien, um die Position der Fenster anzudeuten. Skizziere zum Schluss Fahrzeuge und urbanes Grün.

2. Nachdem du alle Komponenten in deine Szene eingefügt hast, verfeinere deine Skizze auf einer neuen Ebene. Verringere die Deckkraft deiner groben Skizze und zeichne mehr Details ein. In diesem Schritt legst du die kleinen Details fest, die du dir in der Recherchephase überlegt hast. Lege Fensterform und -rahmen sowie Schaufenster, Markisen und Schilder und andere Details fest. Sobald die Skizze fertig ist, geht es ans Kolorieren.

3. Erstelle einen Farbplan, bevor du die endgültigen Formen deiner Szene zeichnest. Dies ist eine gute Möglichkeit, um zu experimentieren, welche Farbtöne und Tonwerte gut zusammenpassen, bevor du dich an die zeitaufwändige Arbeit der Formgebung machst.

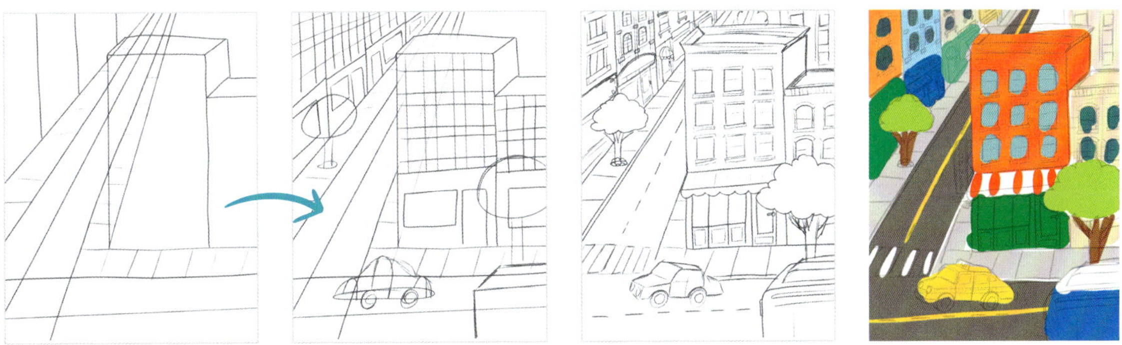

1 **2** **3**

Teil 2: **Kolorieren**

Setze die Farben der wichtigsten Formen ein. Zur Erinnerung: Es empfiehlt sich, Formen, die sich berühren oder überlappen, auf Einzelebenen zu setzen. Bei einer Szene mit vielen Formen und Farben sind das entsprechend viele Ebenen. Mein Pinsel für alle Formen war Studio Pen (Kategorie Tinte), nur für das Laub nahm ich Evolve (Kategorie Zeichnen).

1. Zeichne zuerst die Formen für Straßen und Bürgersteige. Zeichne dann Gebäude, Bäume und Fahrzeuge. Zeichne alle Fensterscheiben – siehe dazu meinen Tipp.

2. Zeichne auf einer Ebene über dem Glas die Fensterumrandung. Nutze die Radiermethode aus dem Tipp, damit es schneller geht. Du kannst die Fassaden auch auf dieser Ebene zeichnen. Verwende Clipping-Masken, um der Dachform zusätzliche Farben hinzuzufügen.

3. Erstelle schließlich eine Ebene zwischen Glas und Verkleidung für Fensterbrüstungen und -gitter. Verwende eine kontrastierende Farbe für die Fensterscheiben.

4. Zeichne weitere Formen für andere Details wie Schilder, Markisen, architektonische Elemente, Fahrzeugdetails und Straßenmarkierungen. An diesem Punkt kannst du die Skizzenebene ausschalten.

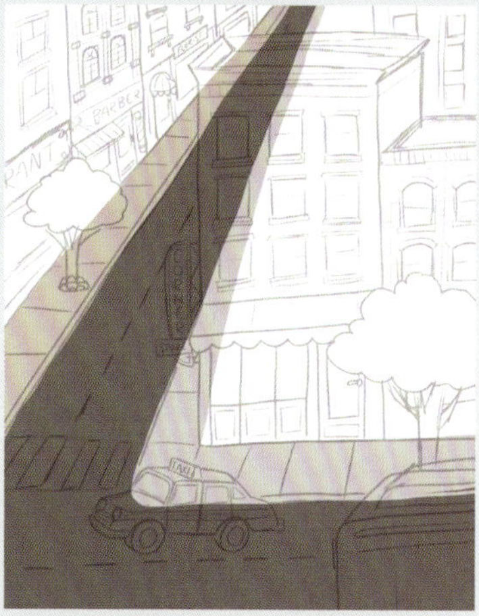

1a

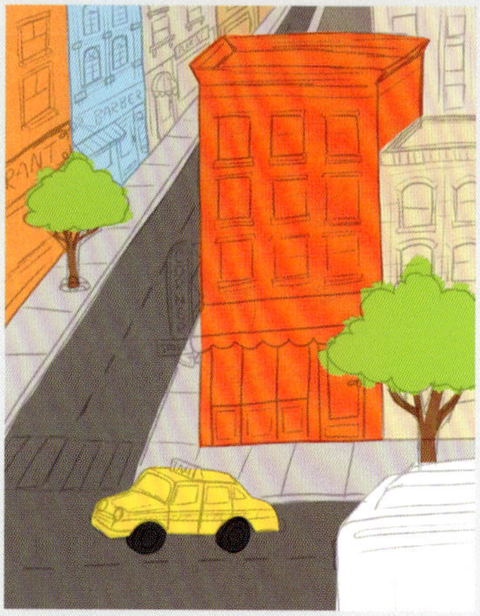

1b

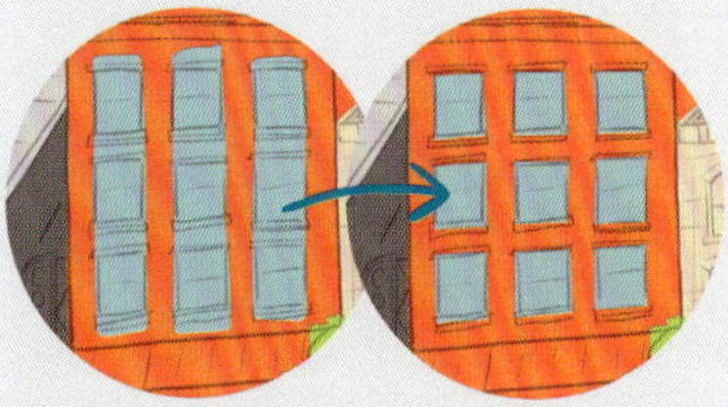

1c

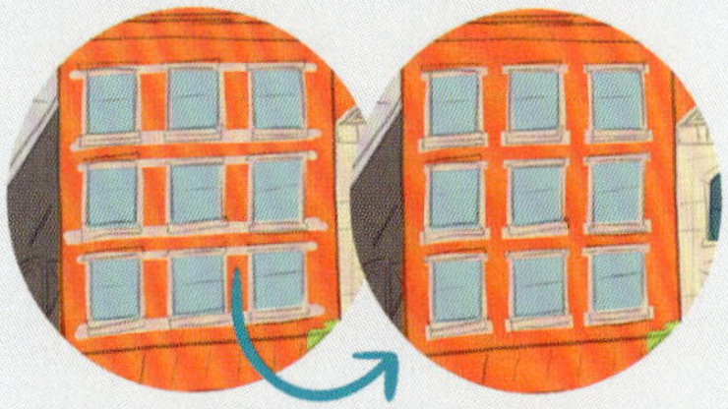

2a

TIPP: Durch das Zeichnen vertikaler Rechtecke und das Ausradieren der dazwischenliegenden Lücken kannst du schnell und einfach Fensterreihen erstellen.

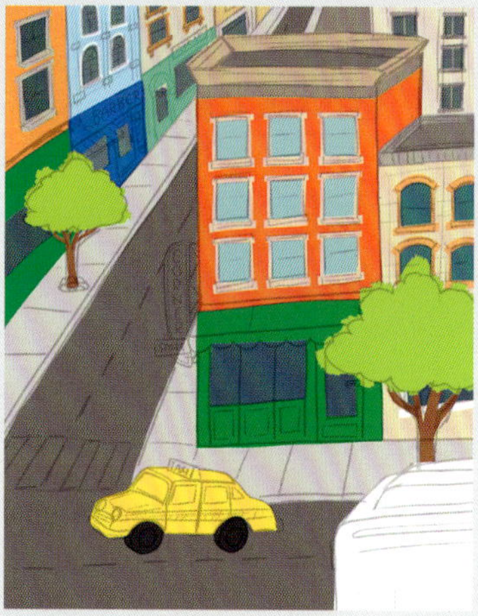

2b

3

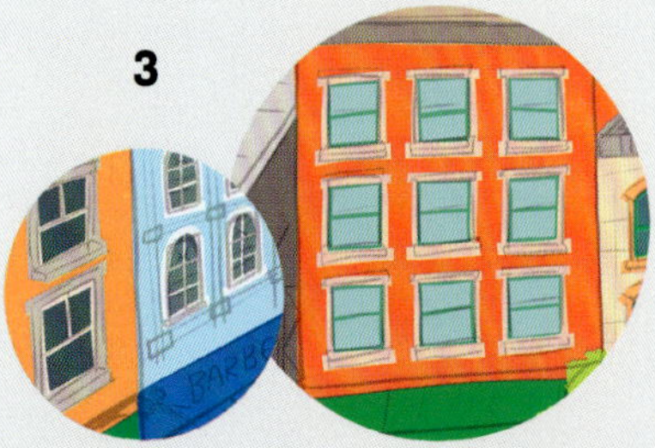

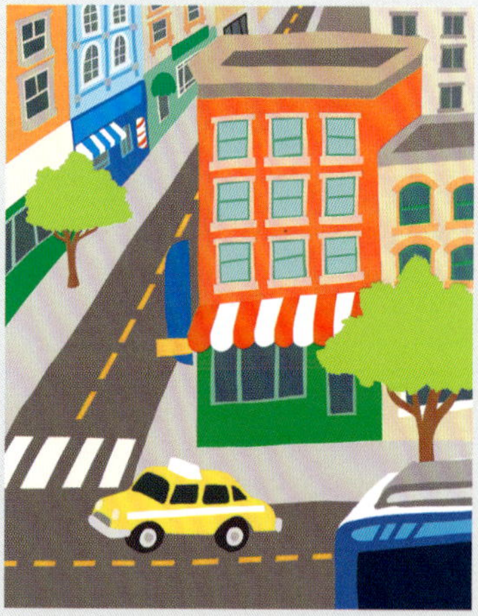

4

Teil 3: Textur, Details und Schattierungen einfügen

Nun gib diesen flachen Formen etwas mehr Textur. Da alle Elemente auf Einzelebenen liegen, kannst du dies leicht mit der Alphasperre und Clipping-Masken hinzufügen.

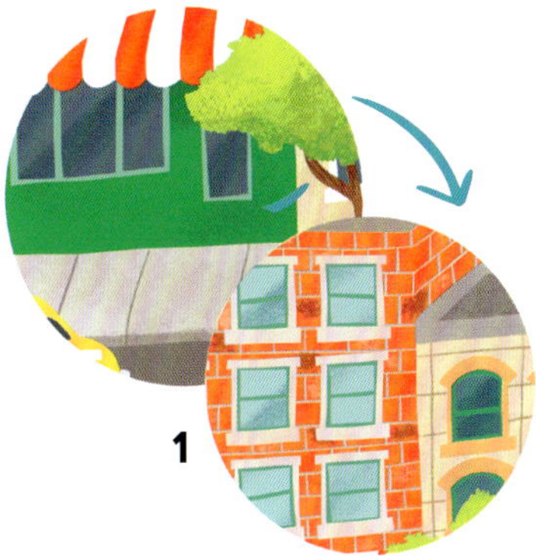

1

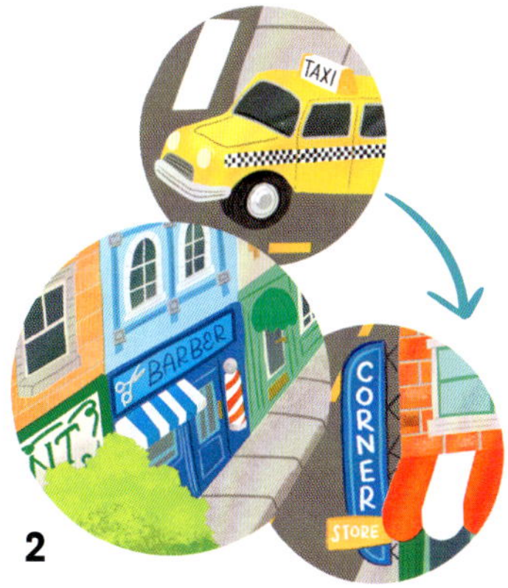

2

1. Verwende die Alphasperre für eine Gesamttextur auf allen Formen. Ich habe jede Farbe mit der Pipette getestet, und dann Textur mit einer etwas helleren oder dunkleren Version dieser Farbe mit verschiedenen Pinseln aufgetragen: 6B-Grafitstäbchen und Holzkohle (beide Kategorie Kohle) sowie Wachsmalkreise (Kategorie Skizze). Diagonale Pinselstriche auf den Fenstern erzeugen eine feine Glastextur. Arbeite die Oberflächentexturen einiger Gebäude durch Hinzufügen von Stein- und Backsteinmustern etwas aus. Eine Anleitung für Backsteinfassaden findest auf Seite 140.

2. Verwende einen Linierpinsel auf einer neuen Ebene für die Ausarbeitung der feineren Details – ich habe die Linien in diesem Bild ausschließlich mit dem 6B-Stift (Kategorie Skizze) ausgearbeitet. Füge Zierleisten für die Fassaden, Schriftzüge und Verzierungen für die Schilder, Details für die Fahrzeuge, Fensterverkleidungen, Markisen und weitere Details hinzu. Du kannst deine Skizzenebene wieder einschalten, während du diese Details ergänzt. Verwende abschließend Mischmodi, um Schattierungen hinzufügen. Bei diesem Bild habe ich außer bei den Markisen, den Flächen unter den Bäumen und unter dem Taxi sowie in Teilen hinter den Hauptgebäuden kaum Schatten eingesetzt.

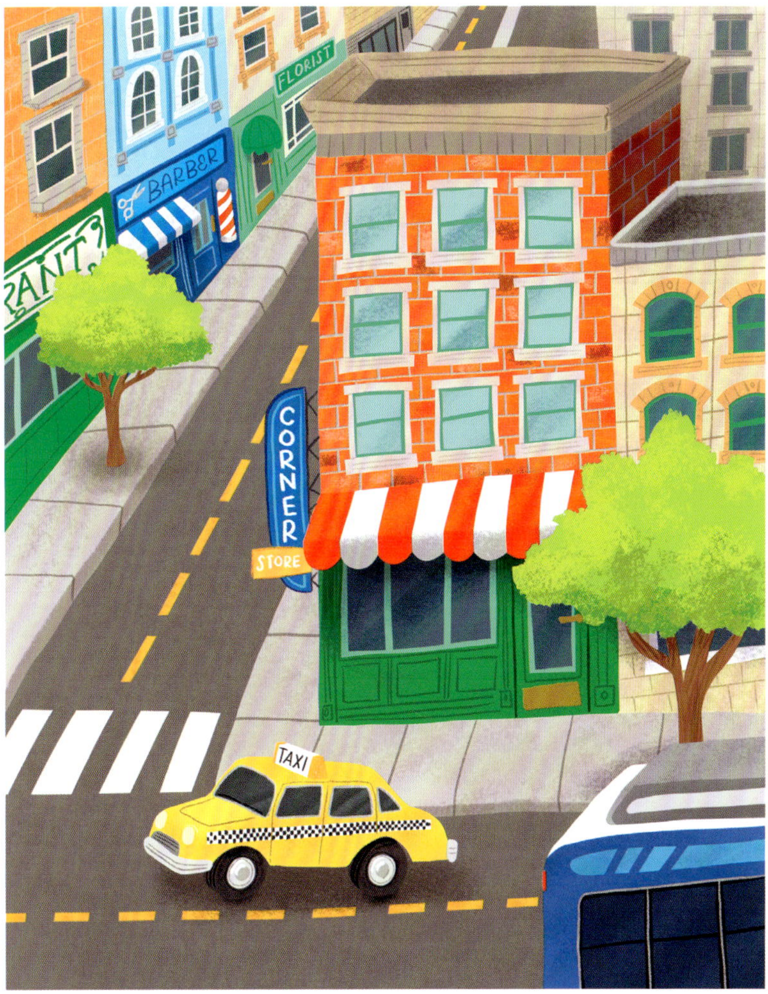

Das fertige Stadtbild!

Projekt: Naturszene

Naturszenen stecken voller organischer Details und sind weniger strukturiert als die vorher gezeichnete städtische Szene. In diesem Projekt arbeitest du mit Ebenen, Positionierungen und atmosphärischer Perspektive, um Tiefe und Distanz zu erzeugen.

Im ersten Schritt entscheidest du, welche Art von natürlicher Umgebung du zeichnen möchtest. Vielleicht eine Szene in der Wüste, am Meer, im Wald, am See oder im Dschungel? In meinem Beispiel erschaffe ich eine tropische Strandlandschaft.

Bevor du mit dem Zeichnen der Szene beginnst, recherchiere und sammle Ideen für jedes Element, das in deiner Naturszene auftauchen soll. Koloriere deine Studien zunächst, um deinen visuellen Stil zu entwickeln, und wähle Pinsel aus, die du im endgültigen Bild verwenden willst. Ich habe im Internet nach Bildern zu »tropischer Strand«, »Inselvegetation«, »tropische Pflanzen«, »Meereswellen«, »Wellen an der Küste«, «tropische Berge« ... gesucht.

Pflanzen und Bäume

Achte bei den Pflanzen auf verschiedene Größen. Große Pflanzen und Bäume sind ein Blickfang. Mittlere Pflanzen mit auffälligen Formen und Farben sorgen für visuelle Spannung. Und kleine Füllpflanzen lassen die Szene üppiger erscheinen. Als Füllpflanzen kannst du eine allgemeine Vegetation mit Texturen wählen, die zur Pflanzenwelt der Umgebung passt. Für die Skizzen schaute ich mir Bilder an, griff aber auf Fotos von Blättern und Pflanzen zurück, die ich vor Jahren auf einer Hawaii-Reise aufgenommen hatte.

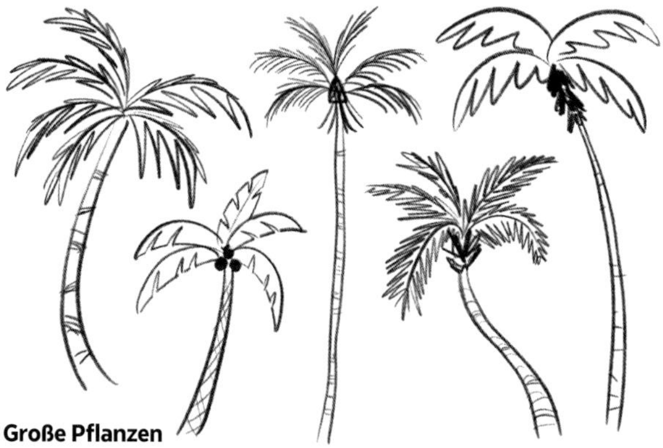

Große Pflanzen

Mittelgroße Pflanzen

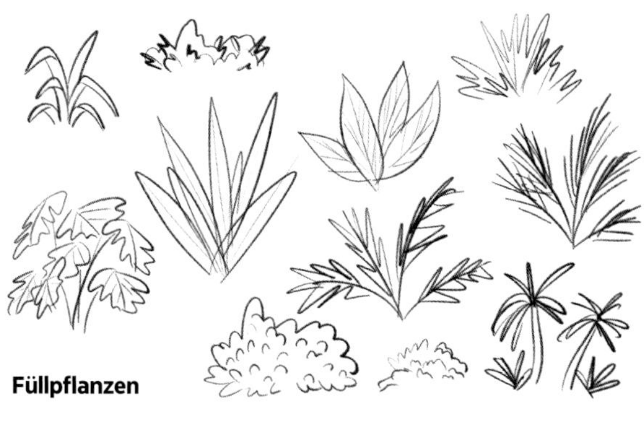

Füllpflanzen

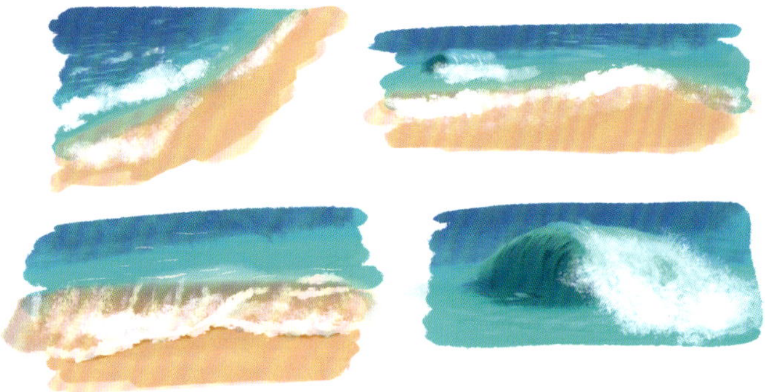

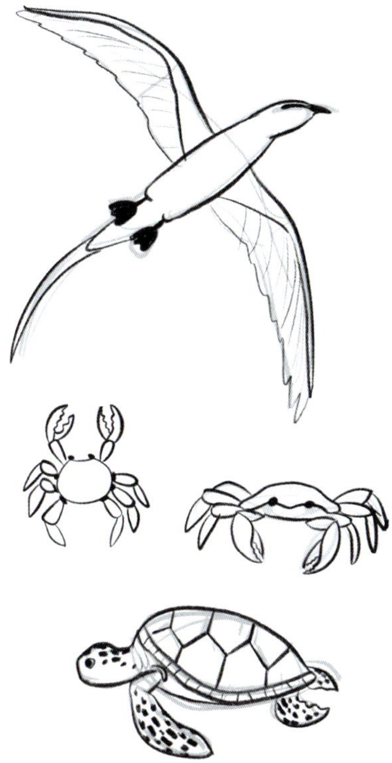

Wasserelemente

Fertige erst einige Vollfarbenstudien. Beim Ausarbeiten der Wasserelemente in meiner Szene entdeckte ich, dass der Pinsel Hartz (Kategorie Künstlerisch) perfekt für die Textur der sich auftürmenden Wellen und des spritzenden Wassers war.

Große und kleine Tiere

Tiere können eine kleine Rolle in deiner Szene spielen oder die Hauptfiguren sein – du entscheidest! Recherchiere, welche Tiere in der gewählten Umgebung leben. In dieser tropischen Szene könnten es Krebse, Vögel, Meeresschildkröten, Haie, Delfine und andere Meeresbewohner sein.

Große und kleine Tiere

Landformen

Welche Landformen sind charakteristisch für deine gewählte Umgebung? Hier sind einige Ideen: Berge, Hügel, Dünen, Klippen, Felsen oder Geröll, Canyon, Vulkan, Insel.

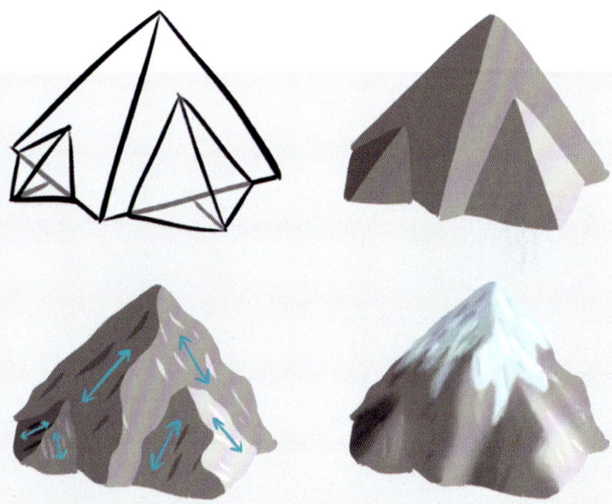

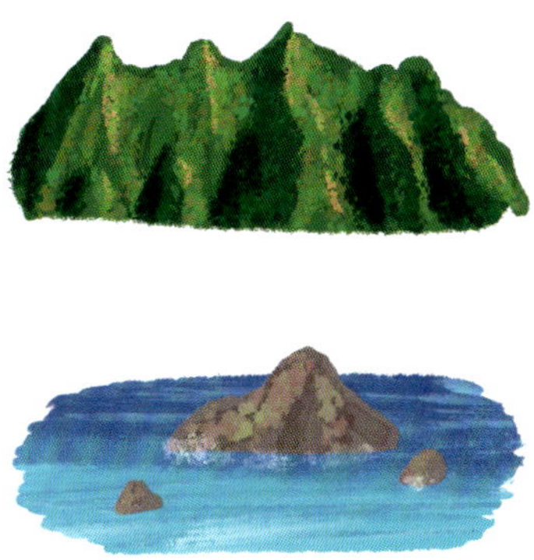

Berge und Landformen entmystifiziert

Wenn das Zeichnen von Bergen dir schon immer ein Rätsel war, hilft es vielleicht, dir diese als zusammenhängende Pyramiden vorzustellen. So siehst du, wo die Schatten liegen. Die Richtung der zusätzlichen Details sollte an jeder Bergwand nach oben und unten verlaufen (siehe Pfeile). Wenn du Berge zeichnest, folge dieser Struktur, aber verwende mehr zerklüftete, organische Kurven und schwäche die Schatten ab.

Wolken malen

Male einen Himmel mit Farbverlauf, der oben dunkel und kalt und am Horizont hell und warm ist.

1. Male mit einem Strukturpinsel Wolkenformen. Durch die Perspektive werden die Wolken, die dem Horizont näher sind, kleiner, daher sollten die größten Wolken oben auf der Leinwand liegen.

2. Male eine dunklere Farbnuance über die Wolke und lasse das Weiß an den oberen und seitlichen Rändern sichtbar.

3. Setze dunkle Schatten an den unteren Rand der Wolkenformen.

4. Male mit einem hellem Weiß Glanzlichter an die Ränder der »Wattebäusche«, die der Lichtquelle am nächsten liegen.

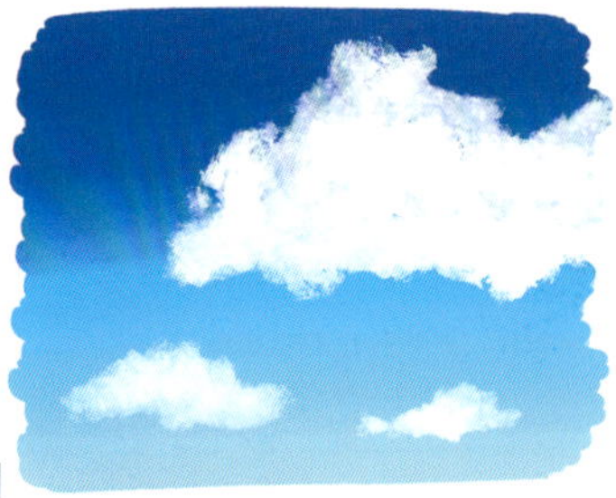

1

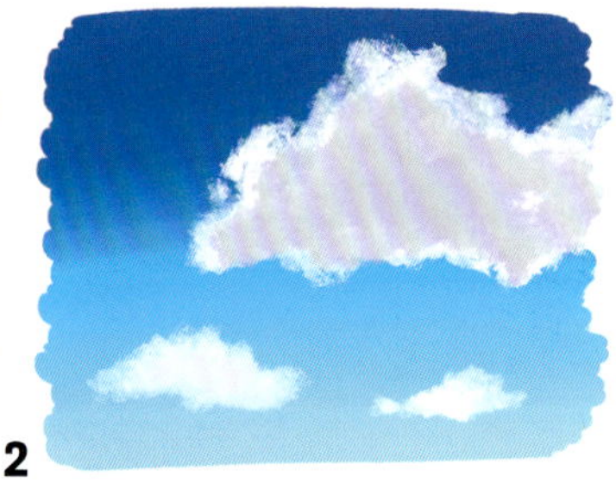

2

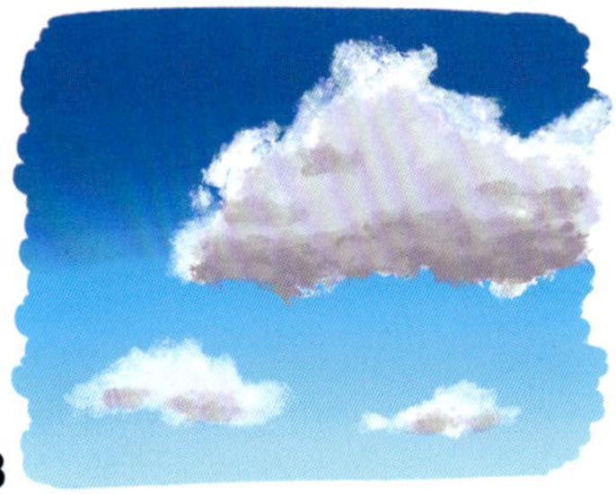

3

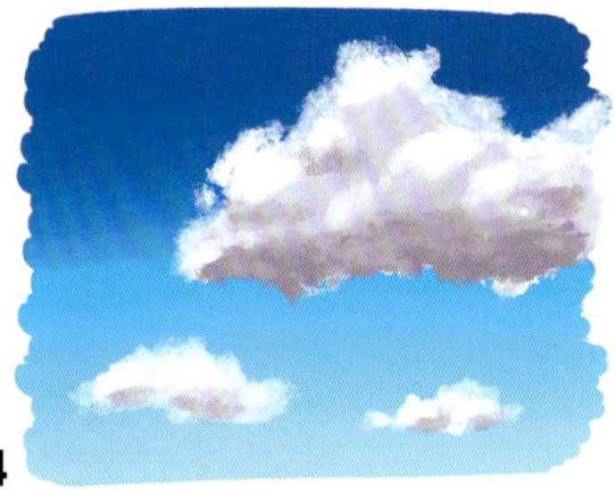

4

HINWEIS: Wolken gibt es in vielen Farben, abhängig von Tageszeit und Wetter. Schau dir zur Farbinspiration Referenzfotos an.

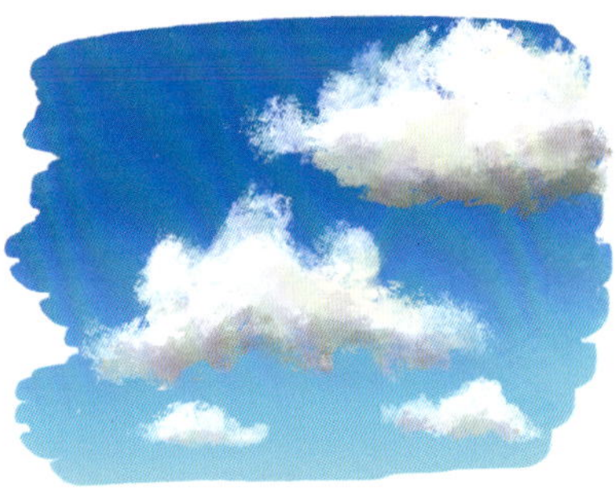

Teil 1: Eine Szene aufbauen

Sobald du dein visuelles Brainstorming für alle Elemente deiner Naturszene abgeschlossen hast, ist es an der Zeit, alle Komponenten zusammenzusetzen. Zeichne im ersten Schritt eine detaillierte Skizze und bestimme die Farbpalette.

Lage des Geländes

1. Erstelle mit lockeren Linien und Grundformen eine Komposition deiner Szene. Zeichne eine Horizontlinie, positioniere dann die Landformen. Füge Wasserelemente ein; ich wähle eine brechende Welle und Kräuselungen auf dem Wasser.

Pflanzen und Bäume einzeichnen

2. Positioniere im nächsten Schritt die Pflanzen und Bäume deiner Szene. Große Bäume im Vordergrund können die Szene einrahmen und ihr mehr Tiefe geben. Setze dann mittlere Pflanzen und grüne Füllpflanzen dazu.

Himmel und Tiere hinzufügen

3. Füge als Nächstes Wolken oder andere Himmelselemente hinzu. Setze schließlich alle gewählten Tiere in die Szene.

Verfeinerte Skizze zeichnen

4. Wenn du alle Elemente eingefügt hast, zeichne deine grobe Skizze mit mehr Details nach. Zeichne alles so ein, wie es im endgültigen Bild erscheinen soll. Anschließend geht es ans Kolorieren.

Farbplan erstellen

5. Lege temporäre Ebenen an und füge locker Farben ein, um eine Gesamtfarbpalette zu erstellen. Ich ließ mich von Wolkenstudien aus der Recherchephase inspirieren und beschloss, meine Tropenszene in der Morgendämmerung darzustellen. Dazu passt eine sanfte pastellfarbene Palette.

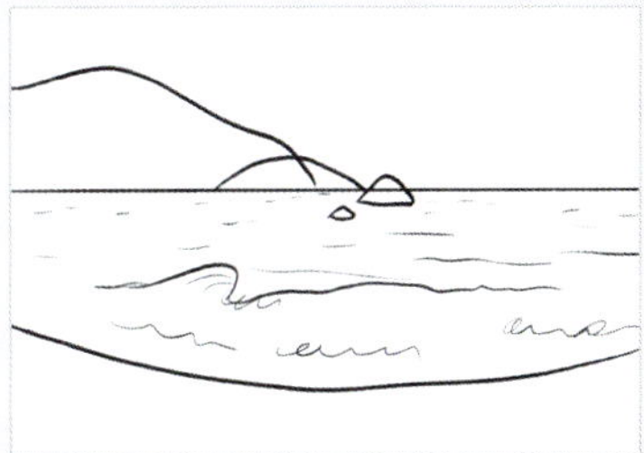

1

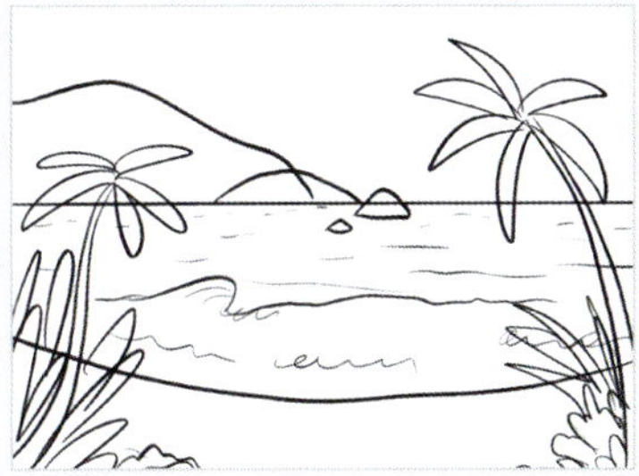

2

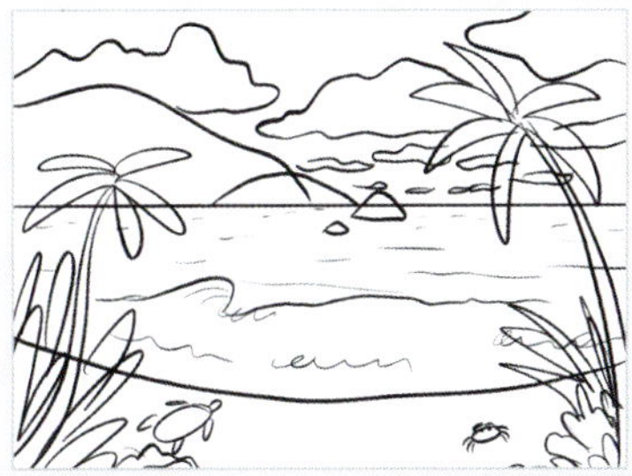

3

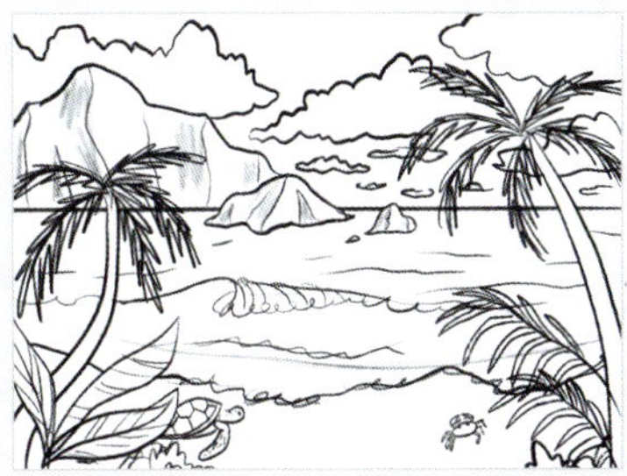

4

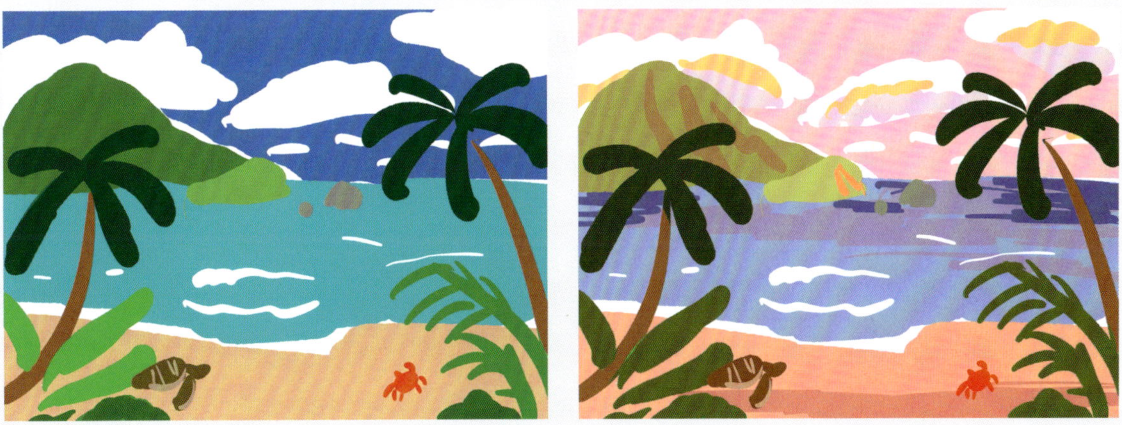

5

Teil 2: **Flächige Farben anlegen**

Nun legst du Ebenen an und zeichnest die flachen Formen der Komponenten, quasi als Vorbereitung auf die Ausarbeitung im nächsten Schritt.

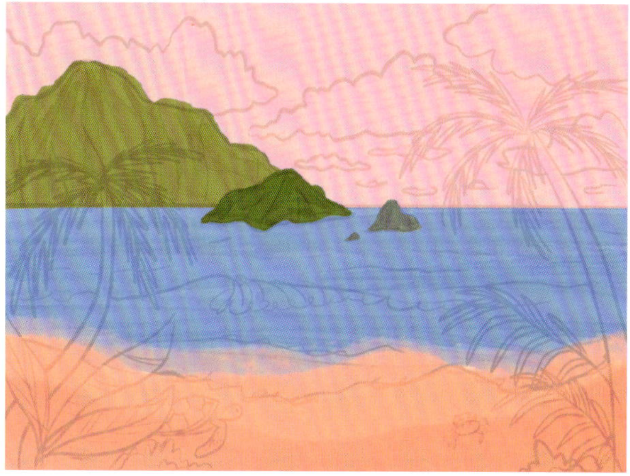

Hintergrundelemente zeichnen

1. Koloriere die Hauptformen. Arbeite mit mehreren Ebenen, um sich überlappende Elemente zu trennen. Beginne mit den größeren Hintergrundelementen und füge kleinere Landformen hinzu. Ich lege mit Mercury (Kategorie Tinte) für Wasser und Inseln viele Striche übereinander, um dem Ganzen Textur zu geben. Für Sand wähle ich Spectra (Kategorie Malen).

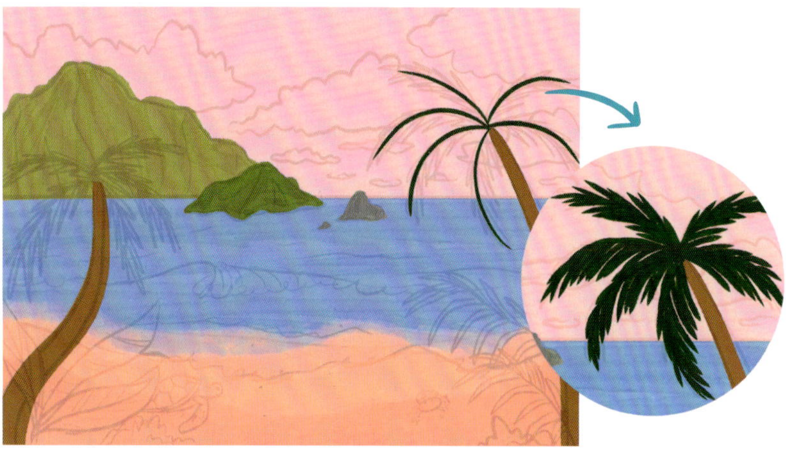

Pflanzen und Bäume im Vordergrund

2. Zeichne als Nächstes die Vordergrundelemente, wobei du wieder alle in Einzelebenen anlegst. Ich verwende den Pinsel Getrocknete Tinte (Kategorie Tinte) zum Zeichnen der Pflanzen und Bäume. Die Palmwedel erstelle ich mit schnellen, schnippenden Bewegungen und mache mir dabei die spitzen Striche des Pinsels zu Nutze.

Wolken

3. Erstelle eine Ebene und male die Wolkenformen auf. Ich verwende für meine Wolken den Pinsel Hartz (Kategorie Künstlerisch). Er hat eine tolle Textur und variiert die Deckkraft.

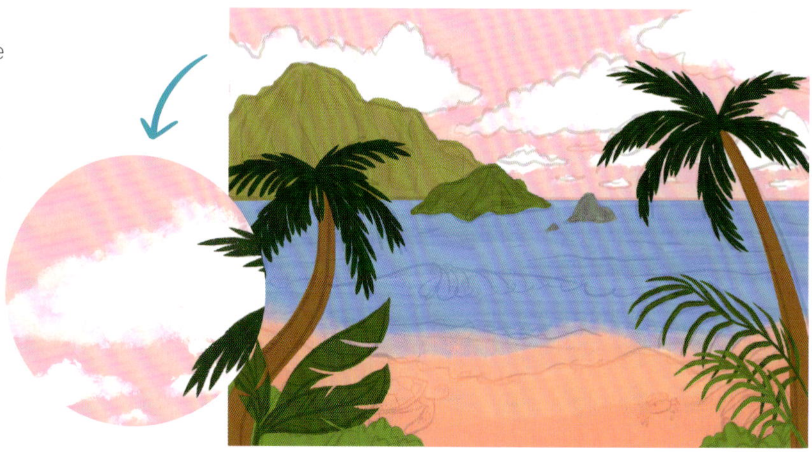

Teil 3: **Elemente weiter ausarbeiten**

Im nächsten Schritt werden alle Elemente deiner Szene mit Textur, Details und Schattierung ausgearbeitet. Ich zeige dir, wie ich jedes Teil meiner Szene bearbeitet habe. Dieser Teil ist oft am zeitaufwändigsten, aber wenn du ein Element nach dem anderen angehst, hast du am Ende eine wunderschöne, vollständig ausgearbeitete Illustration.

Wasser

1. Gib dem Wasser Textur und Schattierung. Für einen Farbverlauf aktiviere ich die Alphasperre und setze mit Soft Shading* (siehe Seite 46) weiche Striche in Hellblau und Violett hinzu. Mit Mercury (Kategorie Tinte), gebe ich dem Wasser Textur. Mit Trockener Pinsel (Kategorie Malen) füge ich Wasserkräuselungen hinzu – am Horizont mit einem kleineren Pinsel und in Ufernähe mit einem größeren, um den Eindruck von Distanz zu erzeugen.

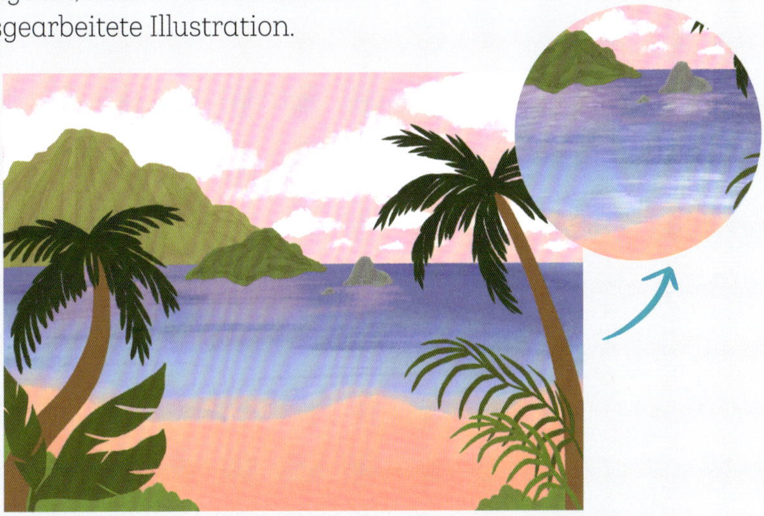

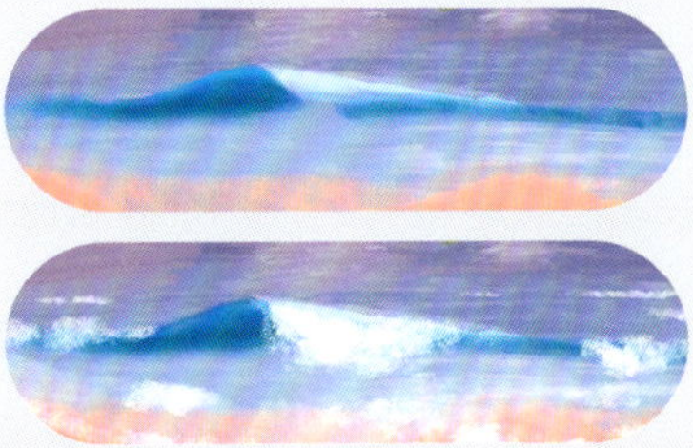

Wellen

2. Ich erinnerte mich an meine Wasserstudien aus dem visuellen Brainstorming und male die hellen und dunklen Teile der brechenden Welle. Dann füge ich mit dem Pinsel Hartz (Kategorie Künstlerisch) den weißen Wellenkamm hinzu. Ich verwende Hartz auch für die Wellen am Strand und andere Stellen im Wasser.

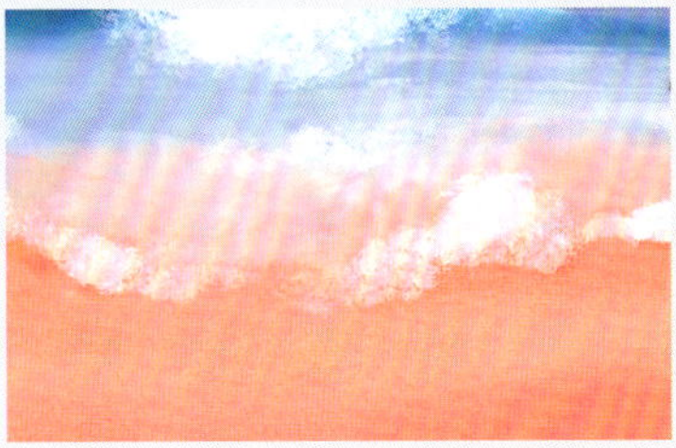

Sand

3. Der Sand bekommt mit dem Pinsel 6B-Grafitstäbchen (Kategorie Kohle) Textur, indem ich Striche in hellen und dunklen Farben übereinandermale. Ich füge noch einen kleinen Schatten unter dem Küstenwasser ein.

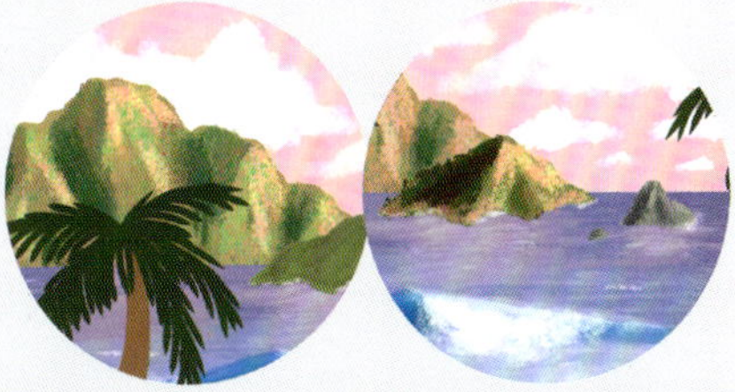

Inseln

4. Mit Aurora (Kategorie Künstlerisch) bekommen die Inseln Textur, Farbvariationen und Schatten, wobei das Licht bei mir von rechts kommt. Um die große Insel weiter entfernt erscheinen zu lassen, gestalte ich sie heller und berücksichtige dabei die Grundregeln der Luftperspektive. Ich füge warme Farben ein, um das goldene Morgenlicht zu reflektieren. Auf Seite 145 findest du Tipps zum Schattieren von Bergen. Bei der kleinen Insel und den Felsen arbeite ich noch Kontrast und Leuchtkraft heraus.

Palmen

5. Mit einer Clipping-Maske setze ich ein helleres, wärmeres Grün und den Pinsel Getrocknete Tinte (Kategorie Tinte) ein, um Striche entlang der Palmblätter zu zeichnen. Mit Soft Shading* (siehe Seite 46) und dem Wischfinger trage ich Striche in Richtung Palmwedel auf und softe Linien ab. Dann setze ich einen Schatten mit einer weiteren Clipping-Maske zusammen mit dem Mischmodus Multiplizieren ein.

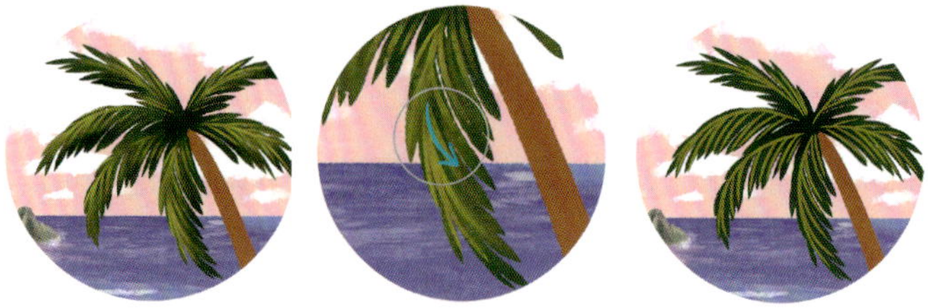

Baumstämme

6. Hier verwende ich die Alphasperre, um helle und dunkle Schatten hinzuzufügen. Auf einer auf Multiplizieren eingestellten Clipping-Maske zeichne ich Linien, um die Stämme zu konturieren und sie mit dem Wischfinger abzusoften.

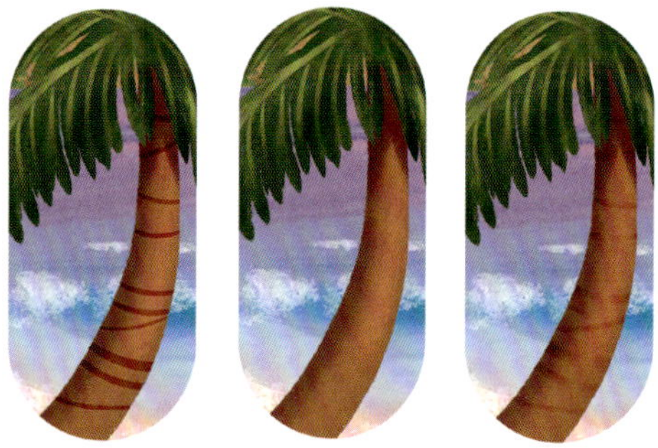

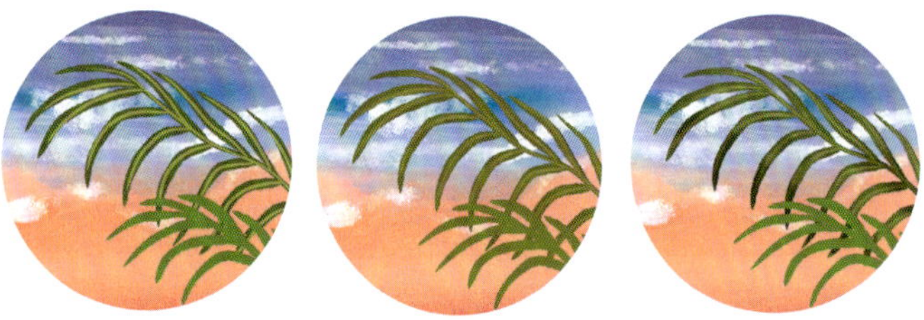

Pflanzen

7. Für die Pflanzen auf der rechten Seite nutze ich die gleiche Technik wie bei den Palmen (siehe Schritt 5).

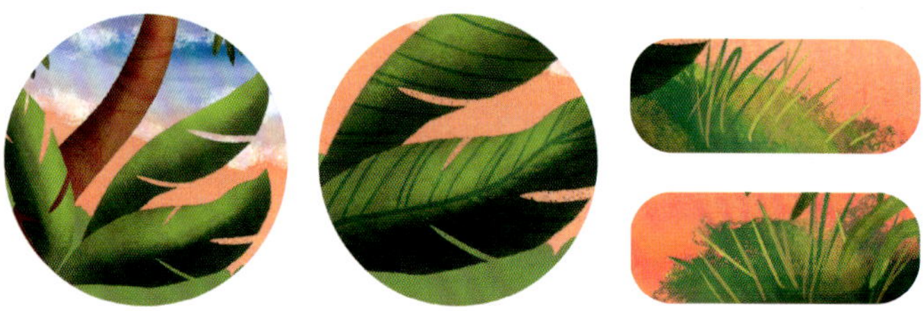

Bodenvegetation

8. Auf der linken Seite schattiere ich große Blätter mit der Alphasperre, dann verwende ich eine auf Multiplizieren eingestellte Clipping-Maske für die Linien, und verwische sie erneut, um sie abzumildern.

Größere Blätters

Mit Hartz (Kategorie Künstlerisch) und Getrockneter Tinte (Kategorie Tinte) füge ich Textur und Grashalme für die Bodenvegetation hinzu.

Wolken

9. Ich beginne mit Soft Shading* (siehe Seite 46), dem Himmel weiche Striche in hellem Orange, Gelb und Lila zu geben. Dann setze ich Hartz (Kategorie Künstlerisch) ein, um die Farben meiner Wolken zu schichten. Siehe Seite 146 für Tipps.

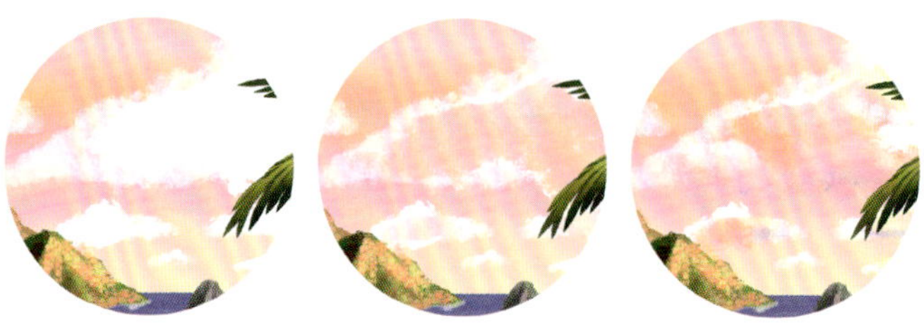

Tiere

10. Ich zeichne die Schildkröte in Getrockneter Tinte (Kategorie Tinte) auf zwei Ebenen: eine für den Panzer und eine für Kopf und Flossen. Ich nutze die Alphasperre, um die Details mit Soft Shading* (siehe Seite 46) zu malen. Den Panzer schattiere ich mit Clipping-Masken in Kombination mit Mischmodi. Mit dem Pinsel 6B-Grafitstäbchen (Kategorie Kohle) setze ich einen Schatten darunter.

11. Der Krebs entsteht ebenso.

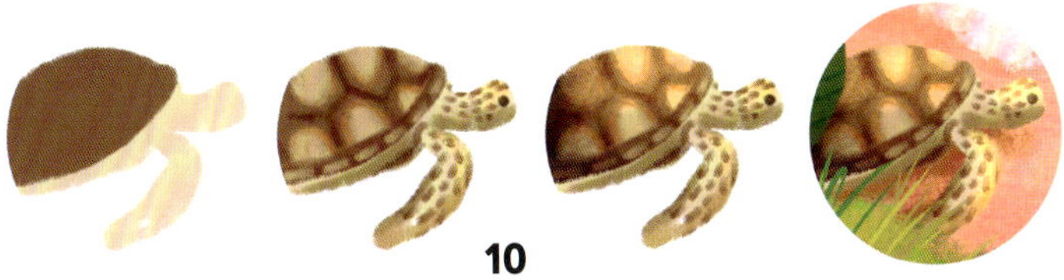

10

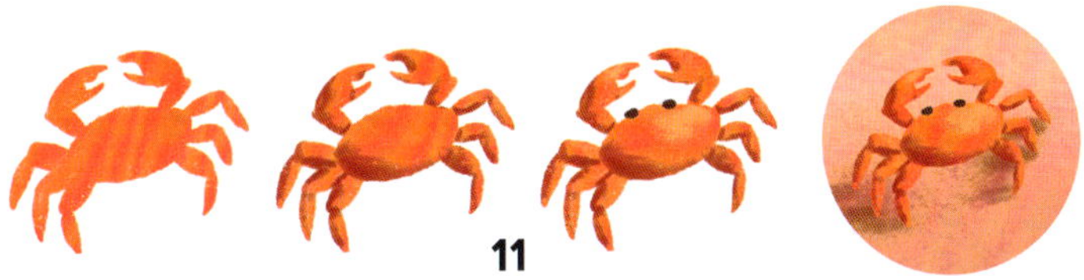

11

Letzte Korrekturen

12. Nach einem letzten Blick auf das Bild entschied ich, dass einige Dinge zu perfekt wirkten, vor allem im Vergleich zum malerischen Stil der Wolken und des Meeres. Deshalb milderte ich mit dem Wischfinger die Inseln und die Ränder der Bäume und Blätter ab.

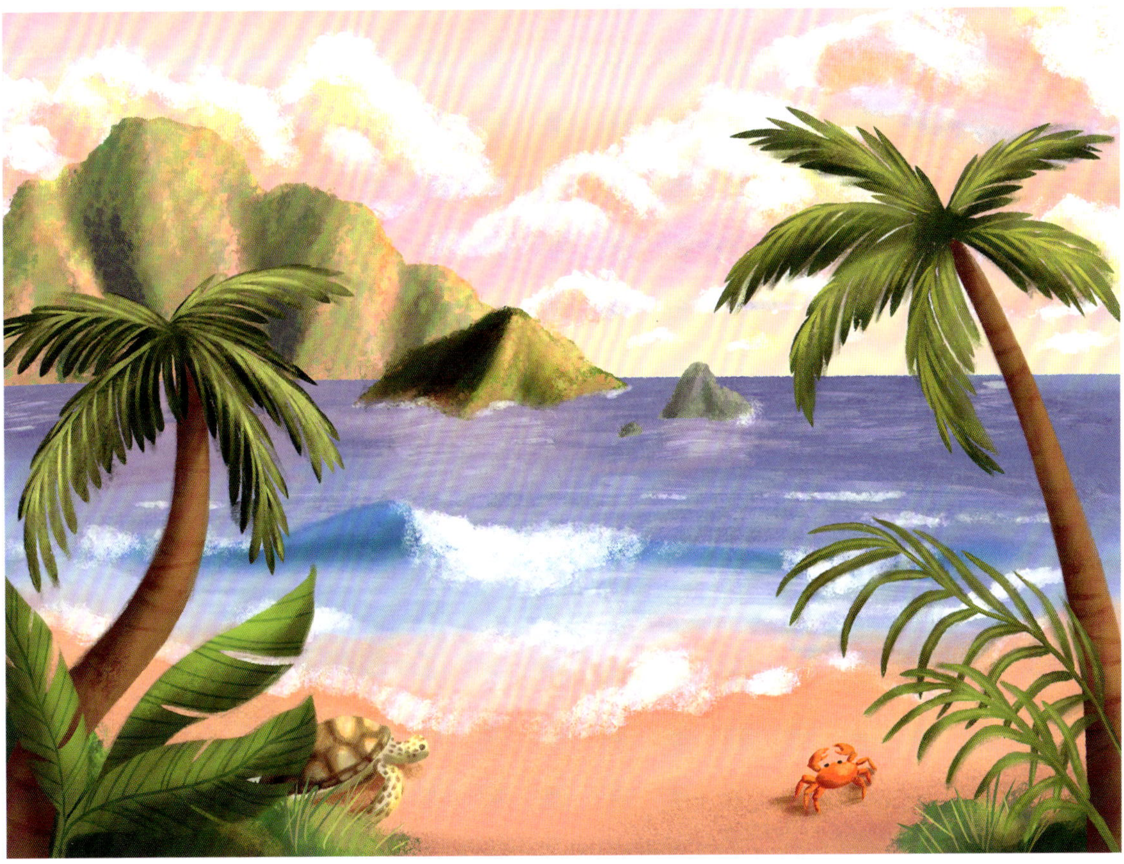

Die fertige Naturszene!

8

Einfach alles zeichnen

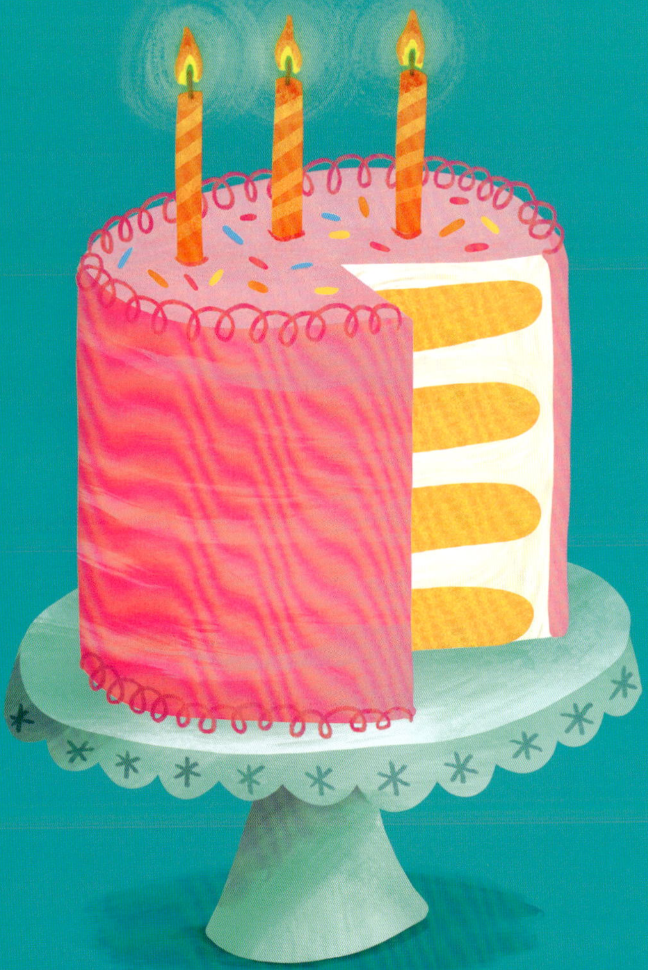

Du hast dich bis hierhin vorgearbeitet und verfügst nun über erhebliche Fertigkeiten! Neben dem Erlernen der Grundlagen des Zeichnens mit Linien, Formen und 3D-Formen weißt du nun, wie du die Muskeln deiner Zeichenhand kontrollieren kannst, um saubere Kurven und Konturen zu zeichnen. Du hast technische Kenntnisse im Umgang mit Werkzeugen wie Ebenen, Pinsel, Mischmodi, Masken und mehr erworben. Du hast dich mit den Regeln der Farbenlehre beschäftigt und an deinen Fähigkeiten, Farben zu kombinieren, gearbeitet. Du hast entdeckt, dass du zuerst Referenzen anschauen solltest, um dann aus der Fantasie zu zeichnen. Du hast deine Menschenkenntnis genutzt, um eigene Figuren zu erschaffen. Du hast gelernt, Texturen wie Fell, Wasser, Backstein und Holz auszuarbeiten. Du hast eine Vielzahl von Themenfeldern erforscht und alles von einfachen Objekten bis hin zu komplexen Szenen gezeichnet.

Du solltest SO stolz sein!

Zum Abschluss betrachten wir die wichtigste Lektion, die du bislang gelernt hast, und geben dir das digitale Rüstzeug, um weiterzumachen und einzigartige Meisterwerke zu erschaffen.

Einfach alles zeichnen

Das Wichtigste, was du aus diesem Buch mitnimmst, ist nicht ein einzelner Zeichentipp oder ein Software-Trick. Das Wichtigste ist, ein Verständnis für den Zeichenprozess zu entwickeln, den du in diesem Buch gelernt hast: wie du eine Idee im Kopf in ein digitales Bild verwandelst. Bei allen Illustrationen folgst du dem gleichen Muster: Du reduzierst das zu zeichnende Objekt auf seine Grundformen und baust es dann wieder auf, indem du schrittweise weitere Details hinzufügst.

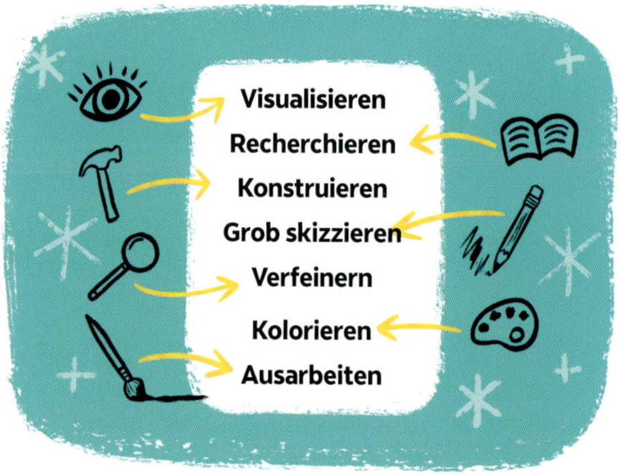

Visualisieren

1. Nachdem du entschieden hast, was du zeichnen willst, stelle dir in Gedanken vor, wie das Bild aussehen soll. Denke über Blickwinkel, Komposition und Stil nach.

Recherchieren

2. Schau dir viele Referenzen in Fotos oder in der Wirklichkeit an, um Informationen über Aussehen und Eigenschaften des Objekts zu sammeln. Recherchiere alle kleinen Details, die den Charakter deiner Illustration unterstreichen.

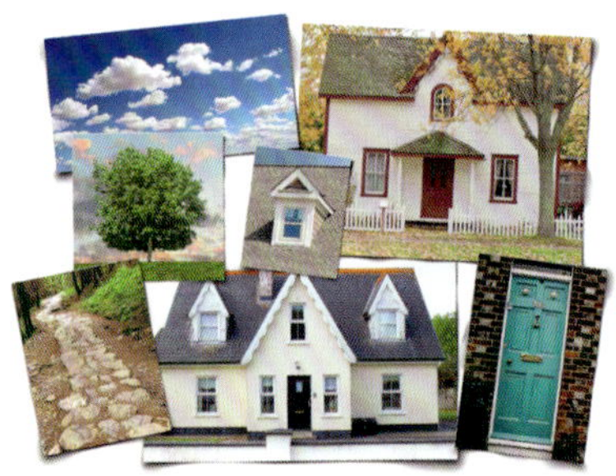

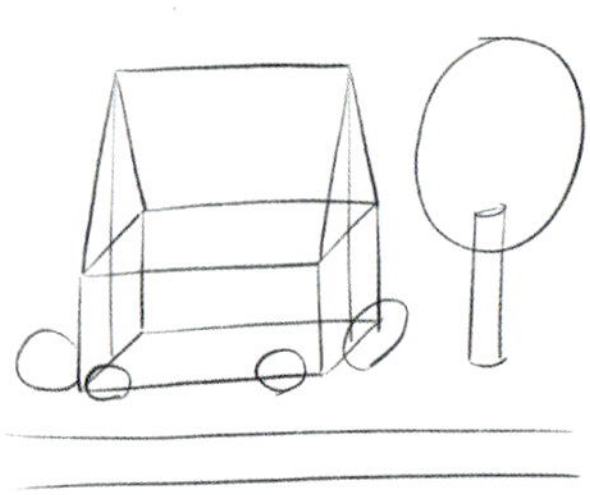

Konstruieren

3. Analysiere das Objekt, indem du es auf seine Grundformen reduzierst. Berücksichtige die Proportionen der Motivteile und entscheide, ob du Dinge übertreiben willst. Zeichne eine Struktur, indem du 2D-Formen oder 3D-Formen kombinierst.

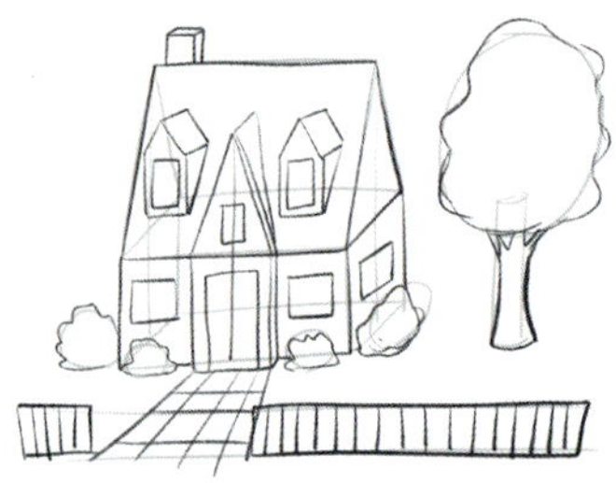

Grob skizzieren

4. Lege die Grundlage für Details deiner endgültigen Skizze. Erstelle eine grobe Skizze von jedem Element und zeichne zusätzliche kurvige Linien und spezielle Formen ein. Füge Hilfslinien hinzu, die dir beim Zeichnen der endgültigen Details helfen.

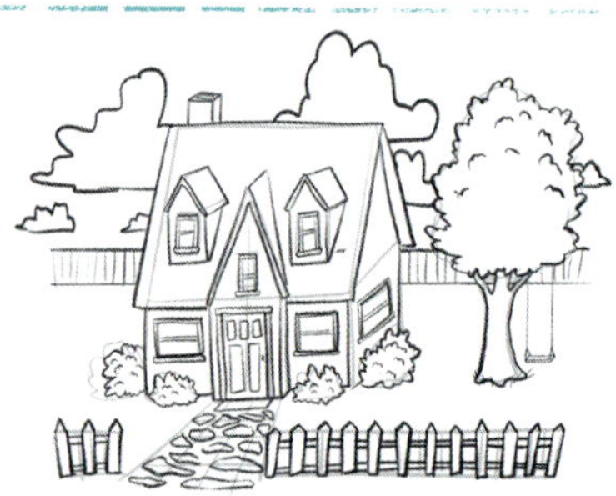

Verfeinern

5. Zeichne deine grobe Skizze nach, um eine detaillierte, verfeinerte Skizze zu erstellen. Zeichne alles sorgfältig und füge jedes Detail für das endgültige Bild hinzu.

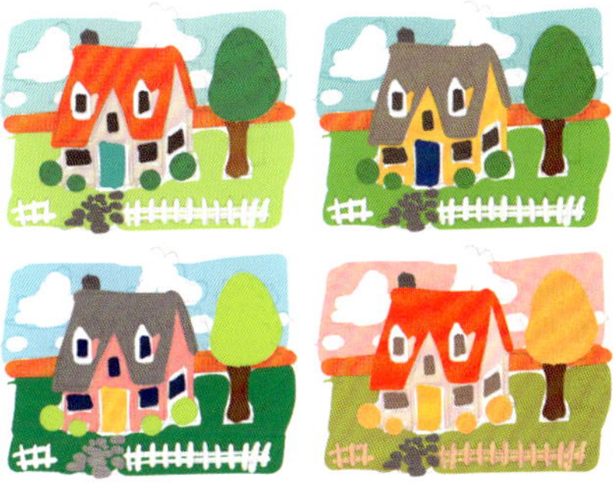

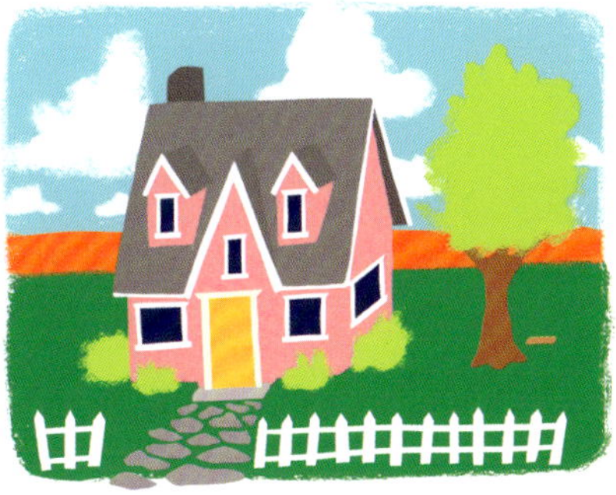

Kolorieren

6. Bestimme deine Farbpalette mit einem Farbplan: Fülle mit temporären Ebenen Farbflächen locker aus, experimentiere mit Farbtönen und -werten. Zeichne anschließend jedes Element deines Motivs in flächiger Farbe und trenne sich überlappende Teile in Ebenen.

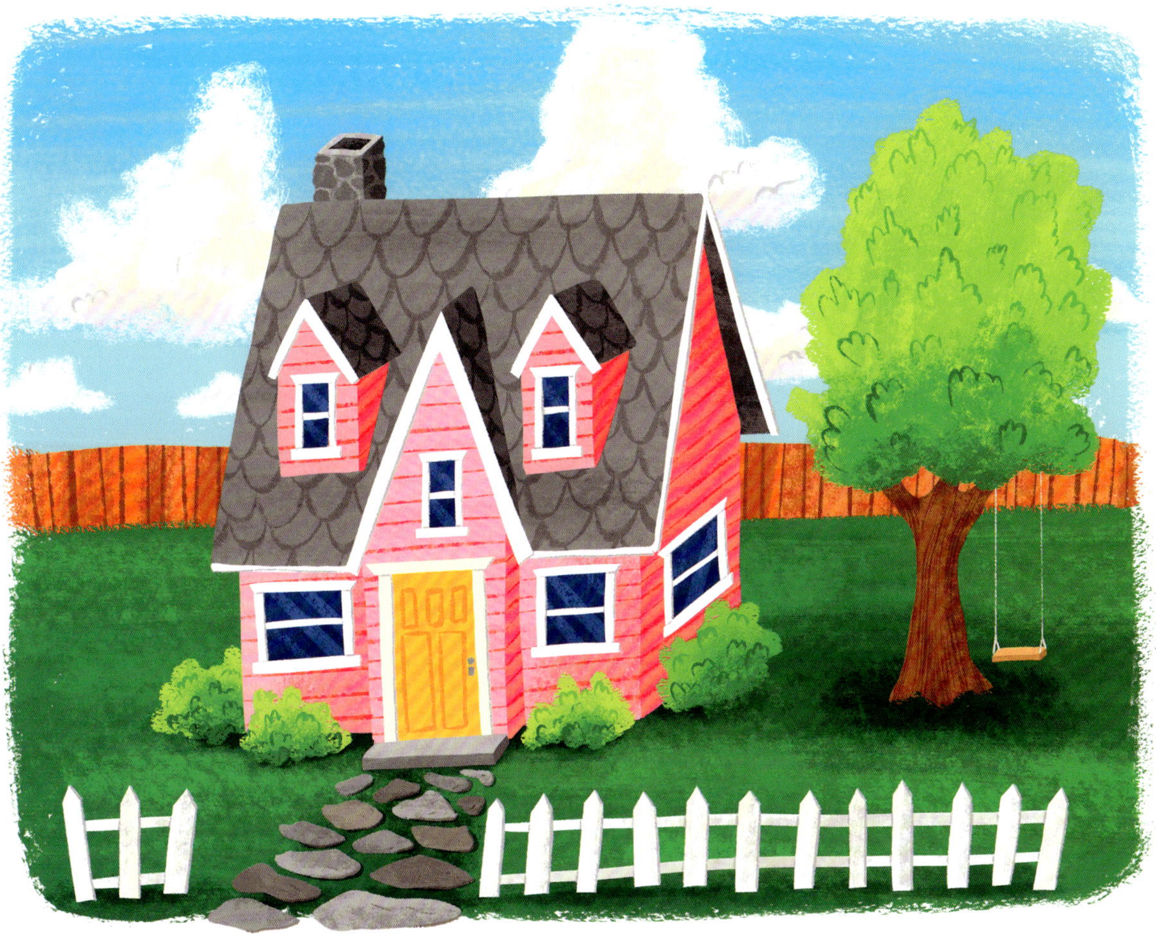

Ausarbeiten

7. Verwandle flache Formen mit Farben und Tonwerten in real aussehende Objekte. Verwende Pinselstriche, Linien, Details und Texturen sowie dir zur Verfügung stehende digitale Zeichenwerkzeuge wie Alphasperre, Clipping-Maske und Mischmodi, um Textur abzubilden, Schatten und Dimension zu erstellen, Details hinzuzufügen und die optische Wirkung zu verstärken. Poliere dein Bild, und lass es strahlen!

Was zeichnest du als Nächstes?

Wenn du den Zeichenprozess verstanden hast, kannst du deine Fertigkeiten schrittweise weiterentwickeln. Mit etwas Übung kannst du Formen immer besser visualisieren. Diese brauchst du zum Konstruieren. Deine Fertigkeit im Zeichnen von Linien und Formen verbessert sich. Du bist mit der Software vertraut und weißt, wann und wie du welches digitale Zeichenwerkzeug einsetzt. Du kannst immer schneller ansprechende Farbkombinationen auswählen und weißt, welche Pinsel du für verschiedenerTexturen verwendest. Und, was am wichtigsten ist, du entwickelst deinen persönlichen künstlerischen Stil und weißt genau, welche Details du hinzufügst, um dein Bild zum Leben zu erwecken.

Viel Spaß!

–Lisa

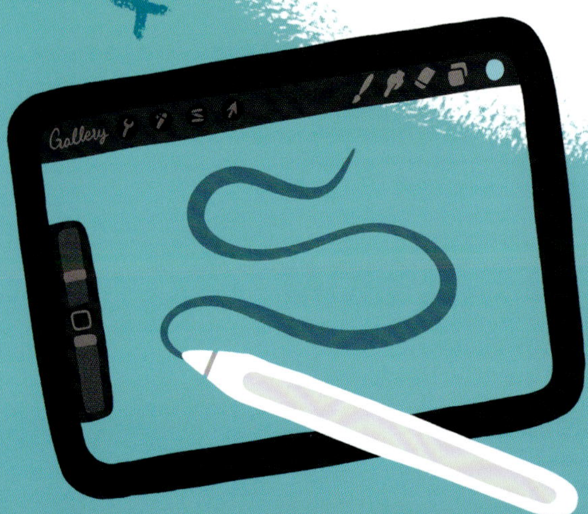

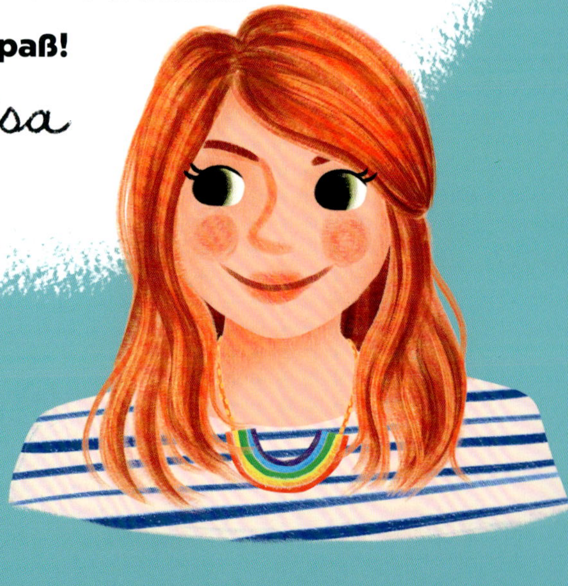

Weiterführende Links

Es gibt noch mehr zu lernen!

Procreate-Handbuch // procreate.com/handbook
Dieses vom Procreate-Team erstellte, ausführliche Benutzerhandbuch erklärt dir wirklich alles über die Verwendung der Procreate-App.

Art Maker's Club // artmakersclub.com
Ein Lernzentrum für digitale Kunstschaffende, mit wachsender Bibliothek von detaillierten Kursen, virtuellen Live-Veranstaltungen und Tutorials, exklusiven Pinseln und einer unterstützenden und aufmunternden Gemeinschaft lernender Künstler:innen.

Bardot Brush // bardotbrush.com
Lisa ist eine der führenden Pinseldesignerinnen für Procreate und Eigentümerin von Bardot Brush – dem Ort für hochwertige Procreate-Pinsel, die die Kreativität fördern, sowie für kostenlose Werkzeuge und Materialien für die Kunstproduktion.

Making Art Everyday // makingarteveryday.com
Nimm an der laufenden Kunst-Challlenge teil! Making Art Every Day bietet eine Reihe von täglichen Zeichentipps, Tutorials, und motiviert dich, deine kreativen Ängste zu überwinden und eine tägliche Zeichenpraxis zu entwickeln.

Lisa auf YouTube: youtube.com/bardotbrush
Für kostenlose Tutorials über Zeichnen, Illustration und alles, was mit Procreate zu tun hat.

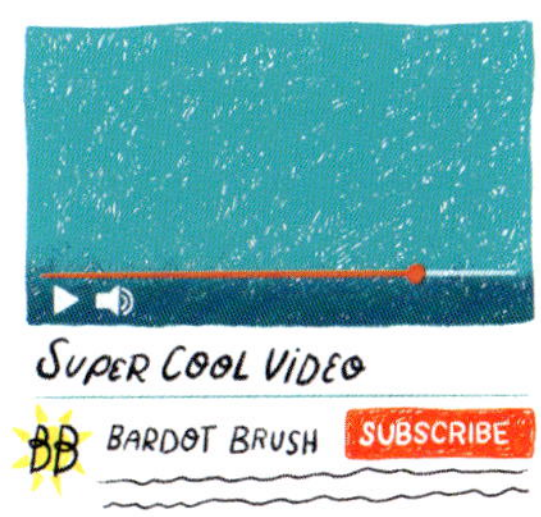

Folge Lisa in den sozialen Netzwerken
@lisabardot // @bardotbrush // @artmakersclub

Register

Dank

Ich hätte dieses Buch nicht schreiben können ohne die endlose Geduld und die unerschütterliche Unterstützung meines Mannes Geoff. Du hast an mich geglaubt und mich von ganzem Herzen geliebt. Du warst es, der mir mein erstes iPad schenkte und damit dieses künstlerische Abenteuer in Gang setzte. Du hast mir immer zur Seite gestanden. Als ich lange Stunden und Nächte arbeitete, um dieses Buch fertigzustellen, nahmst du weit mehr als deinen Anteil an familiären Verpflichtungen auf dich und hast mich auf dem Weg getröstet. Ich danke dir für alles, vor allem dafür, die großen Träume mit mir zu träumen.

An meine Kinder Bear, Ellie und Alfie: Danke, dass ihr eine endlose Quelle der Inspiration, Umarmungen und Küsse seid. Eure großen Herzen und euer kreativer Verstand haben mich mehr gelehrt, als ihr euch vorstellen könnt.

Ein großer Dank an meine Familie, besonders an meine Mutter, für all die Kunstbücher und das Bastelmaterial. Sie förderte meine Liebe zur Kreativität; an meinen Vater, der mir beibrachte, bei allem, was ich tue, alles zu geben, und an meine Großmutter Burr, die mir Raum ließ und mich im Chaos gewähren ließ.

Ein besonderer Dank geht an das Team von Octopus Press, insbesondere an meine Lektorin Ellie Corbett. Dein Enthusiasmus war ansteckend, und ich danke dir, dass du an meine Arbeit geglaubt hast.

Danke an alle meine Freunde, die mich angefeuert haben, vor allem Rene Wootton, Brooke Glaser, Jessica Terry und Laura Plouzek. Und an Sam Aker, meine rechte Hand und begeisterter Anfeuerer.

Schließlich danke ich all den Menschen, die sich meine Videos angesehen, meine Kurse besucht, meine Pinsel gekauft oder an den kreativen Übungen teilgenommen haben. Nichts von alledem wäre ohne euch möglich gewesen. Es waren eure Geschichten, eure Begeisterung, eure Werke, und eure Worte der Ermutigung und Wertschätzung, die mich weitermachen, zeichnen, lernen, teilen und lehren ließen. Danke, dass ihr die Verletzlichkeit, die die Kreativität erfordert, mit mir teilt. Ich bin für immer dankbar für jeden Einzelnen von euch.

Dieses Buch ist all denen gewidmet, die jemals gesagt haben: »Ich bin einfach nicht kreativ«, während eine künstlerische Glut in ihrem Herzen lodert. Gemeinsam können wir den Funken in eine Flamme verwandeln.

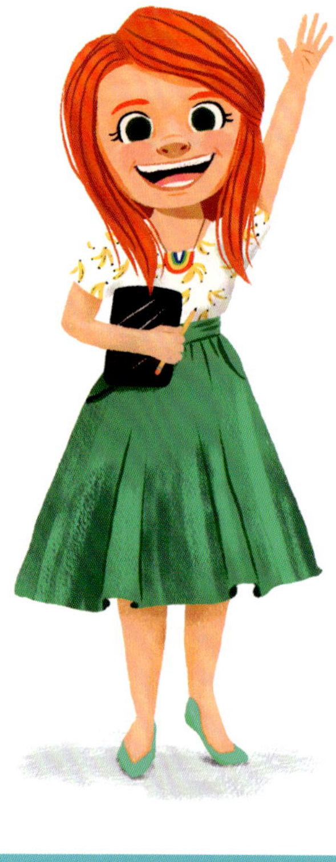